KB199365

한·중·일 역사인식과 일본교과서

난징평화포럼

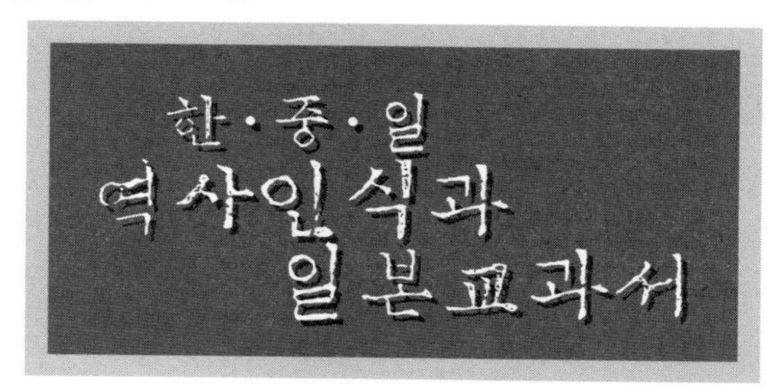

일본교과서바로잡기운동본부 편

역사비평사

『한 · 중 · 일 역사인식과 일본교과서』를 발간하며

이 책은 우리에게 귀중한 열매를 건네줍니다. 2001년 일본의 중학교 역사교과서 『새로운 역사교과서』 사건 이후 한국과 중국 등 동북아시아를 뜨겁게 달구었던 일본의 역사왜곡 사건이 남긴 중요한 결실인 것입니다. 일본의 역사왜곡 사건은 우리에게 두 가지 가능성을 열어놓았습니다. 하나는 한국과 중국, 일본 삼국의 연대활동을 더욱 공고히 하여 한중일 연대의 새로운 지평을 열어놓았다는 점입니다. 삼국은 연구자, 교사, 시민단체 간의 균형있는 연대망을 만들어 일본의 역사왜곡에 대응하기 위한 체계적인 네트워크를 형성했습니다. 또다른 하나는 동아시아 공동의 역사인식을 만들어가기 위한 주춧돌을 마련했다는 점입니다. 그 동안 동아시아 국가들은 자국의 역사를 미화하고 합리화하려는 노력을 해왔습니다. 그러나 이제 이를 극복하고 동아시아 공동의 역사인식을 마련해 미래지향적인 동아시아 공생의 역사를 만들어가려는 노력이 진행되고 있습니다. 이러한 노력은 한중일 삼국에서 공동으로 사용하는 역사 공동부교재 개발로 수렴되고 있습니다.

지난 2002년 3월 27일부터 3월 31일까지 중국 난징에서 열린 '역사인식과 동아시아평화포럼'은 한중일 연대의 시작을 알리는 매우 뜻깊은 행사였습니다. 일본의 역사왜곡 문제는 비단 어제 오늘의 문제가 아닙니다. 일본은 히노마루, 기미가요의 국기 · 국가 제정, 유사법제 3법안(무력공격사태법안, 안전보장회의설치법, 자위대법개정)을 제정함으로써 군국주의화를 꾸준하게 진행하고 있습니다. 일본의 '전쟁할 수 있는 나라 만들기' 프로젝트는 교과서에서도 그대로 드러납니다. 일본의 중학교 역사교과서인 『새로운 역사교과서』와 고등학교 역사교과서인 『최신일본사』 모두 일제의 식민지전쟁을 미화하면서, 언제든지 전쟁할 수 있는 나라, 전쟁할 수 있는 국민을 양성하는 역사인식을 제공하고 있습니다.

이같은 상황에서 한국과 중국, 그리고 일본의 시민단체들이 힘을 합쳐 일본의 역사왜곡을 막아내는 일은 중요합니다. 일본의 역사왜곡은 결코 단기간에 끝나는 문제가 아니기 때문에, 아시아가 공동으로 대응할 수 있는 조직을 만들고 내용을 채워가는 일은 매우 시급합니다. 바로 이런 점에서 '역사인식과 동아시아평화포럼'은 한국과 중국, 일본을 견고하게 잇는 중요한 틀거리가 될 것이 분명합니다. 특히 제1회 대회를 난징대학살의 현장인 중국 난징에서 개최한 것은 뜻깊은 일입니다. 역사적 진실이 왜곡되는 현재 상황에서, 생생한 증언과 현장이 있는 난징에서 일본의 역사왜곡을 주제로 한 국제학술대회를 개최하는 것은 앞으로 이 포럼이 가야 할 지표를 제시하는 일이기도 합니다. '역사인식과 동아시아평화포럼'은 역사적 진실과 공동의 역사인식을 통해 동아시아의 평화를 한중일이 함께 만들어가는 첫걸음이 될 것입니다.

난징대회에서는 총 27편의 발표문과 18편의 토론문이 발표되었고, 한국 발표문 5편, 일본 발표문 7편, 중국 발표문 6편이 여기에 실렸습니다. 토론문과 중국의 발표문 일부가 포함되지 못했는데, 중국의 발표문들은 워낙 논문 수가 많아 아쉽게도 부득이 몇 편을 골라 번역해 실었습니다. 일본의 역사왜곡에 관련한 중국의 연구현황을 소개한 논문들이 많지 않은 상황에서, 중국의 발표문은 한국 독자들에게 많은 정보를 제공할 것입니다. 한국의 발표문들은 일본의 역사왜곡에 관련한 사관의 문제, 한국정부의 대응, 동아시아의 상황, 교과서운동 등 다양한 영역에서 일본의 역사왜곡을 조명하였다는 점에서 의미가 있습니다. 또한 일본의 발표문들은 구체적인 사례를 중심으로 한 글들이 많아 현재 당면한 일본 역사왜곡의 문제들을 조목조목 짚어보는 데 도움이 될 것입니다.

'역사인식과 동아시아평화포럼' 난징대회가 성공적으로 개최될 수 있었던 것은 중국 사회과학원, 난징대학살기념관 등의 헌신적인 노력이 있었기 때문에 가능했습니다. 그리고 한국대표단 30명이 참여할 수 있었던 것은 한국교육개발원의 후원 덕분입니다. 한국대표단 여러분의 한결같은 관심과 협조도 큰 역할을 담당했습니다. 또한 한국측 공동주최단체인 일본교과서바로잡기운동본부와 학술단체협의회는 난징대회의 준비를 위해 처음부터 끝까지 세심한 배려와 노력을 아끼지 않았습니다. 이러한 노력들이 결실을 맺어 난징대회를 만들어낸 것입니다. 제1차 난징대회의 성과를 이어받아 제2차 도쿄대회가 2003년 2월에 도쿄에서, 제3차 서울대회가 그해 9월 서울에서 계속 이어질 것입니다.

다시 한번 그 동안 수고해주신 모든 분들에게 감사의 마음을 전합니다.

2002. 12. 5

일본교과서바로잡기운동본부

상임공동대표 서중석 · 이남순 · 이수호

한·중·일 역사인식과 일본교과서 차례

1부 일본교과서 역사왜곡의 역사

2부 일본 우익교과서 역사왜곡의 실태 1

3부 일본 우익교과서 역사왜곡의 실태 2

1부

일본교과서 역사왜곡의 역사

일본교과서 문제에 관한 검토

보평(步平, 중국 흑룡강성 사회과학원 부원장)

일본문부성 심사를 거쳐 통과되고 새 역사교과서를 만드는 모임(이하 '새역모'로 약칭함)에서 편찬한 『새 역사교과서』(후소샤 출판)는 일본에서의 채택률이 0.039%밖에 안 되었다. 채택결과가 나오자 '새역모' 핵심인물들은 '복수' 전략을 세우고 다음번 교과서 심사 때의 재기를 준비하면서 다시 회장을 선거하고 제2단계 '복수' 목표를 다음과 같이 제정했다. 첫째, 앞으로 4년 간 교과서 채택제도를 변화시킨다. 둘째, 후소샤 교과서를 널리 보급시킨다. 셋째, 일본문화 가치를 다시 인식하는 운동을 일으킨다. 새 회장 다나카(田中英道)는 교과서 개정 범위를 확대하여 초등학교 교과서 및 중학교 교과서까지 포함시키겠다고 말했다.[1] 이러한 형세하에서 우리는 교과서문제를 더 깊이 검토할 필요가 있다고 본다.

1. 교과서문제에 대한 오해와 평면적인 이해

1) 후소샤 출판 역사교과서뿐만 아니라 기타 출판사 역사교과서의 정체 변화에도 주의를 돌려야 한다

2001년 4월에 공포한 일본문부성의 역사교과서 심사에서 사실 8개 출판사의 중학교 역사교과서가 취급되었는데 언론계의 일본교과서에 관한 보도는 거의 모두 후소샤 교과서에만 주목되고 있다. 물론 후소샤 교과서문제가 특히 뚜렷하므로 역량을 집중하여 비판・반박해야 하지만 채택률이 99%

1) (일) 새 역사교과서를 만드는 모임 회보『史』, 2001년 11월호.

이상이나 되는 기타 7개 출판사 역사교과서의 변화에도 주목해야 한다.

2차대전 후 어려운 투쟁을 거쳐 1990년대에 일본의 역사교과서는 정체적인 '개선' 국면이 나타났다. 중학교 교과서를 전문적으로 출판하는 상술한 7개 출판사의 역사교과서는 모두 침략전쟁의 죄악을 폭로하는 시각에서 출발하여 '종군위안부'에 관한 역사사실을 기재했으며, 그 중 6개 출판사는 난징대학살에 관한 사실도 기재했다. 비록 7개 출판사에서 역사사실을 기술한 심도는 다르지만 그러한 역사사실을 승인한다는 것만으로도 일대 진전이라고 할 수 있으며 이는 또한 여러 해 동안 벌인 투쟁의 성과라고 할 수 있다. 그런데 이번 교과서 심사 후, 위안부문제를 기재한 출판사는 일본서적 · 데이코쿠서원(帝國書院) · 시미즈서원(淸水書院) 등 세 출판사뿐이었으며 난징대학살에 관한 기재는 일본서적 출판사에서만 원래의 기술대로 하고 기타 각 출판사의 교과서에서는 모두 개정이 있었다. 어떤 출판사는 피학살자 수를 회피하고 어떤 출판사는 '학살'이란 개념을 쓰지 않았으며[2] 오사카서적(大阪書籍) 출판사의 교과서에서는 '침략'이란 단어를 거의 모두 삭제했으며, 기타 데이코쿠서원 · 니혼분교(日本文教) · 일본서적 출판사의 교과서에서는 상당히 많은 부분을 수정했다. 일본역사교육자협의회 사무국장 이시야마(石山久男)의 분석에 의하면 이러한 변화로 인하여 일본중학교 교과서는 어떤 의미에서 20년 후퇴했다고 서술하고 있다. 이런 효과를 볼 때 '새역모'는 그 목적의 절반은 실현했다고 해야 할 것이다.[3] 아래의 도표는 7개 교과서의 2002년 채택률과 1997년 채택률을 비교한 것이다.

여기서 알 수 있듯이 침략의 역사사실을 상대적으로 더 충분히 폭로하고 또 '새역모'로부터 '가장 자학적(最自虐)'이라고 공격받은 일본서적 출판사의 교과서 채택률은 뚜렷이 감소되었는바[4] 원래의 12.9%로부터 5.9%로 저하되어 절반이 감소된 셈이다.

이는 우익 · 보수세력의 압력과 영향하에서 원래 침략 사실을 폭로하는

2) 步平, 「일본교과서 문제에 관하여」, 『抗日戰爭硏究』, 2000년 제4기.
3) 石山久男, 「중학교 역사교과서는 어떻게 수정되었는가?」, 『교과서 리포트 2002년』, 勞連教科書對策部.

역사교과서 채택결과
(勞連敎科書對策部, 「2002년도 교과서채택결과」, 『교과서리포트 2002』)

출판사	2002년 채택률(%)	1997년 채택률(%)	증감률(%)
東京書籍	51.3	41.1	10.2
大阪書籍	14.0	19.3	-5.3
教育出版	13.0	17.8	-4.8
帝國書院	10.9	1.9	9.0
日本書籍	5.9	12.9	-7.0
清水書院	2.5	3.4	-0.9
日本文教	2.3	3.5	-1.2
扶 桑 社	0.039		0.039
총계	100.0	100.0	0.0

데 비교적 힘쓰던, 즉 '개선'의 추세로 나가던 7종의 역사교과서도 분명히 퇴보 추세를 보이고 '개악'의 경향이 있음을 말해준다. 이들 교과서의 일본 중학교에서의 채택률은 99%이며 침략의 역사사실을 충분히 표현한 교과서 채택률 또한 뚜렷이 감소하고 있는데, 이는 일본역사교육이 잠재한 문제를 보여주고 있다. 역사교과서의 정치적 경향성은 일본교육의 방향에 큰 영향을 미치고 있으며 이런 교과서의 채택률은 일본사회 역사인식의 측우기라고도 할 수 있다. '새역모'는 채택결과를 분석・검토했는데, 후지오카 노부카쓰(藤岡信誠)는 이러한 상황을 특히 중요시하면서 7종 교과서의 변화는 4년 후의 승리를 예고하는 것이라고 했다.[5] 그러므로 우리는 후소샤 교과서 외에 다른 7종 교과서의 변화에도 주목해야 한다.

2) 후소샤 역사교과서뿐만 아니라 후소샤 공민교과서도 검토해야 한다

'새역모'가 역사교과서를 공격하고 후소샤 『새 역사교과서』를 출판한 목적은 결코 역사문제에 대한 왜곡뿐만 아니라 2차대전 후 일본사회의 민주화와 평화주의 경향에 대응하는 것이다. 일본사회의 우경화를 위하여 우익과 보수세력은 2차대전 후에 제정한 평화헌법을 강력히 고치려고 했다. 특

4) 笠原十九司, 『난징사건과 일본인』, 柏書房, 2002년, 321쪽.
5) 新歷史教科書編纂會會報, 『사』, 2001년 9월호.

히 일본의 군사역량을 제한하는 헌법 제9조를 수정하려고 했다. 그러나 헌법을 수정하는 것은 아주 현실적인 사회문제로서 역사교과서를 통해서는 간접적인 영향만 줄 뿐이므로, 더욱 직접적 수단으로서 공민교과서를 편찬하려고 했다. 그리하여 우익과 보수세력은 후소샤를 통하여 『새 역사교과서』를 출판함과 아울러 『새 공민교과서』도 출판했는데, 이 두 교과서는 모두 중학교의 사회과 교과서가 되었다.

『새 역사교과서』와 『새 공민교과서』가 문부성의 심사에 통과된 후 '새역모'는 일본에서 교과서가 서점 판매되는 것을 금지하는 법률규정을 회피하여 특히 이 두 교과서를 '시판본'으로 인쇄하고 사회에 판매하여 그 영향력을 확대했다.[6] '새역모' 사무국장 다카모리(高森明)의 공포에 의하면 『새 역사교과서』 '시판본'은 이미 54.5만 권 팔리고, 『새 공민교과서』는 16.5만 권 팔렸다[7]고 한다. 이는 상당히 많은 숫자이다.

후소샤의 공민교과서는 아직 여론의 주목을 받지 못하고 있지만 이 교과서에서는 일본의 '국기와 국가' 문제, 일본이 연합국의 PKO활동에 참여하는 문제, 일미방위합작의 새로운 방침과 관련법안 문제, 특히 일본헌법 제9조의 의미 등을 다루고 있는데 이는 모두 오늘날 일본사회에서 관심을 갖는 문제들이며 또한 일본의 침략전쟁과 밀접한 관련이 있는 문제들이다.

현재 이용되고 있는 일본 평화헌법은 일본이 2차대전 후 국제사회의 요구에 입각하여 제정한 것이다. 이 헌법이 부정된다면 메이지유신 이후 군국주의 정신으로 가득 찬 『대일본제국헌법』과 관계될 것이며 또 역사적 왜곡과도 관련될 것이다. 『새 공민교과서』는 이 문제를 '일본의 국제사회에 대한 공헌'이라는 장절에 넣고, 일본은 해외에 청년협력대를 파견하여 발전도상국 나라들에 정부개발원조(ODA)를 했는데 이는 모두 경제대국의 지위에 부응하는 일본의 국제사회에 대한 공헌이다. 나아가 군사적인 면에서도 반드시 표현되어야 한다고 했다. 이는 곧 자위대를 해외에 파견하려는 것이다.

---

6) 俵義文, 「왜곡된 역사의 '국민운동'」, 『抗日戰爭研究』, 2001년 제2기.

7) 俵義文, 「'つくら會'など 教科書攻擊派の 新たな策動」, 『教科書리포트 2002』, 勞連, 2002년, 32쪽.

이렇게 아주 엄숙한 헌법의 원칙문제를 일본의 국제적 공헌문제로 다루어 일본의 민족주의 의식을 강화함으로써 학생들이 자연스럽게 헌법수정의 의도를 받아들이도록 했다.[8)]

일본의 우익과 보수세력은 줄곧 2차대전 후의 평화헌법을 그들의 목표를 실현하는 데 있어서 가장 큰 장애물로 보고 있었다. '새역모'가 성립된 후 그들은 메이지 시기의 『대일본제국헌법』을 애써 고취했다. 1996년 12월 『산케이신문』에 연재한 후지오카 노부카쓰의 '교과서에서 역사를 가르치지 않는다'는 글에서는 메이지 시기의 헌법에 대한 찬사를 아끼지 않았으며 일본 민주주의의 상징이라고 했다. 심지어 "메이지 헌법에서 천황의 통솔권은 규정했지만, 천황이 직접 군대를 지휘한 것이 아니라 실제로는 육군참모장 혹은 해군군령부장이 그 권리를 행사했다. 천황의 통솔권은 의연히 형식에 불과했다"[9)]고 하면서 당시 서양 각국은 일본 헌법에 대해 높이 평가했다고 했다. 평성국제대학교(平成國制大學校) 교수 다카노리(高乘正臣)는 "천황제로부터 국민주권으로의 전환, 이는 천지개벽의 변화이다"라고 찬양했다. 후소샤의 『새 역사교과서』는 '일본대제국헌법의 반포'라는 장절에서 특히 당시 국내외의 이 헌법에 대한 찬양을 인용하면서 저자의 감정을 표현했다.[10)] 『새 공민교과서』에서는 '평화헌법에 대한 논의와 헌법 제9조'라는 제목으로 이 헌법이 제정된 지 50년이 지났지만 아직도 수정되지 않았다고 했는데, 그 의미는 당연히 헌법을 수정해야 한다는 것이다. 또 이 교과서에서는 헌법 제9조를 소개하면서 학생들에게 일본은 주권국가로서 반드시 필요한 자위권과 국제사회에 적극적으로 협력할 권리가 있으며, 헌법 제9조에 속박되지 말아야 한다고 했는데 그 의미도 당연히 헌법 제9조를 반드시 수정해야 한다는 것이다.[11)]

보다시피 『새 역사교과서』와 『새 공민교과서』는 동일한 사상체계를 바탕으로 쓴 것이다. 우리는 일본의 우익과 보수세력 및 '자유주의사관' 논자

---

8) 西部邁 외, 『新公民教科書』, 扶桑社, 2001년, 188쪽.
9) 藤岡信勝, 「교과서에서 역사를 가르치지 않는다」, 『產經新聞』, 1996년 12월.
10) 西尾干 외, 『新歷史教科書』, 扶桑社, 2001년, 215쪽.
11) 西部邁 외, 『新公民教科書』, 扶桑社, 2001년, 115쪽.

들이 비록 역사문제에서 시작했지만 그 진정한 목표는 일본 미래 사회의 장악에 있다는 것을 반드시 간파해야 한다.

3) 교과서문제 파동을 일으킨 각 세력을 구체적으로 분석해야 한다

교과서문제 파동을 일으킨 우경보수세력에 대해 반드시 구체적으로 분석해야 하는데 그 중 한 세력은 일본국회의원 등 정치가 진영의 보수파들이다. 그들은 2차대전 후 일본교과서 '개선' 경향에 불만을 품고 교과서를 공개적으로 공격했다. 이 사람들 중 일부분은 자민당의 보수파이고 일부분은 신진당 계열이다. 일찍이 1990년대 중반에 그들은 당시 일본사회 진보세력의 전쟁 책임에 대한 반성 요구에 대응하여 국회에서 '부전(不戰)결의'를 통과시킬 것을 요구하고 자민당 내에 '종전50주년국회의원연맹'을, 신진당 내에 '정확한 역사를 가르치는 역사국회의원연맹'을 성립했다. '부전결의' 파동이 지난 후 이들은 '종전50주년국회의원연맹'을 '광명한 일본국회의원연맹'으로 고치고 역사교과서를 공격하면서 '광명'한 일본 역사교과서를 쓰는 것을 지지한다고 표시했다. 오쿠노(奥野誠亮)와 이타가키(板垣正)는 자민당 내에 '역사검토위원회'를 설립하고 교과서문제를 수집하여 문부성에 압력을 가했다. 1996년 6월 5일, 오쿠노는 "종군위안부는 강제적인 것이 아니라 일종의 상업행위이다"[12]라는 말을 언론에 발표함으로써 국제사회에 상당한 파문을 일으켰다.

상술한 자민당과 신진당의 의원 연맹은 1997년부터 연합하여 활동을 시작했다. 그 성원수는 그 해 통계에 의하면 177명이라고 하는데 실제 200명을 초과했다. 그들은 국회의 예산회의와 문교위원회에서 9차례에 걸쳐 도전하고 정부에 압력을 가하여 미야자와(宮澤喜一)가 1982년 교과서 파동 속에서 발표한 "교과서 심사에서 이웃나라 국민들의 감정을 고려해야 한다"고 한 연설을 취소할 것을 요구했다.

다른 한 세력은 '자유주의사관'을 자칭하는 자유주의사관 연구회 성원과 '새역모'의 일부 성원들이다. 이들은 일본의 지식계층으로서 교과서문제 파

---

12) 『朝日新聞』, 1996년 6월 5일.

동에서 '이론가'[13] 역할을 하고 있다.

소위 '자유주의사관'이란 의식의 독립성을 표방하는 것이다. 그들은 "기존 의식의 영향에서 벗어나 자유주의 입장에서 대담하게 역사인식을 바로잡고 역사교육을 개혁하고 다양성을 추진한다"[14]고 주장한다. 즉 전쟁인식에서 그들은 미국의 '도쿄재판사관'에 동의하지 않으며 소련과 중국의 사회주의 '공산국제사관'에도 반대한다. 그들은 2차대전 당시 일본의 자유주의 외교노선을 숭배하면서 그것을 '자유주의 역사관'이라고 칭하고 있다. 그들은 2차대전 후 민주교육의 기초 위에서 이루어진 침략전쟁에 대한 비판은 일본을 피심판자의 지위에 올려놓음으로써 '반일'·'자학'의 사관이 유행하게 되었으며, 난징대학살, 731세균부대, 종군위안부 및 일본군대의 폭행에 대한 서술은 '허구'이며 '거짓말'이라고 했다. 이는 소위 말하는 '자유주의사관'이 2차대전 후 민주교육의 주장과 줄곧 대립되어왔고 '대동아전쟁 긍정론'과 입장을 같이하고 있다는 것을 증명한다.[15]

이런 입장에서 출발한 '자유주의사관' 논자들은 '민족 자위의식의 수립'을 위하여 노력하고 '21세기 일본 청년들을 위하여' 역사교과서를 쓰며 위안부문제에서 시작하여 현행 교과서의 잘못을 비판하고 있다.

'자유주의사관' 논자들의 활동과 초보수파 정치가들의 활동은 궤를 같이하고 있다. 그러므로 오쿠노는 아주 기뻐하며 "일본의 입장에서 문제를 고려하는 학자들이 끝내 출현했다", "지금까지 후지오카 선생은 나와 감정을 같이하고 있다"[16]고 발표했다.

세 번째 세력은 전형적인 우파학자들과 『산케이신문』 계열인데 이들은 일본에서 줄곧 '매파'로 알려져 있으며 그 사상기초는 협소한 민족주의다.

이 세력들은 2차대전 후 점차 형성되었으며 각 시기마다 그 대표인물이 나왔다. 당대의 전형적인 우파학자, 즉 독협대학교(獨協大學校) 교수 나카무라(中村粲), 전기통신대학교 교수 니시오 간지(西尾干二), 상지대학교 교수 와

---

13) 俵義文, 『教科書攻撃의 深層』, 學習友社, 1997년, 38쪽.
14) 藤野豊 編, 『教室에서 自由主義史觀을 批判』, 가모가와출판사, 1997년, 9～10쪽.
15) 俵義文, 『教科書攻撃의 深層』, 學習友社, 1997년, 38～40쪽.
16) 『AERA』, 1996년 8월 19～29일호.

타나베(渡部升一), 만화가 고바야시(小林義則) 등은 모두 '새역모'의 주요 골간들이었다.

나카무라는 '대일본제국의 변호사'로 자칭하고 줄곧 황국사관·대동아전쟁사관을 견지하면서 『아사히신문』, NHK의 신문보도를 공격했다. 그는 『대동아전쟁총결』이라는 책을 편찬한 핵심인물이다. 니시오 간지는 '새역모' 회장이며 우파학자의 대표적 인물이다. 그는 협소한 민족주의 입장에서 출발하여 『국민의 역사』라는 책을 써서 일본의 문화발전이 일찍 중국문화의 영향을 받았다는 세상사람들이 다 아는 역사사실을 부정하고 소위 '일본열도문명권'을 조작해냈다.

교과서문제 인식에서 이들 세력과 '자유주의사관'파는 같은 주장을 하고 있다. 일본 사람들은 이들이 전통적인 우파세력이라는 것을 다 알고 있지만 '자유주의사관'파와 같은 '전향'파들에 대해서는 잘 모르고 있다. 우파세력들은 『쇼군』, 『正論』, 『文藝春秋』, 『Voise』, 『SAPIO』 등의 언론을 장악하고 '자유주의사관'파들이 충분히 이용하도록 했다.

이러한 '매파' 학자들과 언론계는 심지어 많은 문제에서 일본정부와도 서로 접촉하고 있다. 예를 들면 이번 후소샤 교과서 채택문제에서 실패한 후 이들은 그것이 '정부의 행정지도' 때문이라고 했으며 "고이즈미 수상이 10월 한국과 중국 방문중에 대외관계를 회복하기 위하여 고의적으로 지방자치체에 압력을 가하여 상대방에게 예물을 선사한 것이다"17)라고 했다.

네 번째 세력은 우익단체들이다. 교과서문제에서 '일교조(日教組)'와 공개적으로 대립한 우익단체들로는 '일본청년협의회' 및 그 소속하에 있는 '일본교육문제연구소' 등이 있다. 그들은 현존 체제를 타파하고 천황을 중심으로 한 새로운 국가체제를 건립할 것을 주장하고 있다. 또 '일본회의'(1997년 '일본을 지키는 일본국민회의'와 '일본을 지키는 일본회의'가 통일된 것임) 등의 단체들은 모두 교과서를 고치고 헌법을 개정할 것을 목표로 하고 있다.

우익단체는 비록 이론적 주장은 제기하지 않았지만 극단적으로 격렬한 행동을 취하는 때가 많았는데 폭력단 계통의 산구조(山口組)·도천회(稻川會)

17) 『文藝春秋』, 2001년 12월.

등도 늘 같이 참가했다. 이는 사상을 경시하고 행동을 중시하는 우익단체 특징에 부합한다.

2. 3차 역사교과서 공격의 역사배경 비교

최근 발생한 일본 국내 역사교과서에 대한 공격은 1950년대 중반, 1980년대 초 두 차례의 공격과 맥을 같이한 제3차 공격이라고 할 수 있다. 3차에 걸친 교과서공격은 모두 일본이 전쟁 패배의 현실을 받아들이기를 원치 않고 군사대국이 되려는 꿈과 밀접한 관계가 있을 뿐만 아니라 2차대전 후의 일본헌법 개정과도 관계된다. 세 번의 교과서공격은 모두 특징이 있는데 이번 제3차 공격은 새로운 국제 정세하에서 반영된 문제로서 우리는 더욱 신중하게 분석해야 한다.

제1차 교과서공격은 1950년대 중기에 시작되었다. 당시 미국과 일본 사이에 점령과 피점령 상태가 맺어진 지 얼마 안 되어 일본의 경제는 점차 회복되기 시작했으며 또 한국전쟁 때 경제 발전의 기회를 얻어 그 경제성장이 2차대전 전의 수준을 초과하게 되었다. 그러자 일본은 해외로 진출하기 시작했다. 기시 노부스케(岸信介)를 선두로 한 일본정부의 고위급 인물들은 마침내 피점령과 피심판의 곤경에서 벗어나게 되자 머리가 뜨거워지기 시작했다. 특히 냉전상태가 격화되면서 냉전이론에 기초하여 샌프란시스코에서 일본에 대한 강화조약이 맺어지고 샌프란시스코 체제가 만들어진 후 일본은 정치적으로 상대적인 독립 지위를 얻었을 뿐만 아니라 미국의 일본에 대한 정책도 변하여 일본을 태평양에서 침몰되지 않는 군함으로 간주했다. 그리하여 일본의 군국주의 경향을 가진 보수세력들의 활동이 창궐하고 고위급 정치가들도 군사대국의 꿈을 꾸기 시작했다.

이러한 정세하에서 교과서에 대한 공격은 2차대전 시기의 '국정' 교과서를 회복할 것을 목적으로 했다. 왜냐하면 군국주의 교육을 진행하려면 반드시 먼저 당시 일정한 영향력을 가지고 있던 평화교육을 제압해야 하며 반드시 교과서 편찬 권력을 보수적인 '5 · 5체제'인 국가 수중에 장악해야 했기 때문이다. '국정'교과서 목적에 도달하기 위하여 이들은 보수당 내에 교과서문제특별위원회를 설립하고 1955년 8월부터 전국적 범위에서 『교과서문제에 대한 우려』라는 소책자를 발행했다. 학술계의 우파학자들은 이에 부응하여 공공연히 '대동아전쟁긍정론'을 제기하고 교과서를 공격하는 이론기초를 마련함으로써 교과서문제에 관한 제1차 공격을 일으켰다.

다시 말하면 제1차 공격은 일본의 보수파들이 군사대국을 회복하려는 꿈과 밀접한 관련이 있다. 그러나 당시 일본 경제가 겨우 회복되어 발전을 보이기 시작하자마자 노골적으로 '군사대국'의 목표를 제기함은 전략상으로 보아도 실책인 것으로 일본 사회에서 반향을 일으키지 못했을 뿐만 아니라 오히려 평화주의자들의 반대를 받았다. 어떤 학자들은 이를 '복고적인 군사대국의 꿈'이라고 비판했다.

제2차 교과서공격은 1980년대 초기에 일어났는데 이 시기 일본의 상황은 상당한 변화를 가져와 종합적인 면에서 1950년대보다 크게 제고되었다. 당시 일본의 GNP는 세계의 10%를 차지했으며 미국 버금가는 제2경제대국이 되었다. 그러므로 일본의 일부 정치가들은 일본은 정치군사방면에서도 경제적 지위에 상응하는 지위가 있어야 한다면서, 세계대국의 행렬에 끼여들려는 정치군사대국의 사상이 또다시 대두하기 시작했다.

당시 일본수상 나카소네(中曾根)는 1983년 처음으로 일본이 경제대국에서 정치대국으로 진출해야 한다는 주장을 제기했는데 이는 일본국민 대다수의 '대국의식'을 반영했다. 뒤를 이어 1985년 일본이 2차대전 후 40주년을 맞았을 때 나카소네는 '전후 총결산'이라는 주장을 제기하고 자민당 '輕井澤토론회'에서 강연하면서 일본의 다른 나라에 대한 침략과 피해를 강조하는 것은 이상야릇한 일이며, 일본은 '도쿄재판의 전쟁사관'과 '마르크스주의사관' 등 '자학'의 사조에서 벗어나 심판의 원칙과 판결에 대한 재검토를 할 필요가 있으며 일본인은 자기의 의식을 세워야 한다고 주장했다.[18]

제2차 교과서공격은 바로 이러한 배경하에서 발생했다. 먼저 자민당이 학

18) 『月刊自由民主』, 1985년 9월호.

교에서 개교일이나 졸업식 때 국기를 게양하고 국가를 부르는 활동을 벌이는 것을 계기로 1981년 6월 문부성은 1982년 고등학교 사회학과 교과서 심사결과를 공포했다. 심사에 합격된 교과서는 모두 대량의 수정의견을 받아들였는데 제일 중요한 것은 침략전쟁에 대한 서술에서 '침략'이라는 뚜렷한 표현을 쓰지 않고 '진출'이라는 애매한 표현을 쓴 것이다.

이번 교과서공격은 아시아 각국과 일본 국민이 항의하는 거센 물결 속에서 좌절당하고 말았다. 1882년 8월 26일, 당시 내각 관방장관 미야자와는 인터뷰를 통하여 일본정부의 입장을 표명했는데 "우리나라는 아시아 이웃나라들과의 우호와 친선을 위하여 반드시 이러한 국가들의 비평을 받아들여야 하며 정부는 이런 교과서 서술을 규정할 책임이 있다"고 했다. 이후 문부성에서는 교과서 심사기준에 "국제적인 이해와 국제적 협조 차원에서 아시아 이웃나라들의 근현대사 역사문제에 관한 인식을 고려할 필요가 있다"고 덧붙였다. 이것이 바로 소위 말하는 교과서심사에서의 '근린제국원칙'이다.[19)]

제2차 교과서공격이 실패한 것은 한편으로는 아시아 각국의 항의와 일본 국내의 평화주의 역량이 결합되었기 때문이며 또 한편으로는 당시 일본의 경제 실력이 강대하다고는 하지만 다른 나라들과 비교하면 해외에 대한 투자가 막 시작된 셈이고 또 수출무역을 위주로 하는 일본경제가 아시아라는 큰 시장의 반응을 고려하지 않을 수 없었기 때문이다. 이는 곧 정치군사대국의 목표가 아직 기업체와 재정부문의 적극적인 지지를 얻지 못했음을 말해준다.

상술한 두 차례의 교과서공격에 비하면 제3차 공격은 그 상황이 크게 달라졌다. 먼저 1990년대 이래 세계경제 일체화의 추세하에서 일본자본은 신속하게 해외로 진출하여 아시아에서 상당한 비중을 차지하고 있다. 국제형세가 아직도 불안전한 상황에서 대량의 자본이 해외에 있는 현실은 기업가들이 군사대국화 동향에 더는 냉담할 수 없게 했으며 심지어 기대를 걸게 했다. 이런 상황에 대한 유력한 증거로는 1990년대 후반 일본국회를 연달아

---

19) 俵義文, 「教科書 攻擊의 深層」, 『學習의 友社』, 1997년, 32쪽.

통과한 '미 · 일방위합작신지침'과 관련되는 법안과 '주변사태법' 등의 법안이다. 이런 법안의 통과는 일본이 군사대국을 향하여 한 발자국 크게 내딛었음을 상징한다.

다음으로 1990년대 중반부터 일본 경제가 부진한 상태에서 기업의 경쟁력이 떨어지고 많은 사회문제가 출현되어 각종 신화는 파멸되고 사회 경제 정책 면에서 수많은 문제들이 폭로되었다. 경제가 고속도로 발전할 때의 일본인들의 긍지감은 심중한 타격을 받고 '세기말 심리'가 만연되었다. 이러한 형세하에서 민족주의 사조가 대두되는 것은 필연적인 것이다. 이 기회에 몇 년째 해결하지 못한 일본의 '국기 · 국가' 문제가 마침내 국회에서 통과되고 다년간 감히 들고 나오지 못하던 헌법개정문제를 해결하기 위하여 국회에서 '조사위원회'를 설립했다.

제3차 공격시 일본의 '군사대국화' 목표는 텅 빈 구호가 아니라 실제행동으로 표현되며 평화헌법도 개정하려 했다. 그러한 때 이런 정세는 '새역모'에게 아주 유리했다.

더욱 주목해야 할 것은 이런 유리한 형세이지만 우경 · 보수세력과 우익세력은 의연히 두 차례의 교과서공격에서 실패한 교훈을 받아들여 이번에는 우회하는 방법을 택하고 협소한 민족주의로 위장하여 진실한 면모를 가리려 하고 있다. '국제공헌론'과 '국가이익보호론'을 제기하고 또 '자학론'의 비판으로부터 '광명의 일본'론을 수립했다. 그들의 해석에 의하면 '건강한 민족주의'를 통하여 점차 2차대전 후 개선된 교과서에 대한 공격을 들이대는 것이다.

'국제공헌론'은 경제대국 일본이 국제사회에서 상응한 책임이 있어야 한다고 강조하면서 자위대를 파견하여 국제평화활동에 참여하는 것을 변호하고, 이는 국제사회에 대한 공헌이라고 선전하고 있다. 일리가 있는 듯하지만 이러한 주장을 통하여 우경 · 보수세력과 우익세력들이 진정 강조하는 것은 협소한 민족주의에 기초한 일본 민족국가의 이익이며 일본 젊은이들의 민족주의 정서를 불러일으키는 것이다. 얼핏 보기에는 국제사회에서 공인하는 국가이익의 원칙인 듯한 그들의 주장을 받아들인다면 우경보수세력과 우익세력들은 즉시 당당하게 일본이 발동한 침략전쟁을 왜곡할 것이고 침략행위를 아시아에 대한 공헌으로, 아시아의 해방을 위한 전쟁으로 미화할 것이다. 침략전쟁에 대한 비판은 그들로부터 일본의 국가 이익에 위배되는 '자학'이라고 질책받았다. '자학'의 교과서는 당연히 비판을 받아야 하며 국가의 이익을 보호하는 '광명의 일본'을 묘사한 교과서가 나오게 되는 것은 필연적이라는 것이다. 이것이 바로 우익과 보수세력이 후소샤 역사교과서를 내놓은 논리이다.

상술한 상황으로부터 알 수 있는바 우경보수세력과 우익세력의 이번 교과서공격은 아주 유리한 배경하에서 발생했으며, 또한 그에 관한 이론체계까지 수립했다. 어떻게 조직적으로 일본국민을 선동하는가 하는 계획과 준비는 이미 일부 학자들에 의해 구체적으로 검토되고 있다. 근년에 그들의 활동은 일정한 성과를 이루었다고 할 수 있다. 예를 들면 이번 교과서 심사가 진행되기 전에 홋카이도의회, 치바현의원연맹 등은 '근린제국원칙' 취소에 관한 주장을 제기했다.

교과서공격은 우경보수세력 및 우익세력들이 이렇듯 유리한 조건하에서 충분한 준비를 거쳐 시작된 것이므로 그렇게 쉽게 물러서지 않을 것이다. 주지하는바 교과서의 채택률이 명백해지고 후소샤의 교과서 채택이 실패했을 때 고이즈미 수상이 일본 국내와 국제여론의 반대에도 불구하고 공공연히 야스쿠니신사를 참배한 것은 우경보수세력과 우익세력을 부추기는 역할을 하는 것이다. 미국의 9·11사건 발생 후 일본정부는 국가이익을 강조하면서 해외에 자위대를 파견하여, 평화헌법을 수정하는 구실을 만들어냈다. 이러한 사태에서 볼 때 앞으로 일본은 계속 협소한 민족주의 경향으로 나아갈 것이며 교과서에 대한 공격도 계속 추진될 것이므로 우리는 절대 경계를 늦추어서는 안 된다.

3. 후소샤 역사교과서 체계

후지오카 노부카쓰는 2차대전 후의 역사교육을 비판하면서 "일본 중학교의 역사교과서는 세계의 모든 반일 자료에 집중하여 흑백을 전도해서 일본을 묘사한 것"[20]이라고 했다. 그는 1996년 11월 26일, 도쿄대학 교육학부 학생들의 세미나에서 다음과 같이 말했다.

> 교과서의 목적은 후세의 일본인을 진정한 일본국민으로 배양하기 위한 것이다. 일본의 젊은이들이 일본에 대해 치욕감을 느끼게 해서는 안 된다. 민족주의 의식을 배양하는 것은 국가교육의 제일 기본적인 의무이다. 그러므로 일본 국가의 목적과 상반되는 교과서가 유행해서는 안 된다. 교과서 심사는 국가의 존엄에 관계되는 것이므로 반드시 견지해야 한다.[21]

'새역모'는 창립 선언을 발표하면서 이렇게 말했다.

> 우리가 편찬한 교과서는 일본과 일본인의 형상・품격을 세계역사 무대에 널리 펼쳐놓을 것이다. 우리의 조상들은 게으름 없이 분투하고 열심히 이상을 추구하면서 실패와 고통을 겪어왔는데 이것이 바로 우리 일본인이다. 우리는 이 교과서가 학교 교실에서 사용되게 할 뿐만 아니라 부모들이 아이들에게 역사 이야기를 가르치는 교과서가 되게 할 것이다.[22]

상술한 기술들은 하나의 중요한 문제를 설명하고 있는데 그것은 바로 새역사교과서는 2차대전 후의 역사교육에 대한 전면적인 공격에 기초하여 나온 것으로서 그 기본 틀은 침략전쟁에 대한 부정이며 침략전쟁의 역사사실에 대한 왜곡이라는 것을 알 수 있다.

첫째, 교과서 머리말의 첫머리에서 "역사를 공부한다는 것은 사람들이 일

---

20) 『保衛日本議會』 기관잡지, 『日本의 歎息』, 1996년 9월호.
21) 『諸君』, 1997년 2월호.
22) 大月寬隆 외, 『새로운 일본 역사의 시작』, 幻冬舍, 1997년 7월, 314쪽.

반적으로 생각하는 과거의 역사사실을 이해하는 것에 그치는 것이 아니라 사실 과거의 사람들은 어떻게 생각했는가 하는 것을 이해하는 것이다"라고 했다. 그 책의 심사본에서는 공공연히 "역사는 과학이 아니라 이야기다"라고 쓰고는 오늘의 표준으로 과거의 역사를 평가하는 것은 불공평하고 불확실한 것이라고 했다. 이러한 논리하에 일본역사의 유구함과 독립성을 강조하기 위하여 이 교과서에서는 근거가 없는 신화전설을 대량으로 이용하여 열광적으로 '황국사관', '신의 나라'의 관념을 불어넣었다. 동시에 반드시 비판해야 할 역사문제는 "과거 사람들이 어떻게 생각했는가를 이해한다"는 명제하에 '객관적'인 서술만 하고 고의적으로 평론을 가하지 않았다. 결과적으로 역사교과서는 명백히 역사유심주의 이론을 기초로 하고 있다.

둘째, 이 교과서는 천황의 '교육칙어' 전문을 게재했는데 주지하다시피 메이지천황의 '교육칙어'는 일본의 군국주의와 밀접히 결합된 것이며 일본의 전쟁시기 중요한 대표물이다. 그러므로 일본이 전패하고 군국주의 사조를 소멸하는 가운데서 천황의 '교육칙어'는 제일 먼저 교과서에서 삭제된 내용이다. 2차대전 후 50년 간 역사교과서에서 공공연히 '교육칙어' 전문을 게재한 적이 없었다. 천황의 '교육칙어'에 대한 태도는 실제 일본군국주의에 대한 인식 수준의 표징이다. 후소샤 교과서에서는 칙어의 전문을 게재했을 뿐만 아니라 "(교육칙어는) 일본국민을 교육하여 근대국가의 국민으로서 부모에게 효도하며 필요시 나라를 위하여 생명을 바치게 했다. 그러므로 1945년까지 학교의 교과서에는 줄곧 이를 게재했다"[23]고 소개했으며 전쟁과의 관계는 전혀 설명하지 않았다. 독자들로 하여금 '교육칙어'를 긍정하는 인상을 가지게 함으로써 저자의 군국주의를 긍정하고 침략전쟁을 긍정하는 태도를 밝혔다.

셋째, 교과서에서는 일본이 발동한 전쟁에 대해 반성하는 의도가 없었으며 오히려 전쟁의 합리성을 설명했다. 예를 들면 '만주사변'('9·18사변')은 동북에서 중국인들의 배일운동이 강화되고 북쪽에서는 소련의 관동군에 대한 위협이 있고 남쪽에서는 국민당의 압력이 있는 상황하에서 발생했다고

---

23) 西尾干二 외, 『새 역사교과서』, 扶桑社, 2001년, 215쪽.

했고,[24] '중일 충돌'(노구교사변)은 어떤 사람이 조약에 근거하여 북경 교외에 주둔하고 있는 일본군에 총을 난사하여 발생한 것이라고 했다.[25] 또한 '대동아전쟁'('태평양전쟁')은 일본이 경제 봉쇄 속에서 미국에 굴복하지 않는 선택이었다[26]고 했다. 이러한 인식은 2차대전 후 전쟁의 책임과 전쟁의 죄를 절대 승인하지 않는 완고한 군국주의자들의 논조와 완전히 일치한 '아시아 해방' 논리이다. 이것은 바로 '대동아전쟁 긍정론'과 '대동아전쟁사관'이 교과서에서 구체적으로 표현된 것이다.

상술한 세 가지 문제는 후소샤 역사교과서의 기본 체계를 개괄한 것이다. 다시 말하면 역사적 유심론에 입각하여 군국주의와 전쟁을 고취한 이 교과서는 일본역사에서 '대아시아주의'와 '초국가주의'가 되살아난 것이다. 이런 교과서의 출현은 일본의 전후 교육제도에 대한 반동으로서 전쟁 전 교과서로 되돌아간 것과 마찬가지다. 그러므로 뜻있는 사람들은 이 교과서의 위험성을 전쟁체계로 향하고 있는 것으로 인식했다.

난징대학살문제 연구로 유명한 일본학자 가사하라(笠原十九司)는 최근 출판한 『난징사건과 일본인』이라는 저서에서 교과서문제에는 두 가지 측면이 있다고 했다. 그 하나는 현행 교과서에 대한 공격이며 특히 침략과 피해사실의 서술에 대한 공격이다. 다른 하나는 일본역사 교육에 대한 수정이다. 이 목표를 실현하기 위하여 '새역모'는 일본에서 교과서를 공격하는 국민운동을 일으켰다.[27]

만일 구체적 문제만 골라서 비판하고 교과서의 기본 체계를 무시하며, 이 교과서와 전쟁 전과 전쟁 후 교과서의 체계를 비교하여 검토하지 않는다면 『새 역사교과서』 체계를 수용하는 것과 마찬가지며, 아시아를 해방한다는 이론체계에 빠져들어가 '새역모'가 설치한 술책에 걸려들 위험성이 있다.

경제의 세계화 추세하에서 일본에는 역사가 깊은 민족주의가 대두하는 경향이 있다. 우익과 보수세력은 일본국민이 국제화 진행중에 부딪친 새로

24) 위의 책, 266쪽.
25) 위의 책, 270쪽.
26) 위의 책, 274쪽.
27) 笠原十九司, 『난징사건과 일본인』, 柏書房, 2002년, 321쪽.

운 문제를 이용하여 '국수주의'로부터 출발하여 민족주의를 불어넣음으로써 확실히 그 돌파구를 찾아냈다. 평화와 진보 역량이 어떻게 이에 대응하며 효과적인 방법을 찾아낼 것인가 하는 것은 열심히 사고해야 하는 바이다. 이러한 상황하에서 교과서문제에 대한 심층적인 검토는 매우 필요하다고 본다.

<번역 : 방향(方香)>

교과서 파동과 역사인식 — 일본 우익의 동향을 중심으로

타와라 요시후미(俵 義文, '어린이와 교과서 전국네트워크21' 사무국장)

1. 정부·문부성 교과서 검정으로 왜곡된 역사교과서

1945년 패전 때까지 일본의 어린이들은 국정교과서와 교육칙어에 의해서 '천황은 신', 일본은 세계에서 가장 우수한 '신의 나라'로 교육받으며 천황을 위해서는 기꺼이 죽을 수 있는 신민이 되도록 마인드 컨트롤된 군국소년, 군국소녀로 교화되고 양육되어왔다.

전후에도 일본의 정부·문부성은 교과서 검정으로 인해, 교과서를 국민을 통제·지배하는 도구, 즉 '교화서(教化書)'로 이용해왔다. 이것이 오늘날 일본인들로 하여금 왜곡된 역사인식을 가지게 한 것이다.

오늘날 일본의 역사왜곡 단체는 일본의 교과서는 전후 일관되게 도쿄재판사관(史觀)에 근거해 쓰고 있어서 교과서 내용이 '반일적·자학적·암흑적'이라고 비방하고 있다. 하지만 이것은 사실이 아니며 근거 없는 논제이다. 구체적인 예로 '난징대학살'(이하 난징사건)의 교과서 기술에 대해서 설명해본다.

1946년에 발행된 문부성 저작의 초중고교 역사교과서에는 난징사건이 실려 있었고, 또 일본의 전쟁은 침략전쟁이라고 기술되어 있었다. 그 후 민간에서 발행된 검정 교과서에서는 1950년대 전반까지 다수의 교과서에 난징사건이 기술되어 있었다. 또 많은 교과서가 '만주사변'이나 중일 15년전쟁과 동남아시아 점령을 '일본의 침략'이라고 기술하고 동남아시아에 대한 가해사실에 대해서 쓴 교과서도 있었다.

그런데 1955년 나카소네 야스히로 의원을 중심으로 한 당시 민주당은 전쟁을 반성 비판하고 일본이 아시아를 침략한 사실 등을 기술한 교과서를 편향적이라고 공격하는 '제1차 교과서 파동'을 일으켰다. 그것을 배경으로 정부·문부성은 전체 80% 이상이 불합격될 만큼 검정을 강화하고 가해사실에 대해서뿐만 아니라 피해사실에 대해서도 전쟁 사실을 교과서에 쓰지 못하게 해왔다. 원폭의 비참한 실상을 밝히지 말라, 전쟁을 어둡게 묘사하지 말라, 자국의 행위에 대해서 '침략'이라는 용어를 쓰지 말고 '진출'로 하라는 등의 검정 의견을 내 내용을 삭제하고 수정하게 해왔다.

교과서 검정기준인 '학습지도요령'도 1950년대 전반에 근본적인 전환이 이루어졌다. 1947년 제정된 지도요령인 '일본의 중국침략'은 1951년의 지도요령에서 '일본의 대륙진출'로 바뀌고, 그 후 학습지도요령에서는 '침략'이라는 용어는 자취를 감추고 모두 '진출'로 통일되었다. 이것은 2002년 4월에 실시된 새 지도요령과도 같은 것이다.

이러한 문부성에 의한 교과서 검정으로 인해 오랜 시간 동안 일본의 역사교과서에서는 전쟁의 진실이 가려져 있었다. '일본의 침략'이라는 용어를 비롯해 일본의 전쟁범죄인 아시아 침략전쟁에 기인한 일본군 '위안부'와 '난징사건', '731부대', '삼광(三光)작전'이나 '아시아 각지에서 행한 주민학살' 등의 가해는 물론 원폭 등의 피해에 대한 기술조차도 검정에서 삭제시키고 수정을 강제해왔다. 이러한 교과서의 '어두운 시대'는 약 20년이나 계속되었다.

2. 이에나가 교과서 재판운동과 역사교과서의 개선
- 일본인의 역사인식에 미친 영향

이에나가(家永) 일본교과서에 대한 검정을 위헌 위법이라고 한 교과서 재판 제2차 소송 스기모토(杉本)판결(1970년) 이후, 문부성의 검정은 후퇴하지 않을 수 없게 되었다. 난징사건의 기술은 1974년 고교 일본사 1개 출판사, 1975년 중학교 역사 2개 출판사에서 실제로 20년 만에 부활했다. 그 후 난징사건 등을 기술한 교과서가 서서히 증가하기 시작하는 등 1970년대를 거쳐 일본 침략전쟁의 교과서 기술은 일정 부분 개선되었다. 이러한 역사교과서 개선으로 청소년들의(넓게는 국민 전체의) 역사인식과 전쟁인식이 풍부하게 된 것에 대하여 위기감을 가진 자민당 등은 1979년 말부터 제2차 교과서 '편향' 파동을 행하고 그것을 배경으로 문부성은 제2차 검정을 강화하여 침략가해 사실의 기술을 삭제시키거나 수정하도록 했다. '일본의 침략'을 '진출'이나 그 외의 용어로 바꾸게 하고 난징사건은 '환란 중에 일어난 것'이라고 쓰도록 수정하게 하고, '731부대사건'은 삭제시켰다. 이렇게 역사를 개악(改惡)하는 교과서 검정에 대해 1982년 7월~9월, 중국, 한국을 비롯한 아시아 국가에서는 격심한 항의와 비판이 들끓었다. 일본정부가 아시아 근린제국과 우호친선을 권장하고 있는 이상 이들의 비판에 충분히 귀를 기울이고 정부가 책임지고 시정한다고 하는 '정부 견해'(미야자와 관방장관 담화)를 발표하고 외교문제를 해결하며 문부성은 '침략' 용어와 난징사건 등의 가해기술에 대해서 검정의견으로 수정을 강제하지 않는다는 '근린제국조항'을 검정기준에 덧붙였다.

한편, 이에나가는 1984년 일중15년전쟁, 태평양전쟁 등의 기술 —구체적으로는 조선 인민의 반일저항과 난징사건과 일본군에 의한 여성의 폭행, 731부대사건, 오키나와 전쟁 등—에 대한 검정을 주요한 쟁점으로 하는 제3차 소송을 제소했다. 이러한 국내외의 비판과 이에나가 교과서 재판운동을 기반으로 하여 그 이후 역사교과서가 개선되었다. 그 결과 1984년판 모든 중학교 역사교과서와 1985년 모든 고교 일본사 교과서에 난징사건이 기술되었다. 소학교 교과서는 1992년판부터 난징사건을 기록하기 시작했다. '731부대 사건'을 기술하는 교과서도 늘어나고, 일본군 '위안부'가 고교 일본사 교과서에서는 1994년판부터, 중학교는 1997년판부터 일제히 등장했다. 또 전후보상과 전쟁책임 문제도 기술되어 일본에 의한 조선 및 대만의 식민지 지배와 동남아시아 침략의 기술도 상당히 충실해졌다. 일본의 역사교과서, 특히 일본의 침략가해에 대한 기술내용은 겨우 1980년대 후반부터 90년대 들어서야 개선된 것이다.

이상과 같이 일본 청소년들은 적어도 20년 간, 더 엄밀히 말하자면 40년 동안이나 난징사건을 비롯해 일본의 침략가해 사실에 대해서 교과서에서는 배우지 못했던 것이다. 그리고 이것이 일본인의 전쟁인식, 역사인식에 중대한 결함을 초래하여 식민지 지배는 좋은 일을 했다, 대동아전쟁은 아시아 해방전쟁이었다, 난징사건과 종군위안부는 날조된 것이다 등으로 말하는 정치가나 역사왜곡 단체의 수많은 '망언'을 만들어내는 토양이 되어왔다. 이것은 독일이 전후 빠른 시일부터 나치의 대학살을 교과서에 실어 가르쳐 온 것과는 큰 차이가 있다.

3. '제3차 교과서 파동'의 시작과 자민당 '역사 · 검토위원회'의 역할

그런데 이러한 역사교과서 개선에 대해서 1996년 여름부터 새롭게 '제3차 교과서 편향적 파동'이 시작되었다. 공격하고 있는 세력은 '새 역사교과서를 만드는 모임'(이하 '새역모'), '자유민주주의사관' 연구회, 개헌익찬(改憲翼賛)단체일본회의, 강경파 저널리즘, 자민당국회(지방)의원, 우익세력 등이다. 그리고 자민당 정치가와 결탁해서 교과서 파동을 국민운동으로서 전개하고 있는 전위부대 중심조직이 '새역모'와 일본회의이다.

파동이 표면화된 것은 1996년이지만 그것을 준비한 것은 1993년 8월부터 1995년 2월까지 설치된 자민당의 '역사 · 검토위원회'이다. 이 위원회에는 하시모토 류타로 전 수상, 모리 요시로 전 수상 등 현 자민당 간부가 다수 참가하고 있었다. 이 위원회는 자민당이 직접 '대동아전쟁'(우리들이 말하는 일중15년전쟁, 아시아태평양전쟁)을 '총괄'할 목적으로 1995년 8월 15일, 그것을 『대동아전쟁의 총괄』(민전사)로 정리해서 출판했다. 이 위원회의 주요한 결론은 네 가지이다. 1) 대동아전쟁(태평양전쟁)은 침략전쟁이 아니고 자존자위를 위한 전쟁이며 아시아 해방전쟁이었다. 2) 난징사건, 위안부 등의 가해역사는 가공의 사실이며 일본은 전쟁범죄를 범하지 않았다. 3) 최신 교과서는 있지도 않은 침략이나 가해사실을 쓰고 있기 때문에 그것들의 기술을 삭제시키기 위해서 또다시 '교과서 투쟁'이 필요하다. 4) 위의 1), 2)와 같은 역사인식을 국민의 공통인식으로 상식화하기 위해서 학자를 앞세워 국민운동을 전개할 필요가 있고 자민당은 자금 및 그 외의 요소들에 대해서 지원한다는 것이다.

역사・검토위원회에는 또 하나의 역할이 있다. 그것은 이 위원회는 오쿠노 세이류(奧野誠亮) 등 전전(戰前)세대 자민당 의원의 역사개악사상, 왜곡된 역사인식을 차세대 젊은 의원들에게 계승하는 역할을 해낸다는 것이다. 1980년대부터 90년대까지 교과서를 공격하고 역사를 왜곡하는 망언을 국회 내외에서 했던 사람은 오쿠노 세이류, 후지오 마사유키(藤尾正行), 이타가키 다다시(板垣正) 등 전전(戰前)세대 의원이었다(이들은 모두 의원이 되었다). 그런데 오늘날 역사를 왜곡하는 망언을 주장하고 '새역모'와 전면적으로 제휴해서 교과서 파동과 역사인식 문제로 활동하고 있는 사람은 '일본의 미래와 역사교육을 생각하는 젊은 의원의 모임'(이하 '젊은 의원 모임')을 중심으로 하는 전후세대 의원(핵심 구성원은 세습된 2세 의원)이다. '역사・검토위원회'에는 105명의 위원 중, 나카가와 쇼이치(中川昭一) 대표, 아베 신조(安部晋三) 사무국장 등 '젊은 의원 모임'의 구성원 15명이 선발되었다. 이 구성원을 통해서 왜곡된 역사인식이 전전세대 의원에서 전후세대 의원에게로 계승되어 갔다고 말할 수 있다.

이 역사・검토위원회의 '총괄'을 받은 형태로, 1996년 여름부터 교과서의 '종군위안부'나 '난징사건'을 비롯한 가해 기술을 '반일적・자학적・암흑적'이라고 비방하고 교과서에서 삭제시키라는 우익에 의한 공격이 극심하게 행해져왔던 것이다. 그 중심 인물인 니시오 간지(西尾幹二) 전기통신대 교수, 후지오카 노부카쓰(藤岡信勝) 도쿄대 교수, 다카하시 시로(高橋史朗) 명성(明星)대 교수, 만화가인 고바야시 요시노리(小林よしのり) 등은 현행교과서를 '자학사관(自虐史觀)'이라고 공격할 뿐 아니라 자신들이 중학교 교과서를 발행하겠다고 선언하고 1997년 1월에 '새역모'를 결성했다.

4. '새역모'가 추진하는 역사왜곡 국민운동의 실태

'새역모'는 1999년 12월에 회원이 1만 명을 넘었으며, 1999년 10월 말까지 전국 각 지역 도도부현(都道府縣)에 지부를 만들어 연간 4억2천만 엔 이상의 수입(1999년도)을 올려 활동하고 있다. 이 운동을 자민당의 국회, 지방의회 의원이 전면적으로 뒷받침해주고, 재계 기업인 다수가 지지자가 되어 지원하고 있다. '새역모'의 요청으로 이 모임과 개헌·우익 조직인 '일본회의'가 연합하여 많은 우익조직을 결집시켜 2000년 4월 '교과서 개선 연락협의회(이하 '개선협')가 발족되었다. 회장은 미우라 슈몬(三浦朱門) 전 문화청 장관, 부회장은 스미토모(住友)전기공업 전 회장이며, 관서(關西) 경영자연맹 전 회장인 가메이 마사오(龜井正夫)와 브리지스톤사이클 전 회장인 이시이 고이치로(石井公一郎), 카시마(鹿島)건설 명예회장인 이시카와 로쿠로(石川六郎), CANON명예회장(당시)인 카쿠 류자브로(賀來龍三郎), 후지츠 명예회장인 야마모토 타쿠신(山本卓眞) 등 재계인사와 우파학자가 대표위원으로 구성되어 있다. '개선협'에는 교과서문제와 역사인식 문제로 암약(暗躍)하고 있는 우파조직이 모두 참가하고 있다. '개선협'은 우파 내셔널리스트에 의한 '통일전선조직'이며, 그 중심의 전위부대가 '새역모'와 '일본회의'이다.

'새역모' 단체는 자민당 국회의원, 지방의회 의원과 결탁해서 자신들의 교과서를 검정에 합격시켜 2001년 여름에 있었던 교과서 채택(사용하는 교과서를 선정하는 것)에서 많은 학교가 채택하도록 교육위원회와 지방의회에 압력을 가하는 국민운동을 전개해왔다. '새역모'는 이러한 검정·채택 대책과 국민의 역사인식을 바꾸기 위해서 1999년 10월 파일럿판 『국민의 역사』를 발간하고 1억 엔 이상의 비용을 들여 10만 권 이상을 전국 교사, 지방의원, 교육위원 등에게 무료로 배포했다. 이 도서를 사용한 '역사학습운동'(실태는 역사왜곡운동)으로 칭하는 대중적인 '국민운동'(실태는 네오파시즘 운동)을 전국 각지에서 전개해왔다. 이 국민운동은 역사·검토위원회의 제기를 구체화하고 실천하는 것이다.

'새역모'는 자신들의 국민운동으로 교사를 바꾸고 교육·학교를 바꾸고 그로 인해 더 나아가 일본을 바꾼다고 주장하고, 교육 기본법과 헌법의 개악(改惡)까지 주장해왔다.

'새역모' 등 역사왜곡 단체의 책동은 당면 교과서 기술을 목적으로 해왔지만 그 속셈은 일본인의 역사인식과 전쟁인식을 '침략전쟁 긍정'과 '가해사실의 부정'으로 변질시켜 정착시키는 것이다. 그리고 그것을 전쟁법(신가이드라인 · 주변사태법)에 의한 '전쟁을 할 수 있는 나라', '전쟁을 하는 나라'를 만들기 위한 이데올로기로 키우는 새로운 국수주의 운동이다. 일본을 '전쟁을 하는 나라'로 만들기 위해서는 '침략전쟁을 긍정'하고 '가해사실을 부정'하는 역사인식을 어린이와 청소년을 비롯해 국민전체에게 정착시키는 것이 필수적이기 때문이다. '일본국민으로서의 자각과 긍지'를 고양시키는 역사인식에 의해 국가 아래 '국민의식 통합'을 겨냥한 새 국수주의 운동(네오파시즘 운동)이고, '군사대국 일본', '전쟁국가 일본'을 목표로 하는 것이다. '히노마루 · 기미가요'를 국기 · 국가로서 법제화하고 학교 현장과 국민전체에게 강제하며 수상들이 전국 신사를 공식참배하는 것도 그 때문이다. 일본의 다국적 기업의 자산과 권익을 지키기 위해서 자위대의 해외 파견이 어느 때라도 가능한 국가 체계를 만들고 싶은 재계가 '새역모' 운동을 물심양면으로 지원하고 있는 것은 앞서 지적한 바이다.

5. '새역모'를 용인하고 연합, 제휴하는 정부 · 문부성

역사왜곡 단체의 책동은 정부 및 문부성에게 적지 않은 영향을 주어왔다. 오히려 교과서 검정으로 역사의 진실을 수정하는 것이 곤란하게 된 정부 · 문부성은 역사왜곡 단체를 이용해서 교과서 내용을 왜곡하도록 하고 있다. 1998년 6월 마치무라 노부타카(町村信孝) 문부대신(당시)은 역사교과서는 편향적이므로 검정 전에 시정할 수 없는지, 채택을 거쳐 개선할 수 없는지 검토하고 있다고 국회에서 답변했다. 이것은 교과서 출판사에게 '위안부', 난징사건' 등을 교과서에 기재하지 못하도록 자주 규제를 강요하고, 자학적인 교과서를 채택하지 않도록 교육위원회 등을 지도한다는 것이다. 이것을 받아들여 문부성은 1998년 12월에 고시한 새로운 학습지도요령에서 중학교 역사 분야에는 우리나라의 역사에 더욱 깊은 애정을 가지도록 하고 국민으로서의 자각을 키운다 등 역사왜곡 단체의 주장을 받아들인 내용을 가득 실었다. '새역모'는 자신들이 만든 교과서는 이 학습지도요령에 가장 충실한 것이라고 주장하고 있다.

전술한 바와 같이 그간 전쟁기술의 내용을 개선해온 기존 중학교 교과서의 대부분은 침략 · 가해 내용이 크게 후퇴하여 일부는 20년 전의 내용으로 거슬러 올라가버렸다. 이러한 교과서 기술의 개악은 출판사, 저자에 의한 단순한 '자주규제'에 의한 것이 아니고 내각 관방장관이 개입해서 '종군위안부' 삭제를 요구했기 때문이다.

일본 국내는 물론 한국 · 중국 등 아시아 국가에서 격심한 항의와 비판이 들끓었던 '새역모'의 중학교 사회과 교과서(역사 · 공민 각 분야)가 2000년 4월 3일 문부과학성의 검정에 합격했다. 마치무라 노부타카 문부과학성 대신(당시)은 기자회견에서 신청본 단계에서는 매우 편향적으로 썼다는 인상을 받았는데 합격한 것을 보니 매우 균형이 잡혀 교과서로서 충분한 것이며 합격한 책을 보면 한국 · 중국 등의 염려도 거의 해소될 것으로 기대한다고 말했다. 마치무라는 문부대신 시절인 1998년 6월 '종군위안부'나 '난징대학살'이 기술되어 있는 교과서에 대해서 대단히 균형이 맞지 않다(편향적이다)고 말하고 출판사에 '자주규제'를 요구한 인물인데, 역사를 왜곡하는 '새역모' 교과서가 대단히 균형잡혀 있다고 하는 것은 마치무라 문상의 역사인식이 왜곡되어 있다는 증거라고 말할 수 있다.

'새역모' 교과서를 합격시키기 위해서 문부과학성은 검정제도를 자의적으로 운영하여 다수의 법령을 무시하고 선례를 파괴하는 일을 저질렀다. '새역모' 교과서는 '새역모'와 후지 텔레비전, 『산케이신문』, 자민당과 문부과학성에 의한 합작이라고 말해도 과언이 아니다.

그 때문에 수정 후에도 침략전쟁을 긍정 미화할 뿐 아니라 전쟁 그 자체를 긍정 미화하고 식민지배를 정당화시키며, 위안부나 난징사건 등의 가해

사실을 부정하는 내용은 변함이 없다. 게다가 대일본제국의 헌법과 교육칙어를 찬미하고 역으로 기본적인 인권이나 평화주의를 적대시하고 교육기본법과 헌법의 개악을 주장하고 있는 것도 그대로이다. 신화나 천황에 대한 기술에는 거의 의견을 내지 않고 황국사관은 그대로 남겨두었다.

6. '새역모'의 채택활동

'새역모'는 자신들이 만든 교과서를 검정에 합격시켜 많은 학교 현장에서 사용하도록 하기 위해 자신들의 교과서운동을 많은 국민이 지지하고 있다는 여론 만들기를 행해왔다. '새역모'와 공동으로 '개선협'으로 결집된 '일본회의' 등 우익조직이 활동하고 자민당, 재계가 이것을 물심양면으로 뒷받침했다. 문부과학성(이하 문부성)도 '새역모' 교과서의 채택활동을 지원했다. 이러한 배경에는 '새역모' 측이 채택제도 개악을 지방의원에 청원하고 34도현(道縣) 의회, 271개 시구정촌(市區町村) 의회가 이것을 채택한 사실이 있다. 문부성은 마치무라 문부상의 답변과 2000년 8월의 오오시마 리신(大島理森) 문상(당시)의 답변('새역모'를 대변해서 채택제도 개악을 요구하는 코야마 타카오 참의원 - KSD비리로 1월 체포되어 의원을 사직 - 의 질문을 전면적으로 허용)을 받아들여 2000년 9월 13일과 2001년 1월 24일에 전국 교육위원회에 채택제도를 개악하는 지도를 행하고 있다. 지방의회 결의와 문부성의 지도를 받아들여 도쿄도 교육위원회를 비롯해서 많은 도도부현 교육위원회가 '새역모'에게 유리하도록 제도를 개악했다.

자민당의 국회의원, 지방의회의원은 '새역모' 교과서를 채택하기 위해서 각 현별로 '교과서 의원연맹'을 결성하여 활동해왔다. 그리고 자민당 본부는 2001년 5월 31일 아소타로(麻生太郎) 정조(政調)회장 명의로 도도부현 본부에 통지를 보내 시민이 '새역모' 교과서를 채택하지 않기를 요청하고 있는 것을 '부당한 정치적 개입'으로 단정하고 현 본부가 이것을 감시하도록 지시했다.

'새역모'는 2000년 9월부터 6월까지 4회의 심포지엄을 개최하고 2001년 1월 19일~2월 4일 전국 11곳에서 '지구(地區) 활동자 회의'를 행하고 중점 지구를 설정해서 본격적인 채택 활동에 착수했다. 2001년 7월부터 2002년까지 전 도도부현에서 강연회를 158회, 의원강습회・교육위원강습회・요인(要人)강습회를 71회, 요인・의원 면담을 38회 가졌다. 이러한 위에서 아래로의 정치적인 활동을 통해서 '새역모' 교과서 채택률이 10% 이상은 확보되는 상황을 만들어낸 것이다.

7. 2002년도용 중학교 사회과의 채택결과

'새역모' 교과서는 시구정촌립의 542개 채택지구와 국립중학교에서는 전혀 채택되지 않았다. 공립에서는 도쿄도 교육위원회가 도립 양호학교의 일부(병약자와 지적장애 2개교 2분교실), 에이메현(愛媛縣) 교육위원회가 양호학교(3개교), 농아학교(2개교)에 채택했고, 사립중학교의 극히 일부(역사・공민 두 과목 5개교, 역사만 1개교, 공민만 2개교, 그 외에 부교재로서 역사, 공민 두 과목 1개교, 역사만 1개교)에서 채택하고 있다. 역사가 521권(0.039%)으로 '새역모'가 목표한 10%(13만 권) 이상이라는 목표는 거의 제로에 가까운 결과가 나왔다(공민의 수요는 848권).

중학교 역사교과서는 도쿄서적이 약 12만 권, 데이코쿠서원이 약 11만 권 증가하고 있다. 그 외 5개사는 모두 감소하고 있지만 일본서적(약 11만 권 감소), 교이쿠출판(약 7.4만 권 감소), 오사카서적(약 7.7만 권 감소)의 3개사가 큰 폭으로 감소하고 있다. 이러한 채택 결과가 나온 것은 1996년 이후 계속되어온 '새역모', 『산케이신문』, 자민당 등에 의한 '자학사관, 암흑사관, 반일사관'이라는 역사교과서에 대한 비방・공격이 배경에 있다. 게다가 1998년 6월 마치무라 문부대신(당시)이 국회에서 역사교과서는 '편향적'이므로 채택을 통해서 시정할 수 없는지 검토하고 있다는 답변을 한 것처럼 정부・문부성이 여기에 가담했다는 사실도 간과할 수 없다.

『산케이신문』의 '중학교 역사교과서 통신부'(2001년 6월 1일~8일 기재)에서 후소샤 다음으로 평가가 높았던 데이코쿠서원과 도쿄서적이 큰 폭으로 증가해 '통신부'가 '워스트(worst) 3'로 선정한 일본서적, 교이쿠출판, 오사카서적이 큰 폭으로 감소한 것은 거기에 기인한다고 말할 수 있다. '위안부'에 대해 충실히 기술해둔 것 등 정부의 압력에 저항해서 '자주규제'하지 않았던 일본서적 교과서가 격감하고 내년부터 사용될 교과서가 전체적으로 우경화한 것은(예를 들어 '위안부' 기술이 없는 교과서 채택률은 약 80%) 역사교육과 어린이의 역사인식에 있어서 큰 불행이며 향후 문제를 남겨두는 결과가 되었다.

8. '새역모' 교과서의 채택을 극소화시킨 힘

6월 시점에서는 '10% 이상의 채택은 확보되어 있었다(다카모리 사무국장), 30~50지구에서 기대되었다(니시오 회장)'라는 상황을 대역전시켜 앞서 기술한 것과 같은 결과가 나올 수 있게 한 운동과 그 힘에 대해 정리해보면, 1) 전국 각지에서 보호자, 교사, 시민, 청년, 학생, 학자, 연구원, 변호사, 기독교인, 재일한국인, 한국인, 재일중국인 등 많은 민중이 들고 일어났다는 것, 2) 전국 각지에 200개가 넘는 교과서 관련 시민조직이 결성되어 다른 시민조직과 교직원조합, 노동조합 등과 협력해서 활동한 것, 3) 일년 간에 2,000곳이 넘는 지역에서 강습회, 강연회가 개최되었던 것, 그것을 전국적으로 한층 촉진하기 위해서 온건한 조직인 '어린이에게 줄 수 있습니까? 위험한 교과서!' 전국네트워크가 만들어졌다는 것, 4) 전단지, 서적, 교육위원회 등의 방청, 교육위원에의 요청, 신문광고, 인터넷활동 등 다방면에 이르는 창의적인 활동을 전개한 것, 5) 학자, 연구원이나 연구단체, 각계의 개인과 조직이 비판 성명을 발표하여 '새역모' 교과서의 큰 잘못을 지적하는 문서를 공표한 것, 6) 10엔짜리 팸플릿 '이것이 위험한 교과서이다!'('교과서네트21' 발행, 3개월에 25만 부 활용)를 비롯해서 많은 비판책자가 출판되어 활용되었다는 것, 7) 많은 내외 매스컴이 비판적인 보도를 했다는 것, 8) 한국을 비롯해서 아시아 시민 · 시민조직과 연구원이 연대하여 활동한 것, 9) 한국 · 중국 정부가 재수정을 하고 비판 · 항의를 강화한 것, 10) 구미(歐米) 연구원 360명 이상이 비판을 주장한 것 등이다. 그리고 이러한 활동을 진행함과 동시에 '교과서네트 21' 회원, '지역네트'가 각지에서 큰 역할을 수행하고 '교과서네트 21'이 각지의 운동을 연합하여 전국적으로 전개하는 등의 필수 불가결한 역할을 해낸 것이 결정적이었다고 말할 수 있다.

9. 제3차 교과서 파동의 특징

제1차부터 제3차까지의 교과서 파동 배경에는 일본의 군국주의화 움직임이 있다. 제1차 교과서 파동은 냉전하에서 아시아의 '반공의 요석(要石)'이 되기 위한 자위대의 창설 등 군국주의 부활 움직임과 연동하고 있었다. 제2차 교과서 파동은 경제 대국화를 배경으로 미 · 일 가이드라인 책정 등 일본 안보강화에 의한 군사대국화의 움직임과 연동하는 것이었다. 제3차 교과서 파동은 신가이드라인에 의한 미 · 일 군사행동의 강화와 자위대의 해외 파병 체제 확립에 의한 집단적인 자위권의 행사, '전쟁을 할 나라' 만들기를 목표로 한 평화헌법 개악의 움직임과 연동하고 있었다. 이러한 교과서 파동은 일본의 군사대국화와 일체된 것이고 그 이데올로기적 · 교육적 측면을 키우는 것이다. 교과서 파동 문제는 역사인식의 문제인 동시에 아시아 평화를 위협하는 것이다. 또 3차에 걸친 교과서 파동은 교과서의 역사기술 개선에 대한 반동이며 역류이지만 그 배경에는 일본사회가 전쟁책임을 확실하게 하지 않았다는 문제가 있다. 제1차와 제2차 교과서 파동은 정당이 중심이었지만 제3차 교과서 파동은 학자를 중심으로 하여 '시민운동'으로 탈바꿈하고 자민당 등의 정당이 그것을 뒷받침하고, 더 나아가 재계가 크게 지원하는 체제를 갖추고, 게다가 우파조직이 총결집해서 '우익통일전선'에 의한 네오내셔널리즘 운동으로 전개되고 있는 것이 1, 2차와 다른 특징이다.

게다가 제1차는 1년 반, 제2차는 2년 반 만에 끝났는데, 제3차는 6년 가까운 세월이 경과되어도 아직 끝나지 않고 집요하게 계속되고 있는 것도 특징이다. 이 집요함은 정부・자민당과 '새역모' 등의 역사왜곡 단체가 이번 파동을 역사인식과 교과서를 둘러싼 '마지막 기회'라고 위치짓고 있기 때문이다.

또한 이번 교과서문제를 통해서 일본정부의 지도자는 대외적으로는 전쟁과 식민지 지배 등에 대한 반성과 사죄를 거듭하고 있지만, 대내적으로는 '새역모' 등의 역사왜곡을 지지하고 반성과 사죄가 말뿐이라는 것이 명백해졌다.

10. 향후에도 계속되는 '새역모' 등의 교과서 파동

'새역모'는 9월 23일 제4차 총회를 개최하고 채택결과에 입각하여 '4년 후의 복수(revenge)'를 지향하는 방침을 확인했다. 우선 임원체제를 일부 수정해서 약간 젊은 층으로 세대교체했다. '새역모'는 '참패'의 원인에 대해서 1) 해외로 일련의 일을 알리려는 '일부세력'에 의한 검정 전 교과서원본의 유출, 2) '한국・중국의 외압', 3) '반대파의 협박과 언론의 편향적인 보도와 채택 관계자의 보신(保身) 체질', 4) '정치・행정의 부작위, 태만', 5) '정치가에 의한 의도적인 채택 방해' 등 우선 외적인 요인을 지적하고 '비약한 조직력'과 '언론보도 대책의 부족' 등을 들어서 '반성'하고 있다.

'새역모'는 제로에 가까운 채택결과에 대해서, 그 원인이 자신들의 교과서가 역사를 왜곡하고 헌법・교육기본법에 위반하여 '전쟁을 할 수 있는 나라'를 짊어지는 어린이들을 교육하는 위험한 내용으로 되어 있고, 또한 '어린이에게 주면 안 된다', '교실에 비치되어서는 안 된다'고 비판받았기 때문이라고는 생각하지 않는 것이다. 채택되지 않는 것은 오로지 한국・중국의 '내정간섭'과 '시민으로 가장한 일단의 전문활동가'의 '테러나 협박, 조직적 압력에 의한 상식 범위를 벗어나는 채택방해' 때문이라고 한다.

'새역모'는 이러한 '반성'을 충분히 고려하고 3, 4년 후의 '복수'를 위한 방침을 정했다. 그리고 중학교 역사 · 공민 이외의 교과서를 출판하기 위해서 회칙을 수정하고 소학교의 사회와 국어, 중학교의 국어 등으로도 확대할 것을 목표로 하고 있다. 고교의 경우는, 한국 · 중국 등 아시아 제국에게 비판받아온 일본회의의 '최신일본사'가 개편되어 다시 2001년 2월에 검정을 신청해 2002년 3월 말에는 합격한다. 검정신청을 한 명성사는 일본회의가 만든 출판사이며 사장은 일본회의 부회장이자 '새역모'의 구성원인 이시이 고이치로(石井公一郎) 브리치스톤 사이클 전 회장이다. 이것으로 초 · 중 · 고교를 통틀어 역사를 왜곡하는 교과서를 출판하는 것을 목표로 삼게 되었다. '새역모'는 올 여름 고교 채택활동을 일본회의와 함께 전개할 방침이다. 소학교는 2003년에 검정하여 2004년에 채택, 중학교는 2004년에 검정하여 2005년에 채택하기 때문에 소학교로 진출함에 따라 운동의 연속성과 지속성을 확보할 수 있다고 생각하는 것이다.

'새역모'는 채택제도를 한층 더 개악하고 자신들에게 더 유리하게끔 교과서법의 제정까지 획책하려 하고 있다. 또 연간 약 1,000명이 감소한 회원수를 확대하고, 참패로 인한 회원의 동요를 막기 위해서 신문광고(『산케이신문』 2001년 9월 29일)를 하고, 2001년 10월 8일(1,500명), 2002년 2월 7일(1,800명), 3월 21일까지 연속적으로 심포지엄을 개최하고 있다, '새역모' 교과서에 대한 채택결과에도 불구하고 일본의 교과서문제와 역사인식을 둘러싼 투쟁은 아직 끝나지 않았다. 오히려 이제 막 시작했다고 말할 수 있다.

우리들은 이번 성과를 교훈으로 하는 것과 동시에 3년 후, 4년 후의 'revenge(복수)' 따위를 허용하지 않도록 운동을 전개하고, 향후 이러한 역사를 왜곡하는 운동이나 어린이와 교육을 목표물로 한 우익내셔널리즘 운동 그 자체를 없애나가기 위해 큰 여론의 지지기반을 만들어나갈 필요가 있다.

11. 아시아 국민들의 역사인식 공유를 지향하며

이번 일본교과서 문제는 아시아의 민중과 연대한 활동이었다는 것이 특징이었는데, 2001년 6월 10일~11일, 도쿄에서 개최된 '역사왜곡 교과서를 용서하지 않겠다! 아시아 연대 긴급회의'도 그 중요한 성과 중의 하나였다. 이것은 어린이와 교과서 전국네트워크 21(교과서 네트21), '전쟁과 여성에 대한 폭력' 일본네트워크, VAWW-NET Japan, 평화를 실현하는 기독교인 네트(기독교인 평화네트)가 찬동하여 개최되었다. 이 회의에는 한국, 중국, 필리핀, 대만, 인도네시아, 말레이시아, 북한(일본정부의 입국거부로 인해 문서제출에 의한 참가)에서 40명, 일본 국내의 아이누민족, 오키나와, 재일외국인을 포함해서 250명이 참가했다.

이 회의에서 합의된 역사교육 아시아네트워크의 일본 조직으로서, 앞서 말한 3인과 '피스보트(PEACE BOAT)'가 앞장서서 역사교과서 네트워크·JAPAN(아시아네트)이 2001년 9월 13일에 결성되었다. 공동대표는 오가와 요시노부(小河義信, 기독교인 평화네트), 다카시마 신킨(高嶋伸欣, 琉球大 교수), 타와라 요시후미(俵 義文, 교과서네트21), 노히라 신사쿠(野平晋作, 피스보트), 마츠이 야요리(松井やより, VAWW-NET Japan)이다. 구체적으로는 아시아 지역에서 역사교육 및 교과서의 정보를 공유하고, 젠더(gender)의 시점에서 교과서를 연구하고 동아시아에서의 공통역사 부독본(副讀本)을 만들며, 역사교육에 관한 국제심포지엄을 개최하는 등 아시아 기준에서 역사인식을 공유할 것을 지향하는 활동을 전개할 예정이다. 2002년 2월 2일 발족회에는 젊은이를 비롯해 다양한 연령층과 각기 입장과 위치가 다른 280명이 참가하는 데 성공했고 아시아 각지에서 메시지가 온 바와 같이 '아시아네트'에 대한 국내외의 기대는 크다.

12. 그들의 운동에 미래는 있는 것인가

필자는 역사를 배우는 것은 그 교훈을 미래에 살리기 위해서라고 생각한다. 아시아의 공생이 더욱더 필요하게 된 21세기를 맞아 어린이들이 침략전쟁의 사실을 직시하고 전쟁을 피해와 가해, 가담과 저항이라는 다각적인 측면에서 배울 수 있는 역사교육 교과서가 요구되고 있다. 어린이를 비롯해 일본국민이 바른 역사인식을 가지는 것은 아시아 제국 및 국민들과 화해・공생하며 아시아의 평화를 이루기 위한 필수 조건이다. 국내외에서 고심해온 끝에 10년 전부터 조금씩 역사교과서는 개선되어왔다. 역사교과서 왜곡단체나 정부・자민당의 파동은 그것을 다시 한번 역전시키려는 계책인 것인데, 역사를 왜곡하는 네오파시즘운동을 허용해서는 안 된다. 역사의 수레바퀴를 역행시켜서는 안 된다.

'새역모'는 자신들은 다수이며 반대파는 소수라고 주장하고 있다. 확실히 고이즈미 내각의 지지율이 80%를 넘고(2002년 3월에는 50% 이하가 되었다), '새역모' 교과서가 고이즈미 정권의 정책과 동일하며 자민당・재계가 '새역모'를 물심양면으로 지지하고 있고 일본사회의 우경화가 진행되고 있는 가운데, '새역모'가 다수파인 것 같은 현상이 조성되어 있다.

한편 국제사회에서는 '새역모' 같은 역사왜곡 인식은 통용되지 않게 되었다. 특히 아시아의 민중은 일본정부의 사죄와 반성이 말뿐이라는 것을 간파하게 되었다. 이번 교과서문제에 있어서 일본정부는 '새역모' 교과서를 검정에 합격시킨 일로 인해 한국과 중국을 비롯한 아시아 제국 지역에서 극심한 비판과 불신감을 초래하고 있다. '새역모' 교과서가 채택되지 않은 결과는 일본정부와 국민은 같지 않다는 것을 말한다. 일본인의 다수는 역사왜곡에 반대하며 아시아의 우호・공생을 바라고 있으니, 결과적으로 정부가 잃어버린 신뢰를 시민과 그들의 운동이 간신히 회복한 셈이다. 이 역사왜곡 교과서를 허용하지 않으려는 활동 속에서 일본과 아시아, 세계 민중의 연대는 확실히 넓어져왔다. '새역모'에 반대하는 시민과 그 운동은 국제사회에서는 다수파인 것이다. 여기에 우리들의 밝은 미래가 있으며, 다시 말하자면 '새역모' 등 역사왜곡 단체의 최대 난관이 있는 것이다.

'새역모'는 3, 4년 후의 '복수'를 위해서 전술한 바와 같은 다양한 활동을 전개할 것이다. 교과서문제는 아직 끝나지 않았고 이제 막 시작했다고 말할 수 있다. 그러나 그들의 운동에 전망이 없다는 것 또한 명백하다.

<번역 : 이순남>

2001년도 교과서문제와 한국정부의 대응
— 검정 통과 이전을 중심으로

하종문(한신대학교 국제학부 교수)

문제 제기

2001년도 후소사(扶桑社) 역사교과서 사건은 두 개의 국면으로 '매듭'이 지어졌다. 하나는 8월 15일까지 확정된 0.039%의 채택률이었고, 다른 하나는 10월의 고이즈미 준이치로(小泉純一郎) 수상의 방한에서 역사연구공동기구 설치에 합의한 것이다. 애초 '새 역사교과서를 만드는 모임(이하 '새역모')'이 10%의 채택률을 목표로 정했던 데 비하면 현격한 차이이며, 일본 시민 양식의 승리로 매스컴은 앞다투어 보도했다. '한일역사공동연구기구'의 설치는 2002년 3월 5일 정식으로 출범이 선포되었다.

여기서 과연 우리는 승리한 것인가라는 질문을 던진다면, 고개를 끄덕이는 사람은 정부 당국자일 것이며, 고개를 가로젓는 사람은 시민단체 관계자일 것이다. 왜 같은 현상을 놓고 정반대의 평가가 생기는가. 그 해답의 힌트는 교과서문제가 한창이던 지난 5월 한국의 한 일간지가 작성한 다음의 표에 나와 있다.

이 표는 한국정부의 '학습 능력'이 별로 없다는 사실을 명확히 말해준다. 즉 과거의 사례에서 별로 배우지 못하고 있는 것이다. 파문이 인 시점은 점점 빨라지지만 그것은 어디까지나 양국의 시민적 교류나 매스컴의 활동에 힘입은 바 크며, 한국정부의 강력한 대응에도 불구하고 일본정부의 조치는 점점 후퇴하고 있다.

따라서 본고의 분석대상은 2001년의 후소샤 역사교과서 사건과 관련한 한국정부의 행보이다. 교과서문제가 대두되기 시작하면서 한국정부가 표명

<표 1> 일본 역사교과서 왜곡 파문 및 대응 비교(출전 : 『중앙일보』 2001. 5. 1)

	1982년	1986년	2001년
파문 시점	검정결과	검정결과 공개 이후	검정과정부터 논란
정부 대응	· 일본 해명사절단 입국 거부 등 수정 강력히 요청	· 성의 있는 시정조치 강력 촉구 · 구체적 시정안 작성해 일본에 전달	· 주일대사 소환 · 유감성명 발표, 대책반 구성 · 역사전문가 교과서왜곡 정밀분석 · 정부 종합대책 수립, 재수정 요구서 일본에 전달
일본 반응	· 일본 문부성 담화 발표(근린제국조항 신설)	· 문제교과서 네 차례 수정 지시	· 모리 내각 재수정 불가 방침 · 고이즈미 내각 원만히 해결 방침

한 상황 인식과 구체적인 대처방안을, 검정을 통과하기까지의 기간을 중심으로 살피고자 한다. 이를 통해 향후 반드시 재발할 후소샤 교과서 사건의 '제2라운드' 그리고 '제2의 새역모' 출현에 따른 싸움에서 한국정부의 '신뢰도'를 판단할 근거가 마련될 것이다. 동시에 한일 양국의 보수 지배층(정부를 포함)의 은밀한 '공감대'를 차단하는 무기로서 한국과 일본의 시민연대가 가지는 의의를 재인식하는 계기가 될 것이다.

1. 후소샤 역사교과서 사건과 한국정부

1) 초기의 매스컴 보도와 한국정부의 대응

후소샤 교과서는 2000년 4월 예고한 대로 검정을 신청함으로써 본격적인 '교과서 전쟁'의 선전포고를 했다. 이에 대해 일본과는 달리 한국 쪽 주요 일간신문은 필자가 조사한 바로는 그다지 반응이 없었다. 몇 달이 지난 7월 9일, 한 일간지가 교과서문제를 언급했지만 "일 교과서 '과거 숨기기'"라는 제목의 기사는 일본군 '위안부' 기술의 삭제 · 축소를 알리고 있으며 '새역모'의 이름조차 나오지 않는다.[28)]

한국의 일간지가 '새역모'를 비롯한 역사교과서의 동향을 본격적으로 싣기 시작한 것은 7월 말부터였다. 그것도 과거와 마찬가지로 일본 신문, 특히 『아사히신문』의 보도를 받아서 전하는 방식이었다. 게다가 이후 『한겨레』가 가장 적극적으로 교과서문제를 다루게 되지만, '일 우익, 중학교과서 검정 신청'이라는 제목의 7월 30일자 기사는 '새역모'가 만든 공민교과서를 대상으로 한 것이었다.[29)] 이후 8월 15일에 즈음하여 각종 기사들이 게재되기 시작하면서 본격적으로 매스컴의 주요 이슈로 부각되어갔다.

이 즈음에서 북한의 공식 반응이 한국이나 중국보다 빨리 나왔다는 사실은 이채롭다. 2000년 8월 16일 『노동신문』 논평을 통해서 "일본 반동들이 (역사교과서에) 일제의 아시아 침략행위를 '해방전쟁', '독립에 대한 꿈을 심어준 것'으로 묘사하고 있는 것은 인류양심에 대한 악랄한 도전"이라고 비판하고 나선 것이다.[30)]

9월 10일 일본의 『아사히신문』과 『도쿄신문』에서 교과서 기술 내용을 보도하면서 한국의 일간지에서도 후소샤 교과서문제가 재연되기에 이르렀다.[31)]

이 시점에 이르러 드디어 한국정부도 수수방관할 수만 없다는 판단을 내린 것 같다. 즉 외교통상부 당국자가 "지난달(8월) 말 주한 일본대사관을 통해 일본정부에 '과거사를 왜곡 · 축소하는 역사교과서는 미래지향적 양국관계 발전은 물론 일본 스스로를 위해서도 바람직하지 않다'는 입장을 전달했다"고 말했다는 것이다.[32)] 이는 8월 16일 최상룡 주일대사가 『아사히신문』의 인터뷰에 응해 교과서 왜곡에 대한 견해를 밝힌 것과 연동하는 것으로

---

28) "일 교과서 '과거숨기기'", 『조선일보』 2000년 7월 9일.
29) '일 우익, 중학교과서 검정 신청', 『한겨레』 2000년 7월 30일.
30) '북, 일의 역사교과서 왜곡 용납 못해', 『한겨레』 2000년 8월 16일.
31) '일 검정신청교과서 가해역사 왜곡', 『한겨레』 2000년 9월 10일 / '日 교과서 가해역사 왜곡, 대폭 삭제', 『조선일보』 2000년 9월 10일.
32) "'역사왜곡 일본 교과서'에 우려 전달", 『한겨레』 2000년 9월 14일. 이하의 내용은 위 기사에서 인용했다.

보인다.

여기에서는 두 가지 한계를 지적해야 한다. 하나는 한국정부도 교과서문제를 주시하고 있고 대책을 강구하고 있다는 것을 밝힌 것이지만, 그 형태가 어디까지나 매스컴의 취재에 대한 비공식적 답변이라는 점이다. 이미 보름 전에 일본대사관을 통해 '공식적인 우려'를 전달했으면서도 이를 공표하지 않은 것이다. 외교상의 예의나 전략이라고 할 수도 있겠지만, 주지하듯이 과거사문제의 이슈화가 신속한 언명과 조치에서 가능했다는 이전의 경험을 살리고 있지는 않다.

이러한 태도는 외교통상부 당국자의 안이한 상황 판단에서도 확인할 수 있다. 그는 "일본정부 내에서도 역사교과서의 문제점에 관한 논의가 있는 것으로 알고 있다"면서 "일본이 역사교과서를 객관적으로 검정할 것으로 기대한다(밑줄은 인용자, 이하 마찬가지)"고 강조했다는 것이다. 1998년 10월 한일 파트너십 공동선언이나 1982년 근린제국조항을 염두에 둔 발언이라 하더라도 정부의 자세에서 적어도 적극적인 문제 해결의 의지는 보이지 않는다. 무엇보다 북한 쪽에서 재차 13일과 14일 이틀에 걸쳐 일본의 '역사왜곡놀음'을 규탄하는 성명이 나왔다는 사실과 대조를 이룬다.[33]

2) 김대중 대통령의 방일과 이후 한국정부의 움직임

이렇게 교과서문제가 차츰 대폭발의 징조를 보이고 있을 때 김대중 대통령은 9월 22일부터 사흘 간 일본을 방문했다. 사실 대통령의 방일을 앞두고 있어서 한국정부가 소극적이었다는 것을 고려할 수도 있다. 그러면 과연 일본 현지에서 김 대통령은 교과서문제에 대해 어떤 인식과 태도를 표명했을까?

유감스럽게도 어떤 매스컴을 보더라도 방일의 주요 의제는 한일 자유무역협정, 재일교포 지방참정권, 대북 문제 등이었고, 역사교과서에 대한 언급은 나오지 않는다. 이는 대통령의 방일과 관련한 사전 조정에서 교과서문제는 전혀 이슈로 상정되지 않았다는 것을 의미한다. 물론 이런 결과가 나온

33) '북, 역사왜곡 중단하고 과거 청산해야', 『한겨레』 2000년 9월 15일.

경위는 한국의 제안이 없었거나 아니면 한국의 제안에 일본이 난색을 표명했거나 둘 중의 하나일 것이다. 어느 쪽이든 교과서문제에 대한 한국정부의 인식과 대처는 안이하다는 평가에서 크게 벗어나지 않는다.

그 정황 증거를 들어보기로 하자. 김 대통령은 23일 주일 한국언론 특파원들과의 간담회에서 교과서문제에 관한 질문을 받고 자신의 생각을 다음과 같이 피력했다.[34] "(역사를 왜곡 기술하고 있는) 그런 교과서는 나타나지 않을 것으로 믿는다. 만일 필요하다면 정부로서도 조처를 취하겠다"고 했다고 한다. 이 발언의 의미는 기사의 평가처럼 "역사교과서 문제가 현재의 양호한 한일관계에 부정적 영향을 끼치지 않도록 일본정부가 적절히 대처해 달라는 강한 기대를 표명한 것"이었다. 한마디로 일본정부가 알아서 대처해 달라는 기대밖에 할 수 없다는 것을 스스로 밝히고 있다.

또 교과서문제를 포함한 일본의 보수화 경향과 관련한 정부의 입장에 대해서는, "뭐라 말할 수 없는 입장"이라며, "정부 관심도 필요하지만 국민과 언론이 관심을 가지고 지켜봐줄 것"을 주문했다고 한다. 얼핏 지극히 타당한 지적처럼 들리지만, 교과서문제 그리고 그 본질로서의 일본의 보수화·우경화와 관련해서 '뭐라 말할 수 없는 입장'은 김대중 정권 대일정책의 본질을 보여주는 좋은 예가 아닐까.

이런 상황인식과 대처를 보면 김대중 정권은 기본적으로 대일관계에 대해 장밋빛 전망을 갖고 있었다는 판단도 가능하다. 가령 야당 시절부터 김대중 대통령을 '응원'해온 『아사히신문』의 경우, 최근 창간 120돌을 기념해서 1998년에 설치한 아시아네트워크 동북아연구팀 보고서에서 '20세기 최후의 몇 년 간 일본이 이룩한 아시아외교 성과'로 '한국과의 관계개선'을 꼽았고, "관계개선의 실마리는 김대중 대통령의 지도력에 의존한 바가 컸다"고 했던 점을 떠올릴 필요가 있다.[35] 1998년 10월 방일시 일본 국회에서 행한 김 대통령의 연설은 '대일 햇볕정책'의 선언으로 평가할 만했으며, 일본 매스컴은 이를 "과거사는 청산되었다"라고 대서특필했다. 자주 지적되듯이

---

34) '일본교과서 왜곡에 적절 조처', 『한겨레』 2000년 9월 23일.
35) "한일 외교의 'DJ변수'", 『한겨레』 2000년 12월 26일.

'너무 일찍 터뜨린 샴페인'이었던 것이다

교과서문제와 관련해서 한국정부의 역할은 분명하거니와 무엇보다 '초기 대처'가 가장 긴요하다. 즉 검정 단계에서 유형무형의 압박을 파상적으로 가함으로써 '누더기'로 만들어버리거나 아예 검정을 통과하지 못하도록 해야 한다. 재빠른 대응이 승부를 결정하는 것이다. 그런 면에서 9월의 방일에서 호기를 놓쳐버린 한국정부로서는 안팎의 비판에 시달리면서 계속 끌려갈 수밖에 없었다. 11월 6일의 한일 외무장관 회담에서 교과서문제가 거론되었지만 주목할 만한 알맹이가 없는 것도 같은 맥락에서 이해할 수 있을 것이다.

3) 본격 대응으로의 전환

해가 바뀌자 한국정부의 태도는 서서히 적극성을 띠어갔다. 2001년 1월 5일 일본 역사교과서와 관련하여, 한일 양국관계를 고려해 신중히 처리해줄 것을 일본측에 촉구했다는 것이 보도되었다.[36] 이정빈 외교통상장관이 고노 요헤이(河野洋平) 일본 외상과 신년인사를 겸해 가진 전화 통화에서 이런 한국정부의 기본입장을 전달했다는 것이다. 하지만 전화를 통한 인사의 와중에서 언급한 정도일 것이므로 구체적인 내용이 있었을 것 같지는 않다. "지난해 한일 양국 간 우호협력 관계에 만족을 표시하고 앞으로도 호혜적인 실질협력 관계 증진 및 대북정책 공조강화를 위해 상호 긴밀히 협력해나가자"는 이야기에 입각해서 본다면, 적어도 교과서문제가 양국의 우호관계를 해칠 '중대사태'는 아니며 일본정부의 '신중한 처리'로 수습될 수 있을 것이라는 판단을 갖고 있었다고 보이는 것이다.

그러나 이후 상황은 해결은커녕 악화일로로 내달았고, 이에 따라 한국정부의 숨소리도 높아지기 시작했다. 이미 2월 초 전화로 외무성에 교과서문제를 지적한 바 있던 외교통상부였지만, 18일 후소샤의 역사교과서가 검정을 통과할 것이 확실시됨에 따라 강력 대응을 천명하고 나설 수밖에 없었다.[37]

---

36) '정부, 일 역사교과서 입장 전달', 『한겨레신문』 2001년 1월 5일.

신문이 전하는 바에 따르면 "지금까지 정부 차원에서 너무 공개적으로 문제삼을 경우 오히려 일본내 우익인사들의 입지를 강화시킨다고 판단, 조용한 해결방법을 모색해왔으나, 이제부터는 적극적으로 문제를 제기하는 등 '강온 전략'을 병행할 방침"이라고 말했다고 한다. 아울러 한국정부는 2001년 대일외교의 주요현안 중 하나로 역사교과서 문제를 꼽았다고 한다. 대책으로서는 이정빈 외교장관, 최상용 주일대사 등 공식 외교채널과 지일파 정치인, 학자 등 비공식 채널을 모두 가동하여 문제의 역사교과서가 통과될 경우 한일관계에 중대한 영향을 미친다는 점을 환기시킨다는 방침을 피력했다.

하지만 이미 이 시점에서 교과서의 검정 통과가 확실하다는 것을 과연 외교통상부가 몰랐을 리가 없다. 만약 몰랐다면 그 또한 중대한 직무유기를 범했다는 비판을 면하기 어렵다. 늦어도 한참 늦은 한국정부의 움직임이었다.

이 시점에서 때맞춰 일본에서 '지원사격'이 날아왔다. 당시 자민당 국회의원 노로타 호세이(野呂田芳成)가 망언을 터뜨려준 것이다. 한국정부는 각료도 아닌 한 중의원 의원의 발언에 대해 "일본 집권당 중진인 노로타 의원이 이웃나라의 고통을 외면한 왜곡된 발언을 한 것을 매우 유감으로 생각한다"는 논평을 '이례적'으로 발표하면서[38] 뒤늦은 '출전'의 명분으로 삼았다. 발언의 요지 또한 태평양전쟁을 통해 일본은 아시아의 독립을 도왔다는 것으로 과거의 망언과 비교해도 그렇게 '심한' 정도는 아니다. 더군다나 모리 일본 총리가 이미 1월 아프리카 방문 도중 비슷한 내용의 발언을 했지만 한국정부의 공식 논평이 없었다는 사실을 떠올릴 필요가 있다(중국에서는 이 발언을 비판했다).

이후의 과정은 우리가 익히 아는 바이니 굳이 여기서 언급할 필요는 없을 것이다. 다만 중국정부와 한국정부에서 낸 공식논평의 현격한 '온도차', 이에 대한 일본정부의 반응은 한번 음미할 가치가 있다. 아래의 표는 그 대조

37) '정부, 일 교과서 왜곡 적극대응', 『한겨레』 2001년 2월 18일.
38) "정부 '일 우익 역사왜곡' 강력대응", 『한겨레』 2001년 2월 19일.

를 드러내기 위해 만든 것이다.

<표 2> 검정 통과에 즈음한 한 · 중 · 일 3국 정부의 태도

중 국	한 국	일 본
3/7 "왜곡된 교과서 통과시 일본이 책임져야 한다"고 경고 3/16 주룽지 총리 "역사교과서 왜곡은 일본정부의 책임"이라 천명 4/4 외교부성명, "강렬한 분노와 불만"	2/19 왜곡된 교과서의 검정 통과시 '불채택운동'을 전개한다는 방침 3/1 김대중 대통령의 3 · 1절 기념사에서 "일본이 올바른 역사인식을 갖고 …(중략)… 노력을 기울여줄 것을 기대한다"고 우회적으로 언급 3/9 한일협정 왜곡의 당사자 김종필이 모리 총리에게 한국정부의 교과서 우려 분위기를 전달 3/29 일본교과서 대책회의 4/4 외교통상부 공식성명, "일본, 과거 잘못 합리화는 유감"	3/1 모리 총리 검정 통과 전에 교과서가 유출된 것에 대해 불쾌감을 표시, '내정간섭' 논란의 시작 3/2 후쿠다 관방장관 "한국정부의 유감과 관계없이 적절한 검정이 실시될 것"이라 언명

3. 한국정부의 행보에 대한 평가

이상에서 살펴본 바와 같이 2001년도 역사교과서 사건을 둘러싼 한국정부의 인식과 대처는 적절한 시기를 놓치고 있는 것은 물론이고, 그 수준 또한 소극적이었다는 비판을 면할 수 없다. 1982년과 1986년의 두 차례 경험, 그리고 이후에 식상할 정도로 반복된 망언 등의 과거사 이슈가 제기된 경위와 그 결과에 대한 학습이 부족한 안이한 태도로 일관했던 것이다. 만약 후소샤 역사교과서가 어느 정도의 채택률을 달성했다면 어떻게 되었을까. 그

점에서 0.039%의 채택률은 현재 한일 양국 정부의 '우호관계'가 감당할 수 있는 절묘한 '황금비율'이었다고 봐야 할 것이다.

이제 한국정부의 미온적 태도가 어떻게 형성되었으며 왜 궤도 수정을 하지 않았는가에 대한 논의를 매듭지어야 할 때다. 몇 가지를 언급하고자 한다.

먼저 현재의 한일관계를 떠받치는 기둥으로 존재하는 근린제국조항, 무라야마 담화, 한일 파트너십 공동선언의 한계를 짚어야 한다. 1982년 '교과서 파동'의 성과로서 제정된 근린제국조항, 1990년대 들어와 일본군 '성노예' 문제로 촉발된 과거사 청산 성과로서의 무라야마 담화, 그리고 과거사 청산을 천명한 한일 파트너십 공동선언 등으로 이어지는 일련의 흐름하에서도 역사의 날조와 왜곡으로 가득찬 역사교과서는 일본의 중학생을 가르칠 자격을 부여받았다는 사실이 그것이다. 1998년 방일 이후 구가되었던 '한일 신시대'의 도래는 허상이었으며, 일본정부의 자발적 시정을 기대하던 한국정부의 태도는 '과신'에서 비롯된 오류였다.

과신의 내막은 두 가지 차원으로 나뉜다. 하나는 한국정부가 일본 외무성을 너무 믿었다는 것으로, 구체적으로는 검정과 관련한 외무성의 역할에 관한 것이었다. 2000년 10월 중순부터 『산케이신문』은 중학교 역사교과서 검정을 담당하는 외무성 출신 노다 에이지로(野田英二郎) 검정위원이 '새역모'의 검정신청본이 불합격되도록 획책했다는 공격의 포문을 열었다.[39] 이후 '새역모'의 관계자들까지 대거 나서서 연일 검정의 공정성이 훼손될 우려가 있다는 식으로 외무성까지 도마 위에 올렸다.

이런 외무성과 문부성의 '대립'은 한국정부를 착각하게 만들기에 충분했다. 대외 관계를 전담해야 하는 외무성의 입장으로서는 교과서문제의 발발이 결코 바람직하지 않으므로 문부성을 견제할 것이라는 논리였다. 하지만 이와는 다른 측면도 염두에 두어야 한다. 가령 노다 검정위원이 경질된 사태는 오히려 반대로 '새역모' 교과서의 검정 통과가 확고해진(아니면 이미 결정된) 이상 외무성이 짊어져야 될 부담을 덜어준 것으로 볼 수 있다. '그런

39) 와다 하루키, 「일 역사교과서 왜곡 대처법」, 『한겨레』 2000년 11월 20일.

교과서가 통과된다는데 두 검정위원(=외무성)은 뭘 했나'라는 한국과 중국의 질책에 대한 사전포석이라는 해석 쪽이 더 신빙성이 있어 보이는 것이다.

한편 검정 통과 후 문부과학성이 나열했던 의례적이고도 정치적인 언사들을 보면 역으로 한국정부의 속내를 짐작할 수 있다. 가령 한국정부의 재수정 요구가 전달된 다음, 오노 모토유키(小野元之) 일본 문부과학성 사무차관은 5월 14일 한국정부 요구에 관해 "사실의 오류가 있으면 (교과서 내용을) 정상으로 되돌리는 일이 있을 수 있다"고 말했다.[40] 오노 차관은 이날 정례 기자회견에서 "문부성에서는 교과서검정 심의위원은 물론 고대 조선에 밝은 여러 전문가들을 참여시켜 검토에 임할 방침"이라는 이야기도 덧붙였다.

마치무라 노부타카(町村信孝) 전 문부대신도 지원에 나섰다. 마치무라는 5월 13일 한국정부의 재수정 요구와 관련하여 "이번에는 일본정부가 한국의 요구를 성실하게 받아들여 검토하지 않으면 안 된다"고 밝혔다고 한다.[41] 그러나 마치무라는 고이즈미 정권의 출범과 함께 자민당 간사장 대리로 자리를 옮긴 인물로서, '새역모'의 교과서가 검정을 통과할 당시 문부대신의 자리에 있었고 '재수정은 있을 수 없다'는 입장을 견지해왔다.

결과는 잘 알고 있듯이 7월 초 '명백한 사실관계의 오류가 없다'는 문부과학성의 일갈로 끝이 났다. 사실 이런 문부과학성의 답변 내용 또한 이미 예견된 것이나 진배없었다. 다만 그 발표 시기만이 고려 대상이었다.

그렇다면 문부과학성의 전 책임자와 현 당국자가 입을 맞춰 들끓는 국내 여론에 휘둘려 곤경에 처해 있는 한국정부의 체면을 세워준 것에 지나지 않았다고 한다면 너무 가혹한 평가일까. 궁지에 몰린 한국정부는 결국 여론에 떠밀려 교류 단절이라는 초강수로 나갈 수밖에 없었다. 하지만 이미 초강수의 효력 또한 반감되고 말았으며, 한국 내에서조차 바람직한 민간 교류까지 차단하느냐라는 비난을 감수해야 하는 형국이었다.

---

40) "일 문부차관 '교과서 오류 수정할 수도'", 『한겨레』 2001년 5월 14일.
41) "마치무라 '교과서 재수정요구 성실검토 필요'", 『한겨레』 2001년 5월 14일.

나오며

우리가 후소샤 역사교과서에 대해 이의제기를 하고 과거사의 올바른 청산과 공통의 역사인식 형성을 주창하는 것은, 그것이야말로 동아시아에서 평화를 정착시키고 대등한 이웃으로서 교류・협력을 열어나가는 기본적인 토대이기 때문이다. 그리고 이번 2001년도 교과서 사건의 경과를 돌이켜 볼 때, 과거사문제는 명백히 한일 양국은 물론이고 동아시아 전체를 포괄하는 주요한 이슈로 부각되었다는 것을 새삼 확인할 수 있었다.

한편 이번 교과서문제에 즈음하여 한일 양국 정부가 보여준 언행은, 과거사 청산의 과제가 지니는 정치적 부담이 증대되면서 생겨난 묘한 '공감대'의 존재를 짐작케 한다. 요컨대 공교롭게도 과거사 청산을 둘러싸고 한일 양국의 정치적 이해관계는 지속적으로 유착의 정도를 높여왔다는 것이다. 과거사 청산을 둘러싼 대립의 골이 깊으면 깊을수록 그 유착은 강화될 것이라는 추측이 이번 교과서 사건을 통해 현실화한 것이다.

향후 이 문제는 분명 한일 양국 시민연대의 확충과 더불어 정치 부문의 역할을 어떻게 상정할 것인가에 대한 정리를 우리에게 요구할 것이다. 동시에 우리 내부에서 숨을 죽여왔던 '현실주의자'의 목소리가 앞으로 분출할 것이라는 사실을 예고하고 있다.

아래의 칼럼과 같이 한국의 보수 지배층은 이미 과거사 이슈의 '프리미엄'에 대해 현실적인 사고를 할 것을 재촉하고 있다.

> 더군다나 한국정부가 우익 역사교과서에 강력히 반대한다고 해서 와다 하루키 교수 같은 일본의 소수 좌파 지식인들과 연대하는 것처럼 비쳐지는 것은 일본의 본류라고 할 온건 보수노선에 반감만 불러일으키지 않겠느냐는 것이다. …(중략)…
>
> 한일 국교정상화가 이루어진 이후 한일 간의 정치적 관계는 일본의 보수 정치지도자들과 한국 군부정권의 핵심들, 또는 부패한 몇몇 막후 지도자들 간의 유착관계를 중심으로 이루어져왔다. 이런 부패하고 부정적인 관계를

정상화하려면 양국의 온건한 중도보수적인 중심집단 간의 교감과 이해가 바탕이 돼야 한다. 김대중 · 오부치 파트너십 선언은 한일관계를 미래지향적 측면에서 재조명하고자 하는 하나의 새로운 시작과 같은 것이었고 그런 측면에서 일본 지식인들의 높은 평가를 받았었다.[42]

이 점에서 "아시아 민중과의 관계에서 말한다면 '전후는 이제 비로소 시작되었을 뿐이다'라고 해야 할지도 모르겠다"는 지적이 의미심장하게 와 닿는다.[43] 이와 더불어 우리의 싸움이 바람직한 역사인식을 놓고 벌어지는 시급한 '전면전'임을 다시 한번 일깨워준다.

42) 김영배, '햇볕정책의 국제신인도', 『중앙일보』 2001년 6월 19일.
43) 다카하시 데츠야, 『일본의 전후책임을 묻는다』, 역사비평사, 2000년, 50쪽.

2부

일본 우익교과서 역사왜곡의 실태 Ⅰ

난징대학살과 교과서문제

가사하라 도쿠지(笠原十九司, 츠루문과대학교 교수)

1. 제3차 교과서공격은 어떻게 시작되었나

1) '침략전쟁 반성 · 사죄'에서 '전몰자 추도 · 감사'로(1995년)

일본 전후사에서 교과서공격에 기인하는 교과서문제는 크게 나누어서 세 번 발생했다. 제1차 교과서공격은 1955년부터 50년대 후반에 걸쳐서, 제2차 교과서공격은 1980년부터 80년대 전반에 걸쳐서 행해졌는데 1982년에는 중국과 한국을 비롯한 근린 아시아 나라들로부터 강력한 비판을 받아 국제적인 교과서문제로 발전했다.

제3차 교과서공격이 시작된 계기는 1995년에 있었다고 볼 수 있다. 일본 정부 · 관계(官界) · 재계에서는 일본 패전 50주년을 계기로 일본의 침략전쟁과 식민지배에 대해 반성 · 사죄하는 국회 결의를 하고, 전쟁책임과 전후보상 문제를 어느 정도 해결함으로써 근린 아시아 나라들의 반발 · 경계 · 불신을 불식해놓을 필요성을 자각한 부분이 있었다. 당시 무라야마 도미이치(村山富市) 내각(사회당 · 자민당 · 신당사키가케의 3당 연립내각)은 당초에는 그것을 지향했으나 여당인 자민당 내부의 강경파가 침략전쟁 반성 · 사죄 국회 결의를 저지하기 위해 자민당 국회의원의 다수파 공작을 전개해서 국회 결의를 유명무실화시키는 데 성공했다.

자민당 야스쿠니관계 3협의회 역사 · 검토위원회가 1993년부터 매월 실시해온 연구회는 그러한 다수파 공작에 있어 중요한 역할을 했으며, 그 결과를 역사 · 검토위원회 편 『대동아전쟁의 총괄』(展轉社, 1995)이라는 책으로 엮었다. 그 검토위원회 사무국장으로 정력적인 활동을 한 사람이, 도쿄재판에서 A급 전범으로 처형당한 이타가키 세이시로(板垣征四郎)의 아들인 이타가키 다다시(板垣正) 참의원 의원이었다. 그 위원회 고문으로 활동한 오쿠노 세이료(奥野誠亮) 전 법무대신은 전쟁중 천황제파시즘체제를 추진한 내무성의 엘리트관료였는데, 그가 회장을, 이타가키 다다시가 사무국장을 맡아서 자민당 내부에 의원 과반수를 조직, '종전 50주년 국회의원연맹'을 결성(1994년 12월)하여 자민당 국회해서 침략전쟁 반성·사죄 국회 결의를 유명무실화시키는 데 거의 성공했던 것이다.

자민당은 나아가 자민당 현(縣)연합회에 대해, 침략전쟁 반성·사죄 국회 결의를 저지하기 위해서 각 현의회에서 전몰자에 대한 '추도와 감사 결의'를 채택하고 그것을 중앙으로 올리도록 지시했다. 자민당 현의원들은 지방의 보수·우익 조직과도 연계하면서 "일본의 전쟁을 잘못된 침략전쟁이었다고 반성·사죄하는 것은 전몰자까지도 단죄하는 것이며 모독하는 것이다"라고 하는 정치선전활동을 활발히 전개하고 전국의 많은 현의회가 '추도와 감사 결의'를 채택했다.[1)]

졸고「전쟁 긍정론의 궤적과 현재—일본인의 난징대학살 인식을 둘러싸고」에서 상세하게 분석했듯이[2)] 자민당과 연계해서 침략전쟁 반성·사죄 국회 결의를 저지하는 운동을 전개한 구(舊)군인회, 유족회, 우익조직, 강경파 언론 등 보수반동세력은 1995년에 선례가 없을 정도의 규모로 '난징대학살의 허위' 캠페인을 전개했다. 그것은 난징대학살의 사실을 많은 국민이 인식하게 되면 중일전쟁의 침략성, 잔학성 또한 어쩔 수 없이 인식하게 되기 때문이었다.

이때 '난징대학살의 허위' 캠페인의 선도 역할을 한 것이 앞에서 언급한 자민당 역사·검토위원회인데, 그 위원회 연구회에서는 다나카 마사아키(田中正明), 후지 노부오(富士信夫), 우에스기 센넨(上杉千年) 등 난징대학살 부정론자만이 강사로 나서 강연을 했다. 이 세 명의 난징대학살 부정론자는

---

1) 이상 경위에 대해서는 가사하라 도쿠지, 『난징사건과 삼광작전』(大月書店, 1999)의 제1부 「놓쳐버린 아시아와의 '화해'—전후 50년, 국민의 선택」에서 상세하게 다루었다.

2) 가사하라, 위의 책

1995년 '난징대학살의 허위' 캠페인에서 중심적 역할을 했다.

앞에 나온『대동아전쟁의 총괄』에는 19명의 강사들[3]의 강연 기록이 수록되어 있지만 주목할 만한 것은 이 강사들의 대부분이 직・간접적으로 1997년에 결성된 '새 역사교과서를 만드는 모임(이하, '새역모')'에 관여하게 된다는 점이다. 그 중에서도 니시오 간지는 '새역모' 회장으로『새 역사교과서』대표 집필자, 다카하시 시로는 '새역모' 부회장으로『새 역사교과서』감수자, 니시베 수수무는『새 공민교과서』대표 집필자, 야스무라(安村廉)는 '새역모'・『새 역사교과서』・『새 공민교과서』의 출자자 겸 홍행업자가 되는 산케이신문의 논설위원이며, 고보리 게이이치로, 오카자키 히사히코, 하세가와 미치코 등은 '새역모' 운동에 적극적으로 협력하게 된다. 이것을 보아도 자민당 역사・검토위원회 활동이 '새역모' 결성과 밀접히 관련되어 있었음을 알 수 있다.

2) 국회 결의 저지운동에서 교과서공격으로

1995년 6월 9일 국회에서 채택된 결의는 일본의 침략전쟁에 대한 성실한 반성・사죄를 회피함으로써 근린 아시아 국민들을 실망시켰지만, 그래도 그해 8월 15일에 발표된 무라야마 수상 담화에서는 일본의 침략전쟁과 식민지배에 대한 반성과 사죄를 표명했다. 그 후 일본의 역대 수상들도 대외적인 표명으로 이 무라야마 수상 담화를 답습하고 있다.

한편, 일본의 침략전쟁・식민지배를 긍정・미화하려는 세력이 침략전쟁 반성・사죄 국회 결의 유명무실화를 성공시킨 것에 힘입어 다음 세대 아이

3) 19명의 강사는 다음과 같다(직함은 그 책을 따랐다). 나카무라 아키라(中村粲, 獨協大 교수), 후사야마 다카오(總山孝雄, 도쿄의과치과대 명예교수), 마츠모토 겐이치(麗澤大 교수), 우에수기 센넨(上杉千年, 역사교과서 연구가), 에토 준(江藤淳, 慶應大 교수), 니시베 수수무(西部邁, 평론가), 名越二荒之助(高千穗상과대 강사), 나카지마 신사부로(中島愼三郎, ASEAN센터 대표), 사토 가즈오(佐藤和男, 靑山학원대 교수), 니시오 간지(西尾幹二, 전기통신대 교수), 다나카 마사아키(田中正明, 평론가), 후지 노부오(富士信夫, 전 해군 소령), 다카하시 시로(高橋士朗, 明星大 교수), 고보리 게이이치로(小堀桂一郎, 明星大 교수), 오카자키 히사히코(岡崎久彦, 전 주태국대사), 오오하라 야수오(大原康男, 국학원대 교수), 出雲井晶(작가, 일본화가), 安村廉(산케이신문사 논설위원), 하세가와 미치코(長谷川三千子, 사이타마대 교수).

들의 전쟁 인식도 그렇게 수정하려고 전국적으로 전개한 운동이 1997년에 결성된 '새역모' 운동이었다.

전후 일본의 역사교육은, 전쟁 전의 황국사관교육에 대한 반성으로 역사교육의 교재는 엄밀하게 역사학의 공통 성과물에 입각해야 한다는 인식이 주류였다. 나아가 이에나가 사부로(家永三郎) 교과서재판투쟁의 성과와, 제2차 교과서문제를 계기로 한 문부성 교과서 검정의 일정 정도 개선에 의해 1990년대 전반 역사교과서의 침략전쟁 · 식민지배에 관한 기술은 여러 한계점을 가지면서도 예전에 비해 개선된 내용이었다. 난징대학살사건(이하, 난징사건)에 대해서도 거의 모든 중학교 · 고등학교 역사교과서에 기술되었다.

제3차 교과서공격은 역사학자들과 역사교육자들이 개선에 노력해온 역사교과서 침략전쟁 · 식민지배의 역사적 사실 기술에 대해, 학회 · 교육계 외부에서 국민운동이라는 형태를 가장하면서 비난 · 공격을 해서 기술 수정을 교과서회사나 집필자에게 강요하는 형태로 전개되었다. 그 과정에서는 국회 결의 저지운동을 전개한 조직들과 단체들이 중심 역할을 했다.

3) 교과서공격의 첨병 — 후지오카 노부카쓰 · '자유주의사관연구회'

제1차 및 제2차 교과서공격은 문부성과 정부 · 자민당에 의해 행해졌다. 그러나 제3차 교과서공격은 일본 전후 역사교육사상 처음으로 사회과 교육계 내부로부터 그 첨병이 출현했다.

도쿄대 교육학부 교수 후지오카 노부카쓰는 『사회과 교육』(明治圖書) 1994년 4~6월호에 게재한 논문에서, 당시 중학교 역사교과서의 기술이 '도쿄재판사관', '맑스주의사관=코민테른사관'에 의거해 일본 근현대사를 암흑으로 그렸다고 비판했다. 거기서 후지오카는 난징대학살에 관한 교과서 기술에 대해 다음과 같이 비판했다.[4)]

---

4) 후지오카 노부카쓰, 「'도쿄재판사관'—'난징사건'과 도쿄재판」, 『근현대사 교육의 개혁—선악사관을 넘어서』(명치도서, 1996, 수록).
이 후지오카 논문을 최초로 비판한 것이 가사하라 도쿠지, 「전쟁책임과 역사교육—후지오카 노부카쓰 '도쿄재판사관비판론'을 비판한다」(가사하라 도쿠지,

① 희생자(죽은 자) 수가 10여만 명, 20만 명, 30만 명 이상 등으로 구구한데 이 숫자는 '일본을 범죄국가로 단죄한 도쿄재판의 주술'을 받은 교과서 집필자들의 자주성 없는 태도로 인한 것으로 중국측 또는 도쿄재판의 결론을 따랐을 뿐이다.

② 도쿄재판의 20여만 명 설은 일본을 범죄국가로 단죄하려고 한 도쿄재판의 정치적 의도로 인해, 숫자 감각이 없는 중국인의 증언을 그대로 받아들인 결과물이다.

③ 일본은 대륙에서 범죄를 저질렀기에 피해자의 주장은 모두 진실로 받아들여야 한다는 비굴한 자세가 교과서를 지배하고 있다.

후지오카 노부카쓰는 중학교 교과서의 난징대학살 기술 비판을 시작했을 당시 하타 이쿠히코(秦郁彦)가 주장하는 학살 희생자 4만 명이라는 학살소수설을 지지하는 입장이었지만 그 후 교과서 비판을 전개하면서 난징대학살 완전부정론자로 변질되어갔다.

후지오카 노부카쓰는 1995년에 '자유주의사관연구회'를 조직해서 처음에는 메이지도서『사회과 교육』지 편집부의 전면적인 지원을 받아서 당시 중학교 역사교과서의 기술을 '암흑사관', '자학사관'이라는 딱지를 붙여서 비판, 공격하는 운동을 조직적으로 전개했다. 후지오카의 중학교 역사교과서 비판의 표적 중 하나가 난징대학살에 관한 기술이었다. 후지오카에 의하면 '도쿄재판사관'이란 도쿄재판을 정점으로 하는 "일본 패전 직후부터 미 점령군의 절대적 권력 아래서 주도적으로 실시된 일본인 '세뇌'작전 · 사상개조계획"으로 인해 "일본인은 '그 전쟁'의 책임은 모두 범죄국가 일본측에 있다는 교육을 일방적으로 받은" 일본 근현대사를 바라보는 방식이며, 그에 적합한 증거 사례가 도쿄재판에서 난징대학살이 미국을 중심으로 한 연합

『아시아 속의 일본군—전쟁책임과 역사학 · 역사교육』, 大月書店, 1994, 수록)였다. 나의 비판에 대해 후지오카는 "이 주제(난징사건)와 씨름하게 된 경위는 가사하라 도쿠지의 비판을 받은 것에서 비롯되었다. '난징사건'은 '도쿄재판사관'을 일본인에게 주입하기 위한 가장 강력한 무기로서 이용되어온 경위가 있고 지금도 그 역할은 변하지 않았기에 근현대사 교육의 개혁을 위해서는 앞으로도 하나의 쟁점이 될 수밖에 없는 숙명을 짊어진 주제임은 확실하다"고 난징대학살 부정설을 전개해나갈 결의를 밝혔다(후지오카, 앞의 책 '후기').

국에 의해 날조되었다는 것이다.[5]

그 후 후지오카 노부카쓰는 교과서의 난징대학살 기술 비판과 더불어 난징대학살 부정론도 정력적으로 발표했는데 이때 후지오카가 난징대학살 부정파의 '신기수'로 언론에 등장시킨 것이 아시아대 교수 히가시나카노(東中野修道)였다.[6]

2. 제3차 교과서공격과 난징대학살

1997년 1월에 결성된 '새 역사교과서를 만드는 모임'은 보수・우익 세력의 '국민운동' 형태로 일본의 현행 교과서들에 대한 비판 공격을 대대적으로 전개함과 동시에 일본의 침략전쟁을 긍정・미화시키는 역사교과서 작성을 향해 정력적인 활동을 시작했다. 후지오카 노부카쓰는 '새역모' 부회장직에 취임(1999년 7월 내부 대립으로 부회장직에서 해임되었지만 이사로는 유임되다가 2001년 10월 니시오 간지 회장이 사임한 후 다시 부회장을 맡았다), 히가시나카노와 더불어 난징대학살 부정을 위한 출판・강연 활동을 왕성하게 전개했다. 그들은 현행 교과서의 난징대학살 기술에 대한 비판・공격을 전개하면서 난징대학살을 부정하는 '새역모' 교과서를 문부성의 교과서 검정에 통과시켰으며, 나아가 학교 현장에서 채택시키기 위한 국민 여론 형성을 꾀해서 일본 전후사상 선례 없는 난징대학살 부정파의 대규모 운동을 전개했다. 그리고 난징대학살 부정을 목적으로 한 강연회・집회를 전국 곳곳에서 개최했으며 언론과 인터넷 등을 총동원해서 난징대학살을 부정하는 정보를 뿌렸다.

---

5) 후지오카, 앞의 책, 1～2쪽.

6) 東中野修道의 난징대학살 부정파로서의 사상・학문・활동에 대해서는 가사하라 도쿠지, 「난징대학살 부정파의 '신기수'」(가사하라 도쿠지, 『난징사건과 일본인』, 柏書房, 2002 수록)에서 자세히 비판했다.

1) 현행 교과서에 대한 공격

니시오 간지・후지오카 노부카쓰의 『국민의 방심 — 역사교과서가 위험하다』(PHP, 1996)는 그 1년 후에 결성된 '새역모'의 회장과 부회장이 되는 두 사람이 중학교 역사교과서 공격을 개시한 책이다. 그 책 제6장에서 일본군위안부와 난징대학살에 대한 교과서 기술을 들어서 비판・공격을 전개했는데 후지오카가 「'난징대학살 30만 명'의 허위」라는 절을 집필, "죽은 자의 수가 교과서마다 다르다", "대량 살해를 한 것은 중국인 자신"이라고 쓰고 "20만이라든가 30만이라는 숫자가 얼마나 근거 없는 '엉터리'인지 …… 아무리 억지를 써도 유령까지 죽이지 않은 한 30만 명을 죽일 수는 없는 것이다"라고 결론지었다.[7)]

'새역모'의 『새 역사교과서』 출판을 맡은 것은 산케이신문 계열의 후소샤였다. 교과서발행회사가 자사 계열의 출판물이나 매체를 이용해서 다른 회사의 현행 교과서 비판을 대대적으로 전개하는 것은 공정하지 못하며 금지되어 있는 부당행위에 해당한다. 그러나 산케이신문사는 『산케이신문』, 『정론』 등을 이용해 태연하게 다른 회사의 현행 교과서 비판을 전개한 것이다.

『산케이신문』은 1999년 10월에 '문부성 검정 통과 중학교 사회과 교과서의 성적표'라는 현행 교과서 비판 글을 연재했다. 이 연재 기획 중에서 히가시나카노가 '난징사건'을 담당하여 '기술 적절도, 5단계 평가'로서 7개 교과서의 난징대학살 기술에 대해 모두 '1' 즉 불합격이라는 평가를 내리면서 "도쿄재판에서의 일방적인 주장만을 결론으로 하고 있다. 난징에서 학살이 있었다는 확실한 기록이나 사진이 나오지 않는 한 난징대학살은 역사상의 사실로 기술해서는 안 된다"는 부정설을 썼다.[8)]

『산케이신문』은 이어서 히가시나카노에게 다섯 번에 걸친 「'난징'의 진

---

7) 후지오카 등의 "30만 명 학살이 아니면 난징대학살이 아니다"라는 그릇된 견해에 대해서는 가사하라 도쿠지, 「숫자만을 다루는 비생산적 논쟁은 학살의 실태 해명을 멀리한다」(난징사건조사연구회 편, 『난징대학살부정론 13가지 허위』, 柏書房, 1999)에서 자세하게 비판했다.

8) 『산케이신문』, 1999년 10월 26일자.

실」이라는 제목의 부정론을 쓰게 했다.[9] 연재 내용은 이렇다.

> 중일전쟁 당시 장개석도 모택동도 난징대학살을 언급하지 않았다(1회). 난징 여성들이 2만 명부터 8만 명 정도 강간당했다고 하지만 강간의 결과 불행한 아이가 태어났다는 출생기록이 없다(2회). 국제연맹에서 난징대학살을 비난한 기록이 없다(3회). 중국측의 매장기록은 믿을 수 없으며 기껏해야 (매장된 시체는) 1만5천 구인데 그것도 학살에 의한 것이 아니다(4회). 난징 난민구국제위원회가 일본군에게 감사의 글을 썼다는 것이 학살이 없었다는 증거다(5회).

이상의 내용은 모두 이미 우리들에 의해 논파된 것들이다. 이 중 연재 2회의 강간에 의한 임신・출산이 없었다는 부정설은 그 후 난징대학살 부정론자들 사이에서 광범위하게 유포되어 그럴싸하게 선전되었는데, 이것은 강간의 희생자가 된 중국인 여성들에게 다시금 상처와 모욕을 주는 담론이라는 점에 있어 '두 번째 강간(second rape)'이라고 할 수 있다.

2) 난징대학살 부정파의 대규모 운동

'자유주의사관연구회', '새역모'가 전국적으로 조직과 운동을 확대하기 위해 전개한 것이 현행 교과서들의 난징대학살 기술 공격과 이미 일본에서는 논파되고 패배한 난징대학살 부정파의 패자부활을 노린 대대적 '난징대학살의 허위' 캠페인이었다. 이것을 산케이신문사, 문예춘추, 소학관 등 큰 출판사들이 전면적으로 지원했다.

아이리스 창(Iris Chang), 『The Rape Of Nanking』(Basic Books, 1997)이 미국에서 출판되어 60만 부를 넘는 베스트셀러가 됨으로써 미국민들에게 난징대학살을 인식하게 하는 계기를 만들었다. 이에 대해 후지오카 노부카쓰와 히가시나카노 등은 아이리스 창의 저작은 중국정부와 중국인이 미국을 무대로 전개한 정보전으로서의 반일모략작전이라고 파악, 난징대학살을 부

---

9) 『산케이신문』, 1999년 12월 6일~12월 10일.

정하는 것이 '정보전=사상전'에서 이기는 것이라고 외치면서 일본에서는 출판되지도 않은 책을 비판・규탄하는 대규모 운동을 펼친 것이다.

후지오카 노부카쓰・히가시나카노의 『'더 레이프 오브 난징' 연구 - 중국의 '정보전의 방법과 전략'』(祥傳社, 1999)을 출판한 것을 비롯하여 그들은 '자유주의사관연구회', '새역모'의 전국・지방 조직을 총동원해서 아이리스 창이 쓴 책을 비판・공격하는 '반일위서반격집회'를 잇따라 개최했다. 이렇게 '자유주의사관연구회', '새역모' 멤버를 중심으로 난징대학살 부정파를 결집시키는 지방조직이 각 현 단위로 결성되고 후지오카, 히가시나카노 등을 강사로 강연 활동을 성대하게 전개했다.

그 당시 출판불황 속에서도 출판계는 '팔리면 된다'는 식으로 난징대학살을 부정하는 책이나 잡지를 경쟁하듯이 간행해서 일본 서점에서는 난징대학살 부정파의 책들이 소위 '난징학살파'인 우리 저작들을 양적으로 능가하는 상황이 벌어졌다.

아이리스 창이 쓴 책은 안타깝게도 사진의 오용, 기본적 사실의 오해 등 역사책으로서 많은 결함이 있는 것도 사실이었다. 일본의 난징대학살 부정파는 그 책의 잘못된 부분을 과대하게 들고 비판함으로써 고의적으로 우리와 같은 일본의 소위 '난징대학살파'도 마찬가지라는 인상을 만드는 선전을 했다. 일본에서는 1970년대부터 1990년대에 걸쳐서 소위 '난징대학살 논쟁'이 벌여져 학문적으로는 부정파의 패배로 결말을 지었는데[10] 부정파는 아이리스 창의 책을 패자 부활 책동으로 이용하려고 한 것이다.

'자유주의사관연구회', '새역모', 일본회의 등 우익 조직・단체들이 주최한 난징대학살 부정파의 강연 집회 활동 사례들은 졸고에서 소개했지만[11] 그 중 하나가 2000년 1월 23일에 오사카국제평화센터(피스오사카)에서 열린 "20세기 최대의 거짓말 '난징대학살' 철저 검증 집회"로 강사는 히가시나카노였다. 이 집회는 중국을 비롯해 내외에서 강한 비판을 받았다.

---

10) 가사하라 도쿠지는 「난징대학살과 역사연구」(『아시아 속의 일본군』, 大月書店, 1994 수록)에서 난징대학살 논쟁에서 부정파가 패배한 경위를 자세하게 기술했다.

11) 주6)의 졸고 참조.

3. '새역모' 교과서의 난징대학살 기술과 문부과학성

2000년 4월 '새역모'는 중학교 역사교과서를 작성, 문부성의 검정을 신청하여 2001년 4월 검정을 통과했다. 『새 역사교과서』는 대표 집필자 니시오 간지, 감수 이토 다카시(伊藤隆), 다카하시 시로, 집필 고바야시 요시노리(小林よしのり), 후지오카 노부카쓰, 사카모토 다카오(坂本多加雄) 등 거의 다 난징대학살 부정파이며 그들의 부정설을 교과서에 쓸 것이라고 예상되었다. 문제는 문부과학성이 어떠한 검정을 해서 통과시켰느냐에 있다.

'새역모'의 검정제출본은 중일전쟁에 관한 부분에서 난징대학살을 기술하지 않았다.

> A "일본군은 국민당 정부의 수도 난징을 함락시키면 장개석이 항복할 것이라고 생각해 12월 난징을 점령했다."(검정제출본, 274쪽)
>
> B "이 도쿄재판 법정은 일본군이 1937년(昭和 12년) 난징 공략전투에 있어 중국 민중 20만 명 이상을 살해했다고 인정했다. 그러나 당시의 자료에 따르면 그때 난징 인구는 20만 명이었는데 일본군의 공략 한 달 후에는 25만 명으로 늘어났다. 그 외에도 이 사건에는 의문점이 많아 아직도 논쟁이 계속되고 있다. 전쟁중이었기에 얼마간의 살해는 있었다고 해도 홀로코스트와 같은 종류의 것은 아니었다."(앞의 책, 301쪽)

위의 기술은 난징대학살은 도쿄재판에서 날조되었다는 후지오카 등의 '도쿄재판사관'이라고 부르는 부정설에 의거한 것이다. 난징 인구도, 난징전투 직전의 인구가 40~50만 명이었다는 자료를 무시하고 난징대학살을 피해서 살아남은 난징난민구의 인구인 20만 명을 점령전의 인구와 바꿔놓은 것이다.[12)]

---

12) '새역모' 교과서의 난징대학살 기술의 오류에 대해서는 후지와라 아키라(藤原彰), 「'도쿄재판에 의한 날조'설이야말로 날조」 및 가사하라, 「숫자만 다루는 비생산적 논쟁은 학살의 실태 해명을 멀리한다」(둘 다 난징사건조사연구회 편, 앞의 책 수록)에서 밝혔다.

문부과학성의 검정의견은, A의 기술에 대해서는 "301쪽에 난징사건의 기술이 있고 조직이 부적절하다", B의 분명히 부정설적인 기술에 대해서는 "난징사건의 진위나 희생자 수에 관한 연구상황 등에 비추어서 오해받을 우려가 있는 표현이다"라고만 지적했다.[13]

문부과학성의 검정의견을 받아서 수정, 통과시킨 기술은 A의 기술 말미에 "(이때 일본군에 의해 민중에게서도 많은 사상자가 있었다. 난징사건)"이라고 덧붙였을 뿐이다. 니시오 간지는 검정을 통과한 '새역모' 교과서 내용설명회에서, 문부과학성의 수정지시에 대해 "우리의 성공은 괄호 안에 넣었다는 것 …… 괄호라는 것은 중요성이 그만큼 떨어진다는 의미거든요"라고 자랑스럽게 보고했다.[14]

B의 기술은 다음과 같이 수정되었다.

> 이 도쿄재판에서는 일본군이 1937년(소화 12년), 일중전쟁에서 난징을 점령했을 때 다수의 중국인을 살해했다고 인정했다(난징사건). 또한, 이 사건의 실태에 대해서는 자료상의 의문도 제시되어 있고 여러 견해들이 있어서 오늘날까지도 논쟁이 계속되고 있다.

난징대학살의 교과서 기술을 둘러싸고서는, '이에나가 교과서검정 제3차 소송' 항소심에서, 나도 원고측 증인으로 도쿄고등재판소 법정에서 증언한 '난징대학살'과 '난징전투에서의 일본군의 부녀 폭행'의 기술에 관해서 문부성의 검정 불합격을 위법으로 인정한 도쿄고등재판소 판결(1993년 10월)이 있다. 문부성은 이 판결을 받아들여 항소하지 않았고 최고재판소(대법원)에 의한 '이에나가 교과서 제3차 소송' 상고심 판결(1997년 8월)에 의해 문부성의 패소가 최종적으로 확정되었다. 문부성은 이에나가 사부로의 일본사 교과서가 집필된 1980년대 일본 역사학계에서 난징대학살이 역사적 사실로 인정되어 있었다는 것을 법적으로 인정한 것이다. 따라서 문부과학성은 '새

13) 니시오 간지 편, 『새로운 역사교과서 새역모』의 주장(德間書店, 2001), 56・82쪽.
14) NHK스페셜, 「역사교과서는 이렇게 채택되었다」(2001년 8월 25일 방영).

역모' 교과서 기술에 대해서 난징대학살은 역사적 사실이라는 인식으로 불합격시켰어야 되는 것이다.

그러나 문부과학성의 검정의견 자체가 "난징사건의 진위에 관한 연구상황이 있다"고 난징대학살을 역사적 사실로 보는 연구와 그것을 부정하는 양쪽의 연구가 있다고 해서 학문적으로는 파탄한 부정설마저도 평가한 것이다. 게다가 수정한 후에도 도쿄재판에서 날조되었다는 인상을 주기 위해서 도쿄재판의 문제점을 다룬 부분에서 기술하고 난징사건의 실태는 불분명하고 아직 논쟁이 계속되고 있다는 난징대학살 부정설을 기술한 것을 용인한 것이다.

일본의 문부과학성이 중학교 역사교과서에 난징대학살 부정설을 기술하는 것을 허용한 배경에는 앞에서 언급했듯이 난징대학살 부정설을 지지하는 다수의 자민당 국회의원의 존재가 있다. 특히 '새역모'과 거의 같은 시기인 1997년 2월에 발족한 '일본의 전도와 역사교육을 생각하는 젊은 의원 모임'(中川昭 - 대표, 107명의 국회의원이 참여)에는 '새역모' 교과서를 직・간접적으로 지지하는 국회의원들이 많이 참여하고 있다.[15] 당시 마치무라(町村) 문부과학성 대신은 '새역모' 교과서를 검정 통과시키기 위해서 "스스로 붓을 들어 고치는 작업을 했다"는 정보를 하타 이쿠히코 일본대 교수는 소개하고 있다.[16]

일본의 문부과학성이 '새역모' 교과서를 검정통과시킨 일에 대해 중국 외교부는 중국 역사학회의 검토결과를 근거로 2001년 5월 15일, 일본정부에 대해 다음과 같은 난징대학살 기술에 대한 수정 요구를 제의했다.[17]

(1) 너무나도 비참했던 '난징대학살'을 표면적으로만 다루고 일본군에 의한 난징성 점령 후 아무런 저항력을 가지지 않은 중국 일반인과 무기를 포

15) 일본의 전도와 역사교육을 생각하는 젊은 의원 모임 편, 『역사교과서에 대한 의문』(展轉社, 1997)은 그 모임이 강사를 초청해서 한 공부 모임의 기록인데 강사진을 보면 다카하시 시로, 사카모토 다카오, 후지오카 노부카쓰 등 '새역모' 교과서의 집필 멤버들이다.

16) 하타 이쿠히코, 「미야지 마사토(宮地正人)와 그 일파」, 『제군!』 2002년 2월호.

17) 『아사히신문』 2001년 5월 18일자.

기한 포로에 대해 계획적으로 6주에 걸쳐 대규모 살육을 저지른 역사적 사실을 은폐하고 있다.

(2) '난징대학살'이 "자료상의 의문도 제시되어 있고 여러 견해들이 있어서 오늘날까지도 논쟁이 계속되고 있다"고 강조했는데 그 의도는 극소수의 이론(異論)을 보편성을 가진 이론으로 과장해서 독자가 '난징대학살'의 진실성과 극동국제군사법정에 의한 이 사건의 사실에 관한 결론에 대해 의심을 갖도록 잘못 유도하는 데 있다.

이에 대해 일본 문부과학성은 그해 7월 9일에 전문가에 의해 수정 요구 내용을 검토한 결과라고 해서 "학설 상황에 비추어 명백한 오류라고 할 수 없다"고 중국의 수정 요구를 거부하는 회답을 외무성을 통해서 전달했다.[18]

현재 일본의 학설 상황은, 일본에서 발행된 역사사전류에 예외 없이 난징대학살의 기술이 있는 사실이 보여주듯이 난징대학살의 역사적 사실을 부정하는 설은 학문적으로는 완전히 파탄했으며 논쟁 과제로 남아 있는 것은 '진위'가 아니라 난징대학살의 규모, 정의, 희생자 수 등의 문제뿐이다.

문부과학성이 난징대학살 부정파의 설을 기술한 '새역모' 교과서를 지지·옹호한 것은 독일 정부당국의 '아우슈비츠의 허위'에 대한 결연한 대응과 비교할 것도 없이 일본정부의 국제적 평판을 더욱 떨어뜨리는 일이다.

4. 제3차 교과서공격의 결과

2002년 4월부터 중학교 현장에서 사용되는 '새역모' 교과서 채택률은 광범위한 일본 국민의 채택저지운동에 의해 역사교과서로서 사용 예정은 521권, 8개 역사교과서 중의 비중은 0.039%에 그쳤다.[19] '새역모' 교과서가 많은 교육 현장에서 사용되어 중학생의 역사인식을 왜곡할 위기는 일단 회피

18) 『아사히신문』 2001년 7월 10일자.
19) 『아사히신문』 2001년 9월 12일자.

할 수 있게 된 것이다.

그러나 '새역모' 교과서문제는 현행 교과서들의 침략 · 가해에 관한 기술 수정을 요구하는 제3차 교과서공격으로 시작된 것이었다. 교과서공격은 1995년 전후부터 2001년까지 '자유주의사관연구회', '새역모', 그리고 일본회의 등 우익조직이 중심이 되고 『산케이신문』, 『요미우리신문』 및 그 계열의 방송국, 『정론』, 『제군!』, 『SAPIO』 등 산케이신문사 · 문예춘추 · 소학관, 나아가서는 신조사(新潮社)까지 가담한 보수계 매체들을 총동원하는 형태로 현행 교과서들의 침략 · 가해에 관한 기술을 '자학사관', '암흑사관', '반일교과서', '편향교과서'라고 비판하는 운동으로 장기적으로 전개되었다.

그 결과 2002년도부터 사용되는 중학교 역사교과서에서 침략 · 가해에 관한 기술내용이 후퇴한 것이다. 난징대학살에 관한 기술에서는 후지오카 등이 최대의 공격대상으로 삼은 희생자 수의 기술을 회피하는 경향이 눈에 띄었다. 예를 들어 교이쿠출판사에서 나온 교과서는 "이 사건의 희생자는 20만 명이라고 하지만 중국에서는 전사자와 합쳐서 30만 명 이상이라고 한다"는 각주의 기술이 없어지고 오사카서적에서 나온 교과서는 "일본군은 각지에서 강렬한 저항에 부딪혀 난징에서 점령 후 20만 명의 민중을 학살하고 다른 나라들로부터 비난을 받았다. <각주> 이 사건은 난징대학살이라고 불리며 중국에서는 피학살자 수가 30만 명을 넘는다고 주장하고 있다"고 하는 기술에서 20만 명, 30만 명이라는 숫자를 삭제했다. 일본분교출판에서 나온 교과서는 "이 사건의 희생자 수는 포로와 일반시민을 합쳐서 10여만 명으로 추측되고 있다. 극동국제군사재판에서는 20여만 명이라고 주장하고 중국은 30만 명 이상이라고 한다"고 하는 각주의 기술을 삭제했을 뿐더러 "사건에 의한 희생자 수에 관해서는 정설이 없다"고 하는 사진 설명으로 바꾸었다.

하지만 난징대학살 희생자 수에 관한 기술이 후퇴되었다 할지라도 후소샤의 '새역모' 교과서만이 난징대학살 부정설이며 다른 7개 교과서 모두가 난징대학살을 역사적 사실로 기술했다는 것은 확인해야 한다. 그런 의미에서도 '새역모' 교과서 검정통과는 정상이 아니었다.

이에 대해 난징대학살에 관한 기술을 후퇴시키지 않고 일본군위안부에 관한 기술도 삭제하지 않은 일본서적과 시미즈(清水)서원에서 나온 교과서의 채택이 크게 감소한 것은 유감스럽게도 교과서공격의 영향이라고 할 수 있을 것이다. 8개 중학교 역사교과서 중에서 침략・가해에 관한 기술이 가장 잘 되어 있다고 생각되는 일본서적판의 채택률은 지난 13.7%에서 5.9%로 반으로 떨어지고 말았다. 이 2개 교과서회사와 대조적으로 채택률을 지난번의 40.4%로부터 51.2%로 상승시킨 것은 도쿄서적이었다. 그리고 채택률 2위가 14.0%를 점유한 오사카서적이다. 마지막으로 이 4개 교과서들의 난징대학살에 관한 기술을 소개하기로 한다.

도쿄서적

전화(戰火)는 화북에서 화중으로 확대되어 일본군은 그 해 말에 수도 난징을 점령했다. 그 과정에서 여성과 어린이를 포함한 중국인을 대량으로 살해했다(난징사건).

⇒ 이 사건은 난징대학살로 국제적으로 비난받았지만 국민에게는 알려지지 않았다.

오사카서적

일본군은 강렬한 저항에 부딪히면서도 전선을 확대, 수도 난징 점령에 있어서는 부녀자를 포함한 다수의 중국인을 살해하고, 그것이 외국에 보도되어 비난받았다(난징사건).

⇒ 난징사건은 당시 국제여론의 강한 비판을 받았지만 일본국민에게는 알려지지 않았다. 그리고 전후 극동국제군사재판에서 그 규모와 희생자의 실태가 처음으로 밝혀졌다.

시미즈서원

물자의 약탈・방화・학살 등의 행위도 종종 발생했다. 특히 난징 점령 때는 포로・무기를 버린 병사, 노인・여성・어린이까지를 포함한 민중을 무차별적으로 살해했다. 전사한 병사도 포함된 이때의 사망자는 다수에 이른다고 추정된다. 외국에서는 이 난징대학살사건을 강하게 비난했지만 당시 일본인의 대부분은 이 사실마저 몰랐다.

⇒ 이때 사망자 수에 대해서는 수만 명, 10여만 명, 30만 명 이상 등으로 추정되고 있다.

일본서적

연말에 일본군은 수도 난징을 점령했는데 그때 20만 명이라고도 말해지는 포로와 민간인을 살해하고 폭행과 약탈도 끊이지 않았기에 엄한 국제 비난을 받았다(난징사건).

⇒ 일본인의 대부분에게 이 사건은 전쟁이 끝날 때까지 전혀 알려지지 않았다.

<번역 : 후지이 다케시(藤井豪)>

난징대학살에 관한 영국 외교문서의 사료적 가치와 그 의의

왕위성(王衛星, 중국 강소성 사회과학원 역사연구소 부소장)

2001년 11월, 영국 옥스퍼드대학 중국연구센터의 미터(Rana Mitter) 교수는 필자의 요구에 따라 영국 문서국에서 소장하고 있는 난징대학살에 관한 영국외교문서 일부를 보내왔다. 19쪽이나 되는 이 영국외교문서 복사본에 나타난 시간은 1938년 1월 15일부터 2월 1일까지다. 문서의 상단은 모두 영문으로 타이핑된 해독된 기밀 전보문이고, 하단에는 영국 외교부 관원들이 읽은 후 직접 손으로 쓴 평가와 서명이 있고 영국외교부 문건 등기문서 전용도장이 찍혀 있다. 난징대학살에 관한 영국 외교문서는 국내외 난징대학살 연구영역에서 처음으로 발견된 것으로, 난징대학살을 한층 더 깊이 연구하고 침략역사와 난징대학살사건을 부인하는 일본 우익세력에게 반격을 가하는 데 매우 중요한 가치와 의의를 가진다.

영국외교문서의 주요내용

전체 19쪽의 이 영국외교문서는 모두 10부의 자료로 구성되어 있다. 그중 난징대학살과 직접적으로 관련된 자료는 5부이고, 나머지는 중국 주재 영국대사관 관원과 영국 외교부가 일본 침략하에 있는 상해의 형세 및 영국이 상해의 군대를 철수시킬 것인지에 대해 주고받은 전보내용, 그리고 일본 주재 영국대사관이 중국을 침략한 일본군 지휘관에 대한 상황을 보고한 전보내용 등이다. 난징대학살과 관련된 5부의 문서는 대부분이 '일본군대가 저지른 폭행', '일본군대가 난징에서 저지른 폭행' 등의 제목으로 되어 있어 직접적으로 현재 우리가 연구하는 핵심내용을 담고 있다.

등기번호 F 641/641/10 문서는 중국 주재 영국대사관 관원인 하우(Howe) 선생이 1938년 1월 15일 상해에서 보내온 전보문으로서, '일본군대가 저지른 폭행'이라는 제목을 달고 있다. 전보문에는 전국기독교위원회[1]의 보인튼(Boyntun)신부가 암암리에 하우 선생에게 제공한, 난징과 무호(蕪湖)의 미국선교사로부터 얻은, 실증된 두 보고서를 인용하고 있다. 하우 선생은 '이 두 보고서는 완전히 믿을 만한 것'이라고 이야기하고 있다.

'하우 선생은 이 두 보고서에 근거하여, 영국 외교부에 난징이 점령된 첫 몇 일 미국대학[2]에서 발생한 100여 건의 강간사건(이미 검증되었음)을 보고했다. 하우 선생은 보인튼 신부의 말을 빌어 다음과 같이 보고했다.

난징이 점령된 후 얼마 지나지 않아 난징에 들어온 일본대사관 관원은 혼란사태 — 난민구역 및 그 주변지역에서 일본병사가 공공연히 술을 마시고 사람을 죽이고, 강간하고 빼앗는 등 — 를 목격하고 놀라지 않을 수 없었다.

일본군 고급 지휘관은 일본병사의 이런 행위를 보고도 모르는 척했다. 일본군대가 고의로 병사를 방종하게 내버려두어 난징을 징벌하는 하나의 수단으로 사용했을 가능성이 있다. 일본대사관 관원은 일본군 고급지휘관에게 압력을 가할 수 없었고, 급히 일본군을 거치지 않고 이 상황을 도쿄에 알려야 했다. 정부는 공공여론이 있으므로 군대의 행위를 제지할 수 있다고 암시했다.[3]

하우 선생은 전보문에서 특히 보인튼 신부가 제공한 두 보고서의 사본을 우편으로 영국외교부에 보낼 것이라고 설명하고 있다. 필자는 영국 옥스퍼

---

1) 서양이 중국에 설치한 기독교 선교 기구.
2) 당시의 金陵대학, 오늘의 난징대학 - 필자 주.
3) 영국외교문서 : 「일본군대가 저지른 폭행」, 영국문서관 소장, 등기번호 : F641/641/10. 원본은 영문으로 되어 있다.

드대학 중국연구센터의 미터 교수와 연락을 취한 후 비로소 이 두 보고서가 계속 영국문서관 외교문서에 보관되어 있었음을 알게 되었다.

영국 외교부 관원은 이 전보문을 보고 이렇게 말했다.

> 나는 어떤 일본 신문도 감히 이런 뉴스를 낼 수 없을 것이라 믿는다. 그것은 이 뉴스가 일본군의 명예를 실추했기에, 신문사는 애국자[4]에 의하여 난입될 것이고 편집자는 피살될 것이다. 만약 일본인이 정중하게 우리에게 일본 수병(水兵)의 도난사건이 '우발사건'이라는 것을 보증설 수만 있다면, 앞에서 서술한 이런 행위는 일본 관원들에게는 믿어지지 않는 일이었을 것이다. 나는 일본민중들이 그들의 성실하고 선량하고 부지런한 남편, 아들, 형제(그들이 아는 바와 같이)들이 이런 일들을 저질렀다고 믿을 수 있을까 의문스럽다.

중일 양국 전쟁에서 영국은 중립국이다. 때문에 영국 자신을 고려하여, 영국 외교부 관원은 "이 소식이 다른 신문에서 인용한 것이라고 승인하는 것 외에, 매체에 어떤 소식도 누설해서는 안 된다"고 썼다.

등기번호 F694/641/10 문서는 크레이지(Craigie) 훈작이 도쿄에서 보내온 전보문이다. 크레이지 훈작은 부임한 지 얼마 안 되는 일본 주재 영국대사였다. 1937년 8월 말 일본 비행기가 미친 듯이 난징을 폭격할 때, 중국 주재 영국대사 허각삼(許閣森)은 차로 난징에서 상해로 가는 도중 부상을 입게 되었다. 사건 발생 후, 영국은 일본에게 엄정한 사과를 요구했고, 일본 주재 영국대사를 불러 '임시 대리 대사'를 맡게 했다. 일본이 영국에 사과를 한 후에야 이 외교사건은 해결되었다. 1937년 9월, 영국외교부에서 크레이지 훈작을 새로운 일본 주재 대사로 부임시켰다.

크레이지 훈작은 전보문에서 일본군이 저지른 난징에서의 폭행에 대하여 영국 외교부에 아래와 같이 보고했다.

4) 일본의 극단적인 민족주의자.

무관(武官)[5]은 비공식적으로 이 치떨리는 사실을 도쿄의 일본 군사당국에 알리고 있습니다. 이것은 인도적인 차원에서 진행된 것으로, 공식적으로 진행되는 항의보다도 더 효과가 있을 것입니다. 공식적인 항의는 도쿄 당국으로 하여금 위화감을 느끼게 하기 때문입니다.[6]

등기번호 F137/641/10 문서는 하우 선생이 2월 1일 상해에서 보내온 전보문이다. 전보문의 주요 내용은 중국 주재 영국대사관 관원인 프리디어스(Prideaus-Brune)가 1월 29일 난징 형세에 대해 작성한 평가 보고서이다. 프리디어스는 중국 주재 영국대사관 영사로서, 1938년 1월 9일 영국대사관의 낙유특(洛維特)·불뢰택(弗雷澤) 상교, 공군 무관 옥이택(沃爾澤), 독일 대사관 관원인 나삼(羅森)박사, 허이특이(許爾特爾)와 사이분패격(沙爾芬貝格)과 함께 영국의 '귀뚜라미'호 포함을 타고 난징에 도착했다. 일행 중 옥이택은 일본군에 의하여 상륙하지 못했으나, 다른 사람들은 모두 순조롭게 난징에 도착했다. 프리디어스는 난징에 도착한 후 난징 형세에 관하여 평가보고서를 작성했는데, 그는 이 보고서에서 다음과 같이 썼다.

일본군대의 불법행위는 계속되고 있었고, 군대를 따라온 일본인들도 이미 난징에 나타나 새로운 불안정한 요인으로 작용할 가능성이 있다. 중국 난민 문제는 아주 심각하다. 일본은 이미 안전구역 국제위원회에 2월 4일 이전에 반드시 난민을 해산시키라고 통보했다. 이 난민 중 대부분은 갈 곳이 없다. 일본군의 이런 급작스런 행동은 더 많은 소동과 폭행을 초래하게 될 것이다. 일본인은 여전히 외국인들이 그들의 활동을 관찰하는 것을 싫어한다. 그들은 미국과 독일대사관에 대해 불만이 많다. 일본인은 난징시 중심에 군대를 배치하여 외국인을 분리시키고 있다.[7]

---

5) 일본 주재 영국대사관 武官을 가리킨다.

6) 영국외교문서 : 「일본군대가 저지른 폭행」, 영국문서관 소장. 등기번호 : F694/641/10. 원본은 영문으로 되어 있다.

7) 영국외교문서 : 「난징의 형세」, 영국문서관 소장. 등기번호 : F137/641/10. 원문은 영문으로 되어 있다.

프리디어스의 보고서는 그가 난징에 도착한 후 쓴 것으로, 그 진실성과 확실성은 의심할 나위가 없다.

등기번호 F2331/641/10 문서는 하우 선생이 1월 18일 상해에서 보내온 전보문이다. 이 전보문 제목은 '일본군대가 난징과 무호에서 저지른 행위'이다. 전보는 전국기독교위원회 보인튼 신부가 쓴 일본군이 난징과 무호에서 저지른 폭행에 대한 보고서 사본을 영국외교부로 전송한 것이다. 그러나 전보 중에는 이 사본에 대한 구체적인 내용이 언급되어 있지 않다. 필자가 알아본 바로는 이 보고서 사본은 여전히 영국외교문서로 보관되어 있다.

영국 외교부 관원은 이 보고서 사본을 받은 후 여기에 대하여 아래와 같이 썼다.

> 이 보고서에서 상세히 서술한 사실은 일본군대의 명예에 오점을 남겼다. 난징을 점령한 후 저지른 폭행은 극심하여 14일이 지났음에도 이런 행위는 여전히 계속되고 있다니, 이것은 더욱 용서할 수 없는 것이다. 만약 이 폭행에 대한 폭로가 없었다면 이 폭행은 오늘까지 계속되었을 것이다. 이 사건을 폭로한 공로는 일본 대사관 관원에게 돌려야 한다. 그들은 이런 폭행을 폭로하는 것을 공포를 끝내게 하는 유일한 수단으로 여겼다. 그러나 2월 12일 도쿄에서 보내온 195호 전보문에서 보도한 바에 의하면, 혼마(本間) 소장[8]은 '유럽전쟁에 참여한 군대의 행위와 비교할 때 일본병사의 행위는 너무한 것은 아니다!'라고 말했다.[9]

등기번호 F2334/641/10 문서는 하우 선생이 1월 23일 상해에서 보내온 전보문이다. 제목은 '일본군대가 난징에서 저지른 폭행'이다. 전보문의 내용은 금릉(金陵)대학 긴급위원회 주석 패자(貝茨)선생이 1월 8일과 1월 10일에 쓴 편지를 전송한 것이다. 이 편지는 1월 24일 노투사(路透社)의 챈셀러(Chancellor) 선생이 하우 선생에게 가져다준 것으로, 편지에는 일본군이 난

---

8) 本間소장은 일본군 참모 본무 관원이다.

9) 영국외교문서 : 「일본군대가 난징과 蕪瑚에서 저지른 행위」, 영국문서관 소장, 등기번호 F2331/641/10. 원본은 영문으로 되어 있다.

징에서 저지른 폭행이 묘사되어 있다. 그러나 전보문에는 편지에 대한 구체적인 내용이 없다. 편지는 다른 경로를 거쳐 영국외교부에 보내졌을 것이다.

영국외교부 관원은 이 편지를 보고나서 아래와 같이 적었다.

> 등기번호 F2231 전보문의 내용과 마찬가지로 프리디어스 선생은 지옥과 같은 난징의 상황을 계속 서술하고 있다(어떻게 말하면 중복된 서술이라고 할 수 있겠다). 특히 '1937년 12월 26일 금릉대학사건[10] 발생 후 쓴 보고서'를 주목해야 한다. 여기에서 우리는 틀림없이 중국병사에 대한 대규모 학살사건이 발생했음을 알 수 있다.[11]

영국문서관에 소장된, 중국을 침략한 일본군이 저지른 난징대학살에 관한 문서는 위에서 서술한 5부만 있는 것이 아니다. 객관적인 조건의 제한으로 필자는 그 외 다른 문서를 얻지 못했다. 필자의 조사에 따르면, 영국문서관에는 난징대학살에 관한 자료가 아직 몇 부 더 있다고 한다. 빠른 시일내 이 자료들은 공개되어 그 역할을 발휘할 것이다.

영국외교문서의 사료적 가치 및 의의

난징대학살에 관한 상술한 영국 외교문서는 처음 발견된 것으로, 난징대학살에 대한 깊이 있는 연구, 그리고 침략과 난징대학살에 대한 역사사실을 부정하는 일본 우익세력에 반격을 가하는 데 매우 중요한 사료적 가치와 의의를 가진다.

이 문서들의 사료적 가치에 대하여 말한다면, 첫째, 이 문서들은 제3국의 기록으로 객관성과 믿음성이 있다. 전쟁당사자인 중일 양국에서 볼 때, 영

---

10) 일본군이 金陵대학에서 난민 등록을 실시할 때, 기만하는 수단으로 중국군인을 속여내어 살해한 사건.

11) 영국외교문서 : 「일본군대가 난징에서 저지른 폭행」, 영국문서관 소장, 등기번호 F2334/641/10. 원본은 영문으로 되어 있다.

국은 중립국에 속한다. 중립국의 공식문서는 중립성과 객관성을 가지고 있을 뿐만 아니라 동시에 상당한 신뢰성도 가지고 있다. 둘째, 문서는 영국 정부의 것으로 권위가 있다. 그 이전에 발견한 사료는 대부분 가해측과 피해측에서 나온 것이었다. 예를 들면 『동사랑(東史郎)일기』, 『증전육조(增田六助)일기』, 『난징대학살에서 살아남은 자들의 증언 모음』 등등, 그리고 독일인, 미국인의 기록으로 제3국의 사료인 『납패(拉貝)일기』, 『위특림(魏特琳)일기』 등도 들 수 있다. 그러나 영국 정부가 기록한 문서는 처음 발견된 것이다. 여러 나라에서 나온 여러 가지 사료, 특히 중립국의 공식문서는 일본군이 저지른 난징대학살이 부인할 수 없는 역사적 사실이라는 것을 충분히 나타내고 있다. 또한 증거가 확실하여 그 누구도 부인할 수 없다. 일본 우익학자 다나카(田中正明)는 『'난징대학살'의 허구』라는 책에서 "정확한 기술은 당연히 정확한 자료에 근거해야 한다. 자료는 1급자료, 2급자료와 3급자료 등으로 나누어지는데, 전해들은 자료는 3급 이하에 속한다"[12]고 했다. 다나카의 자료 분류법에 따르면, 난징 안전구역 국제위원회가 중국 주재 미국, 영국, 독일대사관에게 보낸 공문은 모두 '1급자료'에 속한다. 그렇다면, 중국 주재 영국대사관 영사 프리디어스 선생이 1월 9일 난징에 도착한 후 영국외교부에 보낸 '난징형세에 대한 평가보고서' 또한 '1급자료'에 속한다. 이 보고서는 정부의 공식 문서로 보존되어 더 한층 권위와 신뢰를 구비했다. 이 점은 다나카 자신도 부인하지 못할 것이다. 셋째, 이런 외교문서는 이미 발견된 사료와 상호 검증되면서 난징대학살에 대한 증거를 한층 더 충실히 해준다. 문서에서 언급된 패자의 편지는 이미 공개되었지만, 일본군이 난민구역을 폐지하는 시간인 2월 4일이 현존한 자료와 완전히 맞물리면서 서로 검증된다. 이것은 또한 이 외교문서들의 진실성과 신뢰성을 한층 더 준다. 문서에는 일본군이 무호에서 저지른 폭행에 대해서도 언급했는데, 이것 또한 위특림의 일기와 서로 맞물린다. 이것은 일본군이 중국에서 저지른 폭행이 중국땅에 발을 내디디면서 시작되었고, 난징대학살은 제일 대표적인 폭행이었

---

12) (일) 田中正明 『'난징대학살'의 虛構』, 세계지식출판사, 1985년, 14쪽.

음을 설명해준다.

난징대학살에 관한 영국 외교문서의 발견은 현실적으로 매우 중요한 의의를 가진다. 난징대학살의 사료적 가치로서 충분하며, 장차 난징대학살에 대한 연구를 크게 발전시킬 수 있다. 역사 연구자에게 사료의 소장과 이용은 아주 중요한데, 이 점은 난징대학살을 연구하는 학자에게도 마찬가지다.

현재 일본 우익세력의 활동은 아주 창궐하다. 그들은 침략 역사를 미화하고 난징대학살을 부정하고 있다. 이런 형세하에 정의감이 있는 학자라면 중국, 일본, 혹은 기타 나라의 학자는 물론이고 모두 난징대학살에 대해 깊이 연구하여 충분한 증거와 엄밀한 논증으로 일본 우익세력의 황당무계한 논리에 반격을 가해야 한다. 이 점에서 볼 때, 난징대학살에 대한 영국외교문서의 발견은 난징대학살에 대해 깊이 있는 연구를 진행하는 데 일정한 기초를 닦아놓았다. 난징대학살에 대한 영국외교문서의 발견은 확실한 사실과 증거를 제공하여 직접적으로 일본우익세력의 황당무계한 논리에 반격을 가할 수 있다는 것에 있다. 일본 우익학자인 다나카는『'난징대학살'의 허구』라는 책에서 중국 주재 일본 대사관 관원인 후쿠다(福田篤泰)에 대한 인터뷰에 근거하여 난징대학살은 허구라는 결론을 내렸다. 왜냐하면, 중국 주재 일본 대사관 관원도 이 사실을 모르고 있기 때문이다.[13] 그러나 영국외교문서는 명확히 기록하기를 "난민구역 및 그 주변지역에서 일본병사는 공공연히 술을 마시고 사람을 죽이고, 강간하고 빼앗는 등 폭행을 행했다. 일본 대사관 관원은 이것에 대하여 놀라지 않을 수 없었다", "일본대사관 관원은 일본군 고급지휘관에게 압력을 가할 수는 없고, 또 급히 일본군측을 거치지 않고 이 상황을 도쿄에 알려야 했다. 때문에 선교사에게 이 사실을 될수록 빨리 일본에 공개해야만 일본정부는 공공 여론에 의해 군대의 행위를 제지할 수 있다고 암시했다."[14] 상술한 자료로도 충분히 다나카(田中正明)의 잘못된 논점을 발견할 수 있다. 또다른 일본 우익학자 히가시나카노(東中野修

13) (일) 田中正明,『'난징대학살'의 虛構』, 세계지식출판사, 1985년, 24・26쪽.
14) 영국외교문서 :「일본군대가 저지른 폭행」, 영국문서관 소장, 등기번호 : F641/641/10. 원본은 영문으로 되어 있다.

道)는 『난징대학살에 대한 철저한 검증』이라는 책에서, 영국 영사가 1938년 1월 하순에 쓴 보고서에서 일본군이 저지른 폭행에 대하여 비난한 사실에 대해 반박했다. "영국 영사가 비난한 것은 일본군이 난징을 점령한 후 두 주간에 저지른 '폭행'에 대한 것이지 '난징학살'이 아니었다", "또 '폭행'이 어떤 것을 가리키는가", "영국 영사가 보기에 일본군이 전시 국제법을 어긴 것은 주로 '약탈'이었다. 때문에 난징에서 저지른 '폭행'으로만 기록했다"는 것이었다.[15] 히가시나카노가 보기에 영국영사가 말한 '폭행'은 단지 '약탈'만 가리키고 대규모 학살을 가리키지 않는다. 그러나 영국외교문서에 명확히 기록되기를 "난민구역 및 그 주변지역에서 일본병사는 공공연히 술을 마시고 사람을 죽이고, 강간하고 빼앗는 등 폭행을 행했다."[16] "틀림없이 중국병사에 대한 대규모 학살사건이 발생했을 것이다."[17] 영국외교문서의 이와 같은 기록 앞에서 히가시나카노는 할 말을 못 찾을 것이다.

인류사회가 21세기에 들어선 현재, 사람들은 전쟁과 공포가 없는 새 사회, 평화롭고 안정된 새 세기를 갈망한다. 이것은 사람들의 아름다운 희망이다. 오늘날 사람들이 인류역사상 그 공포스럽고 비참했던 역사를 연구하는 것도 바로 이런 아름다운 염원을 실현하기 위해서다. 이런 아름다운 희망 아래 더 많은 자료가 사람들에 의해 발견되어 난징대학살에 대한 연구가 발전될 것을 믿는다.

<번역 : 류영희>

15) (일) 東中野修道, 『난징대학살에 대한 철저한 검증』, 新華출판사, 2000년, 145~146쪽.
16) 영국외교문서 : 「일본군대가 저지른 폭행」, 영국문서관 소장, 등기번호 : F641/641/10. 원본은 영문으로 되어 있다.
17) 영국외교문서 : 「일본군대가 난징에서 저지른 폭행」, 영국문서관 소장, 등기번호 F2334/641/10. 원본은 영문으로 되어 있다.

난징대학살과 공동의 기억

장연홍(張連紅, 중국 난징사범대학 역사학부 부교수)

대화의 길을 구축하다 - 난징대학살 기억에 대해 토론하다

1980년대부터 난징대학살이라는 역사사건은 중일 두 나라 관계를 곤혹스럽게 하는 정치과제가 되었다. 역사학자들은 줄곧 국가의식 형태와 민족주의 감정을 포함한 정치적인 요인에서 벗어나 객관적인 시각으로 이 문제에 대하여 전세계인이 동일하게 갖고 있는 역사 기억을 되찾으려고 노력해왔다. 1999년 11월 12일, 이런 취지하에 국제학술회의가 미국 센트루이스 워싱턴대학에서 진행되었다. 회의 주제는 '난징사건에 대한 기억 : 전세계인의 동감을 찾아내기 위하여'였다. 회의에는 미국학자뿐만 아니라 일본과 중국에서 온 난징대학살을 연구하는 역사전문가가 참석했다. 회의는 '국가 · 국민의 기억', '대중 · 집단의 기억'과 '개인의 기억' 세 분과로 나뉘어 난징대학살 문제에 관하여 창의적인 방식으로 토론을 진행했다. 회의에서 토론한 결과는 논문이나 논저의 형식으로 최근 출판되고 있다. 예를 들면, 손택외(孫宅巍) 선생의 「난징대학살에 대한 중국정부의 기억」이라는 논문은 홍콩에서 이미 발표되었고, 2000년 미국 캘리포니아대학 출판사에서 포겔(Joshua A. Fogel)이 편집한 『난징대학살에 대한 역사와 기억』[1]을 출판했다. 일본의 유명한 학자인 가사하라(笠原十九司) 교수는 올해 2월에 그의 새 논저『난징사건과 일본인』을 출판했다. 이 책은 난징대학살이라는 역사에 대한 기억문제(워싱턴회의 내용도 포함)를 체계적으로 깊이 있게 논술했다.

---

1) Joshua A. Fogel, *The nanjing Massacre in History and Historiography,* University of California Press, 2000.

역사학자가 추구하는 '전세계인의 동감'은 여전히 힘들고 가야 할 길이 멀다. 그러나 이 노력은 사실상 역사학 연구만의 특허가 아니다. 1999년 4월 중국 CCTV '진실 말하기' 프로그램에서 방송한 '전쟁의 기억'을 계기로, 전쟁기억(난징대학살)에 대한 화제는 사회 각 계층의 관심과 토론을 불러일으켰다. 『독쇼(讀書)』지에서는 이것을 특정한 주제로 2000년 제3기, 제7기, 제11기와 2001년 제5기에 손가(孫歌), 이노구치 유지(溝口雄二), 오효동(吳曉東)과 유연(劉燕) 등의 토론문을 실었다. 일본에서는 『세카이(世界)』지를 중심으로 칼럼을 만들어 학자들이 토론을 진행하도록 했다.

만약 역사학자들이 추구하는 '전세계인의 동감'이 난징대학살이라는 객관적인 사실에 대한 고증과 해석이라면, 『독쇼』와 『세카이』지에서는 현재 남아 있는 난징대학살에 대한 기억, 즉 중일 간에 난징대학살이라는 객관적 사실과는 달리 감정이 개입된 기억에 대한 토론을 싣고 있다. 학자들은 중일 간에 '공동의 기억공간'이 존재하는지, 만약 존재하지 않는다면 또 어떻게 그것을 만들어낼 것인지에 관하여 고민하고 있었다. 정치, 문화, 역사, 경제와 민족감정이 서로 뒤얽힌 현실 앞에서, 특히 학자들이 '공동의 기억공간'의 존재여부에 대하여 토론을 벌이고 있을 때, 일본교과서 문제와 고이즈미 총리(小泉首相)의 야스쿠니신사(靖國神社)참배 사건이 연이어 발생했다. 『독쇼』와 『세카이』지에서의 토론은 이런 현실에 대한 두려움과 실망이 서려 있었다. 그것은 참혹한 현실과 학자들의 선량한 추구 사이에 '공동의 기억공간'이란 아주 찾기 힘든 것이기 때문이었다.

그러나 참혹한 현실과 전쟁에 대한 상처 어린 기억은 여전히 학자들로 하여금 '공동의 기억공간'을 만들어가도록 할 것이다. 현재 중일학자들의 난징대학살에 대한 토론은 여전히 계속될 것이라고 믿는다. 최근 몇 년 간 필자는 난징시민과 난징대학살이라는 문제를 둘러싸고 사회조사를 진행한 바 있다. 이것은 현재 난징대학살 논의와 관련이 있는 것으로, 이 기회를 빌어 관련된 조사결과와 체험을 여러분에게 공개하려고 한다. 참고가 되기 바란다.

난징시민의 난징대학살 기억

제2차 세계대전이 끝난 후 동서 진영의 대치국면은 또 냉전중에 막을 열게 되었다. 새 정부가 내세운 중일우호정책하에 난징대학살의 상처는 난징 사람들의 기억 속에만 자리잡게 되었다. 그러나 1980년대 일본교과서 사건 이후, 일본이 난징대학살에 대해 부정하는 언행은 난징시민들의 기억 속에만 자리잡았던 이 역사를 또다시 세상으로 나오게 했고, 난징사회 각 계층의 관심을 불러일으키게 되었다. 난징대학살을 특정 주제로 연구하는 민간단체, 학술기구가 연이어 설립되고, 1985년에는 또 난징대학살에서 살해당한 동포 기념관이 공공기억의 장소에 건립되었다. 매년 12월 13일 10시 난징에서는 대학살 때 살해당한 자와 생존자를 위하여 경보음을 울렸고, 매체에서는 교과서사건, 동사랑(東史郎) 소송사건, 납패(拉貝)일기, 이수영(李秀英) 사건 등에 대하여 광범위하게 보도했다. 난징시민에게 이 모든 것은 난징대학살을 다시 한번 역사에 대한 기억으로부터 현실로 떠올리는 순간이었다.

1990년대 난징시민의 동사랑 소송사건에 대한 반응을 학자들은 주목해야 한다. 난징시민들의 동사랑 소송사건에 대한 태도, 시종일관 나타낸 관심과 참여도는 사람들에게 놀라움을 금할 수 없게 한다. 1998년 12월 22일, 일본 도쿄 대법원에서 진행된 2차 심판에서 동사랑이 패소한 후, 난징시민들의 반응을 알기 위하여 1999년 1월 15일부터 17일까지 필자는 역사학과 학생들을 이끌고 난징시민들을 대상으로 설문조사를 진행했다. 그 중 많은 통계숫자에서 우리는 현재 난징대학살이라는 역사사건이 시민들의 생활에 얼마나 큰 영향을 끼치는가를 알 수 있었다.

이번 조사범위는 매우 광범위했다. 모두 20명의 대학생과 직원이 12조로 나뉘어, 난징시의 하관(下關), 백하(白下), 건업(建鄴), 고루(鼓樓), 진회(秦淮)와 현무(玄武) 6개 구역의 길거리, 생활구역, 공공장소와 부분 공장, 기관에 들어가 조사를 진행했다. 이번 조사에는 모두 480부의 설문지가 배포되었는데, 유효 설문지 444부를 받았다. 조사대상은 노동자, 학생, 국가공무원, 과학기술과 교육 및 의료업계 종사자, 서비스업계 직원, 군인 및 자유업자, 그리고 일부 퇴직자들이다. 그 중 학생이 89명, 국가공무원이 57명, 노동자가 117명, 과학기술과 교육 및 의료업계 종사자가 모두 63명, 군인이 9명, 자유업자가 31명, 서비스업계 직원이 33명, 기타 직업자가 44명이었다. 조사대상자의 연령은 20세 이하부터 60세 이상까지 다양하게 분포되었는데, 그 중 20세 이하가 59명, 20세부터 30세가 20명, 31세부터 40세가 86명, 41세부터 50세가 70명, 51세부터 60세가 51명, 60세 이상이 58명이다. 조사대상자의 문화수준은 네 부류이다. 그 중 초등학교와 초등학교 학력 정도 이하가 34명, 중학교가 96명, 고등학교가 144명, 전문대 혹은 전문대 이상 학력이 166명, 그 외 2명은 기록하지 않았다. 444부 설문지 중 남자는 245명, 여자는 199명으로 성별 비율이 적당했다. 이번 조사는 일정한 대표성을 띠고 있고, 난징시민의 동사랑 소송사건에 대한 반응을 진실하게 보여주었다.

우리는 444부의 유효 설문지에 대한 통계를 통하여 아래와 같은 결과를 얻을 수 있었다. 난징시민은 텔레비전, 신문과 방송, 이 세 매체를 통하여 '동사랑 소송사건'을 알게 된 것이었다. 그리고 이 사건에 대해 매우 잘 알고 있는 사람이 56명, 기본적으로 알고 있는 사람이 251명, 대충 아는데 잘 알지 못하는 사람이 85명으로 총 395명이며, 조사대상자 전체의 88.95%를 차지한다. 그리고 모르는 사람이 49명으로 조사대상자의 11.05%를 차지한다. 또 395명 중 일본 도쿄 대법원 판결에서 동사랑 패소사건에 대하여 매우 분개해 하는 사람이 91.6%이고, 도쿄법원의 판결이 불공정하다고 여기는 사람이 90.6%이다. 그리고 6.1%를 차지하는 사람은 판단을 할 수 없다고 대답한다. "동사랑이 계속 도쿄 대법원에 상소하는 행위에 대하여 어떻게 생각하느냐"는 물음에 90.6%가 지지를 표시하고, 21명이 관심을 갖지 않는다고 대답했다. '동사랑이 계속 상소하는 전망'에 대하여 23.7%가 동사랑이 승소하지 못할 것이라고 대답했고, 40.8%가 승소한다고 여기고 30.5%가 법정에서 고의로 미루면서 판결을 내리지 않고 있다고 대답했다. '동사랑이 계속 상소하여 승소할 수 없다고 여기는 원인'에 대하여, "일본 도쿄 법정이 공정한 판결을 내릴 수 없을 것이다"라는 대답이 첫번째이고, "중국정부와 인민들이 압력을 가하지 못했다"는 대답이 두 번째였다. '동사랑이 상소하여 이길 것이라는 이유'에 대하여 '동사랑이 제공한 증거가 충분하고 정확하기에'가 첫번째, '중국정부와 인민이 압력을 가했기에'가 두 번째, '도쿄 대법정에서 공정한 판결을 내릴 것이기에'가 세 번째 대답으로 나왔다. 일본 도쿄 대법원에서 내린 동사랑 안에 대한 최후판결에 대하여 1.8%의 사람들이 별로 관심을 가지지 않는다고 대답한 외에, 난징시민들은 이에 대해 깊은 관심을 가지고 있었다. 그 중 명확하게 관심을 가지고 있다고 대답한 자가 84.2%, 관심을 가지지 않을 수도 있다는 자가 14%를 차지했다.

동사랑 소송사건은 난징에서 강렬한 반향을 일으켰다. 이와 동시에 2000년 1월 23일, 일본 우익단체는 오사카에서 '난징대학살은 20세기 최대의 거짓말이다'라는 집회를 가졌고, 2001년 4월 3일 일본 문부과학성은 우익단체가 편찬한 교과서를 통과시켰으며, 8월 13일 고이즈미 수상은 야스쿠니신사를 참배했다. 이 모든 것은 난징시민들로 하여금 난징대학살에 대한 기억을 되살리게 했다. 2001년 12월 13일 난징대학살에서 살해당한 동포들의 기일이 64주기 되는 때, 필자는 또 한번 난징대학살이 난징시민에게 끼친 사회심리적 영향을 주제로 사회조사를 진행했다. 이번 조사는 모두 420부의 설문지를 사용했는데, 총 408부만 돌려받았다. 조사대상의 직업은 학생, 노동자, 직원, 자유업자 등으로 그 분포가 매우 적당했다. 조사대상자 408명 중 209명이 남자였고 199명이 여자였으며, 연령도 20세부터 40세 사이가 193명으로 총 대상자의 47.3%를 차지했고, 20세 이하가 36명으로 총 대상자의 8.8%, 40세부터 60세 사이가 93명, 60세 이상이 86명이었다. 조사대상자의 문화정도는 156명이 전문대 혹은 전문대 이상 학력이었고, 97명이 고등학교를 졸업했으며, 92명이 중학교, 61명이 초등학교 혹은 초등학교 이하 문화수준이었다. 408명 조사대상자 중 자신이 토박이 난징사람이라고 대답한 자가 185명으로 45%를 차지했고, 난징에 20년 이상 거주했다는 자가 76명, 거주 기간 10년 이상 20년 이하가 27명, 10년 이하가 79명, 1년도 채 안 되는 사람이 35명이었다.[2)]

2) 최신 자료에서 보다시피, 2002년 3월, 난징시 유동인구는 48만 명에 도달했다. 때문에 사회조사 대상자 중 일부분은 난징에서 거주한 시간이 아주 짧다.

조사결과는 아래와 같았다. 408명 중 105명이 난징대학살기념관에 가본 적이 있다고 대답했고, 122명이 한번 이상 가보았으며, 기념관에 가보지 못한 사람이 179명으로 총 조사대상자의 43.9%를 차지했다. 난징시에서 10시에 울리는 경보음에 대하여 방공 연습으로 알고 있는 사람이 16명, 난징대학살에서 살해당한 동포를 기념하기 위하여 울린다는 것을 아는 사람이 306명으로 75.0%, 아무것도 모르는 사람이 73명, 기타 원인이라고 생각하는 사람이 10명이었다. 난징시내 난징대학살에서 살해당한 동포기념비가 있는 곳 중 한 곳만 아는 사람이 107명, 두 곳을 아는 사람이 65명, 두 곳 이상을 알고 있는 사람이 145명이었으며, 모르는 사람이 87명으로 21.3%를 차지했다. 난징대학살이 1937년에 발생했다는 것을 아는 사람이 210명으로 51.5%, 모르는 사람이 87명, 몇 십년 전 일이라고 대답한 사람이 95명이다. 또 난징대학살에서 살해당한 숫자가 30만 명이 넘는다는 것을 알고 있는 사람이 300명으로 73.5%, 63명이 잘 모르겠다고 대답했다. 그리고 12명은 10여만 명, 13명은 40만 명 이상이라고 대답했다. 조사 대상자 344명이 현재 일본에는 많은 사람들이 난징대학살에 대하여 부정하고 있다는 사실을 알고 있었고, 이 사실을 모르고 있다고 대답한 사람이 58명으로 14.2%를 차지했다. 12월 13일에 하는 결혼식이나 개업식에 대하여 반감을 가지고 있는 사람이 216명으로 52.9%를 차지했고, 상관없다는 사람이 126명, 반감을 가지고 있지 않다고 대답한 사람이 39명이다. 일본 여행단체가 난징을 방문할 때 '난징대학살 사건을 떠올리는가'라는 물음에 떠올리게 된다는 사람이 171명으로 41.9%, 87명이 이 문제에 주의하지 않았고, 137명이 난징대학살 사건을 떠올리지 않는다고 대답했다. 조사 대상자 중 '가족과 친척 중에 난징대학살의 피해자나 생존자가 있는가'라는 물음에, 없다고 대답한 자가 346명으로 84.8%, 있다고 대답한 자가 50명으로 12.3%, 기타 사람들은 잘 모르겠다고 대답했다. 그리고 321명이 난징대학살이라는 역사사실에 대하여 더 깊이 알고 싶다고 대답하여 총수의 78.7%를 차지하고, 65명이 상관없음, 14명이 더 알고 싶지 않다고 대답했다. 그리고 '난징시에서 경보음을 울림으로써 살해당한 동포를 기념하는 방식에 대하여' 찬성이 367명으로 90.0%, 찬성하지 않는다가 17명, 15명이 상관없다고 대답했다.

이상은 단지 두 차례 사회조사에서 얻은 기본 숫자 자료다. 더욱 상세하게 깊이 연구하려면 별도로 연구하여야 할 것이다. 예를 들면 서로 다른 연령층, 문화정도, 성별, 직업과 난징에서 거주한 시간의 길고 짧음에 따라 난징대학살에 대한 기억은 상당한 차이를 보일 것이다. 그러나 상술한 사회조사 통계자료만으로도 난징대학살이 현재 난징시민의 사회생활에 끼친 영향을 엿볼 수 있었다. 그러나 상술한 통계자료로는 학자들이 걱정하는바 민중이 '감정이 섞인 기억'으로 '사실 그대로의 기억'을 대체하지 않을까 하는 우려에 대하여 명확히 검증할 수 없다. 상술한 통계자료는 서로 다른 각도에서 다르게 해석될 수도 있을 것이다.

난징대학살에서 생존한 자의 기억

문서자료에서 보다시피, 1938년 3월 말, 난징성 안에 23만 5천여 명이 난징대학살에서 겨우 살아남았다.[3] 1997년 조사에 따르면, 난징대학살을 겪은 사람(생존자, 목격자와 피해자)이 아직 2,630여 명 살아 있다.[4] 생존자들이 갖고 있는 난징대학살에 대한 기억은 어떤 사료, 영화로도 그 원형을 읽어낼 수 없음을 필자는 조사과정 중 깊이 느낄 수 있었다. 위대한 역사학자라도 이런 기억을 독자들에게 그대로 이식해줄 수는 없을 것이다. 기억 앞에서 문자의 무력함이 느껴지는 순간이었다.

---

3) 요녕성(遼寧省)문서관, 『滿鐵문서 중 난징대학살에 관련된 사료』(續), 『民國문서』 1994년 제3기.

4) 현재 난징에 얼마나 많은 난징대학살 생존자가 남아 있는가에 대하여 정확한 통계가 없다. 1997년 난징시 교육위원회와 난징대학살에서 살해당한 동포기념관에서 만 명의 학생을 조직하여 대학살에서 살아남은 생존자를 방문하는 하기 훈련 캠프활동을 가졌었다. 그때 15개 區縣, 153개 鄕鎭을 찾아 29,436호 가정의 노인을 방문하여, 모두 2,630명의 난징대학살 생존자, 목격자와 피해자를 찾아냈다. 그러나 그 후 필자의 조사에 따르면 아직도 많은 區와 도시 구역, 향촌마을은 그때 방문하지 못했다. 때문에 2,630명이라는 생존자 숫자를 현재 생존자의 최저치로 보아도 될 것 같다.

난징대학살을 겪은 생존자들에게 일본군의 잔인함과 인도주의를 상실한 행위, 그때의 공포는 영원히 지워버릴 수 없는, 그들의 기억 속에 남아 있는 악몽이었다. 생존자들은 모두 비슷하면서도 서로 다른 비참한 기억을 간직하고 있었다. 두조항(頭條巷)에 살고 있는 장씨 할머니는 올해 76세다. 그녀는 남편이 죽은 후 몇 번이고 주저하다가 처음으로 필자에게 열두 살 때 할아버지 생명을 구하기 위하여 3명의 일본군에게 강간당한 비참한 경력을 이야기해주었다.[5] 생존자 장옥영(張玉英) 노인은 치매에 걸렸지만, 그녀의 부친이 일본군의 총검에 찔려 돌아가신 장면을 똑똑하게 이야기할 수 있었다. 또 상지강(常志强) 노인은 모친이 일본군의 총검에 찔려 온몸이 피투성이가 되었음에도 돌이 안 된 남동생에게 젖을 먹이고 돌아가셨고, 부친도 총검에 찔려 담장 구석에 꿇은 채로 돌아가신 사실, 그때 열 살이었던 자신이 아빠가 이미 돌아가신 것도 모르고 아빠의 손을 잡고 엄마를 구하려 하다가 아빠가 그대로 넘어가는 것을 보고서야 돌아가신 사실을 알게 된 사실을 울면서 이야기했다.

그러나 생존자들의 비참한 기억은 난징대학살 때의 공포와 일본군의 잔인함만이 아니었다. 그들이 더욱 잊지 못하는 것은 대학살 후 살아남은 그들의 고통스러운 생활경력과 가망 없는 기다림이었다. 난징대학살에서 남편을 잃어버린 아내, 부모를 잃은 고아, 아내를 잃은 남편, 아들과 딸을 잃은 부모와 수천, 수만의 일본군에게 모욕당한 부녀들에게 대학살 후 그들의 생존경력은 비록 직접적인 전쟁 상처는 아니었지만 또 하나의 전쟁기억이라고 할 수 있다. 두씨 할머니는 여덟 살 때 효릉위(孝陵衛)에서 한 일본병사에게 강간당했다. 그 후 그녀는 늘 악몽과 같은 그늘에서 벗어날 수 없었다. 그리하여 세 번이나 한 결혼은 모두 실패로 돌아갔다.[6] 대학살에서 상지강, 예취평(倪翠萍) 등 많은 사람들은 모두 부모를 잃고 고아가 되었다. 그들 모두가 대학살 후 자신들의 비참한 생존경력에 대한 기억을 가지고 있었다. 인터뷰 중 제일 기억에 남는 것은, 84세 노인 한수영(韓秀英)의 사례다. 1937

5) 2001년 3월 26일, 필자의 인터뷰 기록.
6) 2001년 2월 18일, 필자의 인터뷰 기록.

년 12월 일본군이 쳐들어올 때 그녀는 이미 임신한 상태였다. 일본군이 난징에 들어온 날 밤, 그녀의 남편은 일본군에게 잡혀갔다. 그 후 그녀는 시시각각 남편이 돌아오기만을 기다리며 지금까지 살아왔다. 아들이 태어난 후 아빠 만나기를 고대하고 기다렸지만…… 필자가 인터뷰 갔을 때, 그녀는 아직도 재혼 한번 하지 않은 채 아들과 함께 지내고 있었다. 우리는 기댈 곳도 없는 그녀가 어떻게 아들을 키워왔고, 또 어떻게 고난의 시기를 보내왔는지 상상할 수도 없었다. 62년의 기나긴 기다림이라니!

20세기 1980년대 이후, 일본 국내에서 난징대학살을 부정하는 무분별한 언행은 난징대학살 생존자들의 상처를 더욱 아프게 했다. 일부 생존자들은 인터뷰를 요청했고, 역사의 증인으로 나서 현시대 사람들과 그들의 비참한 기억을 공유하려고 했다. 또 많은 생존자들은 자발적으로 전화를 걸어 그들이 겪은 경력을 이야기해주었다. 하관구(下關區) 안락촌(安樂村)에 사는 하서영(夏瑞榮)과 굴신행(屈愼行) 부부는 신문사에 인터뷰를 요청했다. 그들은 필자에게 일본 우파의 언행을 보고 더는 참을 수 없다고 이야기하면서 난징대학살 때 당한 자신들의 경력을 젊은이들에게 알려줘야 할 책임감을 느낀다고 이야기했다. 상지강 노인은 1997년 기념관에 와서 그 이전에는 가족을 포함한 누구에게도 말하지 않았던 가족의 비참한 경력을 이야기했다. 그는 이렇게 말했다.

> 우리집 식구는 모두 10명이었는데 대학살에서 7명이 살해당했다. 그러나 아주 긴 시간 동안 나는 누구에게도 말하지 않았다. 왜냐하면, 이 일을 생각하기만 하면 매우 고통스럽기 때문에. 1997년 나는 텔레비전에서 일본인이 난징대학살에 대하여 승인하지 않는다는 뉴스를 듣고 더는 참을 수 없어 기념관에 달려왔다.

그렇다. 많은 생존자들은 악몽과도 같은 그들의 경력을 다시 돌이키기 싫어한다. 자료를 수집하여 진실을 되찾으려 한다고 하여도 마찬가지다. 그들은 악몽과도 같은 기억이 다시 되살아나기를 바라지 않으며, 또한 다른 사람이 이 기억을 건드리는 것도 바라지 않는다. 때문에 필자는 조사 중 많은 난징대학살 생존자로부터 문전박대를 당했다. 이렇기 때문에 더욱 일부 생존자들이 10여 차례나 일본 학자나 난징시 정부기관, 매체의 인터뷰 요구를 쾌히 승낙하는 것에 대하여 감동받는다.

공동기억의 난제

난징대학살에 대한 기억에 대해 토론을 벌이고 '공동의 기억'을 구축해 나갈 때, 학자들은 점점 '공동의 기억' 구축을 가로막는 '감정이 섞인 기억'과 '사실 그대로의 기억'과의 차이를 느꼈다. 1995년 『동방』지 제5기에 '제2차 세계대전 : 박물관 뒤편에서'라는 제목의 문장이 실렸다. 저자 서형철(舒衡哲)은 심각하게 문제제기를 했다. 전쟁의 상처 앞에서 우리는 어떻게 숫자화된 역사에서 벗어나 세부적인 고난의 역사를 그려낼 수 있을까? 어떻게 개개인의 구체적인 기억 방식으로 추상과 대항할 것인가? 이런 문제제기는 바로 난징대학살이라는 역사가 개개인의 구체적인 기억 속에 남아 있기 때문이다. 오효동(吳曉東)은 『독쇼』에 문장을 발표하여 아래와 같이 이야기했다. 어떤 의미에서 볼 때, '기억의 암살자'는 국가정치에만 존재하는 것이 아니라 교과서의 냉담한 역사서술, 학자의 '객관적이고 공정한' 학술연구, 추상적인 개괄과 귀납에도 존재한다. 기억을 암살했다는 것은 역사를 지우고 무고한 피해자, 우리의 감정과 감정을 기반으로 하는 양심을 죽이는 것과 마찬가지다. 더 나아가서 이것은 생존하는 인류 자신을 죽이는 행위인 것이다.

필자는 최근 진행한 사회조사에서, 중일 양국 민중 사이에 하루빨리 대화의 길을 마련하여 공동의 기억공간을 확립해야 할 뿐만 아니라, 난징대학살의 생존자와 난징시민 사이에도 아픈 기억에 대한 나눔의 장을 구축해야 한다는 것을 깊이 느끼게 되었다. 1999년 1월에 진행된 동사랑 소송사건에 대한 사회조사 중 49명이 동사랑 소송사건을 모른다고 대답했다. 이들은 대부분 20세 이하의 학생과 60세 이상의 초등학교 이하 문화수준을 갖고 있는 노인들이었다. 그들 중 학생은 15명, 노인은 8명이다. 중학생, 초등학생들은 학업 부담이 크기에 평시에 신문이나 텔레비전을 볼 시간이 없어 동사랑 소송사건을 잘 모르고 있었다. 조사 중 우리는 또 일부 사람들이 동사랑 소송사건을 조금 알고는 있었지만, 동사랑은 전 일본병사이기에 나쁜 사람이라고 여기고 있다는 사실을 알게 되었다. 즉 그들은 이 소송사건의 진상에 대하여 잘 모르고 있었으며, 어떤 사람은 하시키(橋木光治)의 죄행을 동사랑의 죄행으로 오해하고 있어 설문지에 모순된 답을 적곤 했다. 예를 들면 한편으로는 도쿄 법정의 판결이 공정하지 못하다고 적으면서, 또 한편으로는 동사랑이 계속 상소하는 것에 대하여 찬성하지 않는다고 적어 넣었다. 2001년 12월 13일 진행된 사회조사에서도 마찬가지 현상은 여전히 존재했다.

현재 난징대학살 생존자와 평화로운 환경에서 생활하고 있는 난징시민들에게 난징대학살에 대한 태도는 완전히 같은 것이 아니다. 때문에 공동의 기억을 구축하는 임무는 매우 중요하며 가야 할 길은 아직도 멀다.

<번역 : 류영희>

3부

일본 우익교과서 역사왜곡의 실태 2

위험한 역사교과서, 위기의 동아시아
— 『새로운 역사교과서』를 중심으로

주진오(상명대학교 사학과 교수)

1. 머리말

지난 한해 동안 일본 역사교과서 문제는 당사자인 일본은 물론 한국을 비롯한 아시아 국가들 간에 커다란 이슈였다. 그 내용에 대해서는 여러 차례에 걸친 각종 심포지엄과 저서를 통하여 그 자세한 내용과 문제점, 시정요구 등이 잘 알려져 있는 상태이다.[1] 그 가운데 '새 역사교과서를 만드는 모임'[2]이 집필한 후소사(扶桑社)의 중학교 역사교과서 『새로운 역사교과서(이하, '새 교과서'로 줄임)』가 집중적인 지탄을 받았다. 그럼에도 불구하고 '새 교과서'는 2001년 4월 3일 문부과학성의 검정을 통과했다. 처음에 '백표지본(白表紙本)'이 유출되어 일어났던 물의에 비해 137개 부분이 수정되었으나 '새역모'가 자위하듯이, 애초에 의도했던 흐름을 그대로 유지하고 있다.

그런데 역사를 각급 학교에서 가르치기 위하여 국가가 개입하여 자국사 교과서를 편찬한다는 것은 두 가지 의미를 가지고 있다. 하나는 국가가 집단적 기억으로서의 자국의 역사를 후세에게 강제한다는 측면이다. 이는 수험생들의 입시를 해당 교과서에 의존하게 함으로써 강력한 힘을 발휘한다. 따라서 이는 대단히 정치적이며 정권의 속성이 달라짐에 따라 계속해서 변화하게 마련이다. 특히 국정이나 검인정으로 발행되는 교과서라고 했을 때,

---

1) 자세한 경과에 대해서는 타와라 요시후미(俵義文) 저, 일본교과서바로잡기운동본부 역, 『위험한 교과서』, 역사넷, 2001 참조.

2) 일본에서는 대체로 '만드는 모임'으로 줄이고 있으나 한국에서는 일본교과서바로잡기운동본부를 비롯하여 '새역모'로 부르고 있어 이에 따른다.

거기에는 국가가 학생들에게 가르치고 싶은 내용이 담겨 있다. 또한 학생들이 어떤 인식을 가지고 세상을 살아가고 미래를 만들어나갈 것인가에 대한 집권세력의 희망이 담겨 있다. 따라서 역사교과서는 정권의 얼굴이며 그 안에 정권의 속성이 담겨 있다고 하겠다.

다른 하나는 검인정이라는 제도가 출판자본과 결합되어 있다는 점이다. 교과서 출판사들은 검인정에 통과하기 위하여 자체검열을 실시할 수밖에 없다. 검정에 탈락하면 그 동안 투자했던 막대한 비용이 손실되기 때문이다. 더구나 교과서가 채택될 경우, 조성된 참고서 시장을 통하여 이룰 수 있는 막대한 이익을 포기해야 한다. 따라서 출판자본은 검정기준에 맞추기 위하여 교과서 집필자들을 끊임없이 통제하려든다. 결국 집필자들은 아예 포기를 선언하고 빠져나오거나 교과서가 검정에 통과될 수 있도록 타협해야 한다. 그러나 대체로 참여를 통하여 상대적으로 나은 교과서를 만들어보겠다는 마음에서 후자를 택하는 경우가 많다.

어느 민족이든지 민족애가 강하고 그것을 후손에게 교육하고 싶은 욕구를 갖고 있다. 특히 자라나는 세대가 선조를 외면한 채 외래문화 추종에 빠져 있는 모습은 어느 나라나 마찬가지이고, 기성세대로서는 그러한 모습이 '참을 수 없는 가벼움'으로 느껴지기도 한다. 그래서 때로는 우리나라의 자랑스러운 역사만을 가르치고 싶다는 유혹을 받게 된다.

필자는 이 글에서 역사교과서 왜곡 문제는 본질적으로 일본정부의 책임이라는 전제 위에서 논의를 전개하려고 한다. 그럼에도 불구하고 한국정부에서는 그들이 어떤 중재자의 역할을 할 수 있을 것으로 기대하여 내정간섭이라는 인상을 줄 수 있는 우려에도 불구하고 수정요구사항 목록을 전달했고, 예상대로 일본정부는 냉정하게 거절했다.[3] 이같이 정부가 직접 나서서 수정요구를 전달한 방식의 문제점에 대해서는 이미 한국 내에서도 비판이 진행되었기 때문에 되풀이하지 않는다.[4]

---

3) 대한민국 정부의 「일본 중학교 역사교과서 한국관련내용 수정요구자료」는 이원순·정재정 편, 『일본 역사교과서, 무엇이 문제인가』, 동방미디어, 2002, 331～369쪽 참조. 그리고 일본정부의 검토결과는 일본교과서바로잡기운동본부 편, 『문답으로 읽는 일본교과서 역사왜곡』, 역사비평사, 2001, 207～222쪽 참조.

그런데 그 동안 한국정부와 학계가 제기했던 문제들은 주로 한국과 관련된 부분으로 국한되어 있었다. 그러나 그보다 더 중요한 것은 그들이 이 교과서를 통하여 이룩하려는 것이 무엇이고 그것이 동아시아의 미래에 어떤 영향을 끼치게 될 것인가에 있다고 할 수 있다. 이 글에서는 우선 '새 교과서'의 역사인식을 몇 가지로 나누어 검토한 후, 2001년에 있었던 반대운동을 평가하면서 앞으로 무엇을 할 것인가 정리해보기로 한다.

2. '새로운 역사교과서'의 역사인식

1) '신의 나라' 일본 : 황국사관으로의 복귀

이 책의 '백표지본'이 처음 공개되었을 때, 가장 눈에 띄었던 부분 가운데 하나는 이들이 '역사는 과학이 아니다'라고 선언했던 점이다. 이 부분은 일본문부성의 검정과정에서 삭제되었으나 역사를 하나의 이야기로 설정하고 있다는 점은 변함이 없다. 사실 이 책을 읽으면 교과서라기보다는 이야기책을 방불케 하는 서술과 어린 학생들의 감상을 자극하기 위한 표현이 눈에 띈다.[5]

> 이날은 전날 밤부터 눈이 내려 도쿄시내는 은세계였으며, 축포가 울렸고 山車(축제 때 끌고 다니는 마차)가 다니고, 가장행렬이 반복되어 축하행사 일색으로 변했다. (214쪽)
>
> 그 어뢰의 발견이 일순 늦었을 때 일본구축함은 연합군 선박 앞에서 전속력으로 돌입해서 방패가 되어 격침됨으로써 책무를 다했다. 희생된 일본 해

---

4) 이신철・장신의 논문 「2001년 한국의 교과서 운동과 향후 전망」과 이어진 「토론마당 : 2001년 교과서운동 평가와 전망」, 『역사문제연구』 7, 2001, 역사비평사 참조.

5) 이하의 한국어 번역문은 일본역사교과서 왜곡대책반에서 낸 책을 사용했으나 괄호 안의 쪽수는 시판본으로 나와 있는 '새 교과서' 원본에 따른다. 두 책의 쪽수는 거의 같으나 한국측의 수정요구와 일본측의 답변이 함께 실려 있어 조금 차이가 나는 부분도 있다.

군장병의 영혼은 지금도 말타의 묘지에 잠들고 있다. (244쪽)

아울러 역사라고 하기 어려운 신화를 교과서에 본격적으로 도입했다. 아마테라스 오미카미(天照大神)와 진무(神武)천황 이야기에 한 면을 할애했으며(36쪽), 야마토타케루노 미코토(日本武尊)와 그의 아내 오도다치바나히메(弟橘媛)에 대하여 '국내통일에 헌신한 용사의 이야기'라고 하면서 두 면이나 서술하고 있다(42~43쪽). 두 신화의 경우는 그래도 칼럼이라고 하여 별도의 항목을 설정했으나 아예 「일본의 신화」라고 하여 '이자나키노 미코토와 이자나미노 미코토', '아마테라스 오미카미와 스사노오노 미코토' 및 '니니기노 미코토에서 진무 천황으로'라는 항목으로 무려 네 면에 걸쳐 본문으로 처리한 곳도 있다(60~63쪽). 이를 통하여 일본의 건국신화는 역사의 자리로 당당히 부상하게 되었다. 다시 말하면 '새역모'가 역사를 과학이 아니라고 주장했던 의도가 명백하게 드러난다고 하겠다. 21세기에 들어와서조차 세계적인 선진국 가운데 한 나라의 수상이 자기 나라가 '신의 나라'라고 주장하는 상황에서 어쩌면 필연적 수순이었는지도 모른다. 이는 명백히 전전(戰前)의 황국사관으로 돌아가겠다는 것과 같다.

이런 상황에서 당연히 신화에 나타나고 있는 일본의 대외진출은 과장되게 서술될 수밖에 없었다. 그것은 '임나일본부'설과 한반도에 대한 지배 및 조공관계 서술로 구체화되었다. 반면 '도래인(渡來人)'에 의한 문화의 전수가 일본문화에 미친 영향에 대해서는 소홀하게 취급함으로써 일본의 한국에 대한 전통적 우위를 확립하려고 애쓰는 모습을 보인다. 결코 일본 문화가 전적으로 한반도에서 건너간 것이라는 주장에 찬성하지는 않으나 그렇다고 그러한 요소를 배제하거나 축소시켜버리는 '새 교과서'는 분명히 역사를 왜곡한 것이라고 말할 수밖에 없다. 그 과정에서 일본 역사학계가 그 동안 쌓아놓은 연구성과들은 철저하게 무시되었다.[6]

---

6) 물론 역사가 과학이 아니라고 했을 때, 종래의 교과서가 역사를 과학으로 규정해 구조와 제도가 주된 서술이 됨으로써 인간이 없는 역사를 만들고 말았다는 것에 대한 반성이라고 생각할 수도 있으며, 이것은 교과서 집필자들이 앞으로 명심해야 할 부분이다.

아울러 '새 교과서'는 이미 일본의 국회결의에 의해 학교현장에서 사라진 '교육칙어' 전문을 게재하여 부활을 시도하고 있다. '천황'이 신민에게 일방적으로 명령하는 방식을 취하고 있는 '교육칙어'는 전후 일본 국민이 향유해온 주권재민의 원칙에 입각한 전후 민주주의를 침해하고 있는 것이다.[7] 이를 통해 '새 교과서'의 필자들이 생각하는 일본의 이상은 전전의 군국주의로 돌아가려는 것임을 잘 알 수 있을 것이다.[8] 아울러 분명히 '쇼와천황'은 자신이 신이 아니라 인간임을 천명한 바 있었으므로 오늘날 일본을 '신의 나라'로 규정하고 '교육칙어'를 부활시키려는 것은 '천황'의 발언을 부정하는 '불충(不忠)'한 말이 아닐 수 없다.

그들이 보기에 긴 세월 동안 문화적으로 안전하고 행복했던 일본은 최근 불안한 모습을 보이고 있다. '유럽과 미국에는 일본보다 발달한 귀한 것들이 점점 적어지게 되었기 때문'에 '어느 외국도 목표가 될 수 없다'는 이유에서이다. 그리고 태평양전쟁에서 패배한 상처가 치유되지 않아 자신감이 없기 때문이다(318～319쪽). 바로 이 점을 극복하겠다는 것이 '새역모'의 구상이었고 그것이 결국 '신의 나라 일본'을 강조하는 것으로 나타난 것이다.

2) 차고 넘치는 나라사랑 : 일본 중심의 폐쇄적 국가주의

아울러 이들은 모든 역사가 각자의 입장과 조건에 따라 달라질 수 있다고 보았다.

> 역사를 배운다는 것은 지금 시대의 기준을 가지고 과거의 부정(不正)이나 불공평을 재단하거나 고발하는 것과 동일한 것이 아니다. 과거의 각 시대에는 각 시대 특유의 선악이 있으며 특유의 행복이 있었다. …(중략)… 도대체 이러한 사건이 왜 일어났으며, 누가 죽었기 때문에 어떤 영향이 생겼는가를 생각하게 되어야 비로소 역사의 마음이 움직이기 시작하는 것이라고 해도

---

7) 上杉聰, 「誤った戰爭觀と'皇國史觀'による 歷史教科書」, 『'つくる會'教科書はこう讀む!』, 明石書店, 2001 참조.

8) 이러한 문제에 대해서는 子どもと教科書全國ネット21 編, 『こんな教科書 子どもにわたせますか』, 大月書店, 2001 참조.

된다. …(중략)… 역사는 민족에 따라 각기 다른 것이 당연한지도 모르겠다. 국가의 숫자만큼 역사가 있어도 조금도 이상할 것이 없을지도 모르겠다. …(중략)… 역사를 고정적으로 움직이지 않는 것처럼 생각하는 것은 그만두자. 역사에 선악을 들이대고 현재의 도덕을 가지고 판단하는 재판정으로 만드는 것도 그만두자. 역사를 자유로운, 아무 것에도 얽매이지 않는 눈으로 바라보고 여러모로 생각하면서 찬찬히 사실을 확인하도록 하자. (6～7쪽)

이러한 관점에서 보았을 때, 세계사적 보편성은 망상이라고 볼 수 있으며 오로지 각국이 각자의 입장에서 역사를 서술하면 되는 것이다. 그러니 다른 국가들이 자신들과의 관계에 대한 서술이 왜곡되었다고 비판하는 것이 귀에 들어올 리가 없다. 하지만 결국 역사적 진실은 존재할 수밖에 없다는 점에서 이들의 자세는 문제를 안고 있다.

한편 이 교과서를 읽으면 필자들이 가진 일본에 대한 뼛속 깊숙이 차고 넘치는 나라사랑을 느낄 수 있다. 그리고 그들이 가지고 있는 일본의 미래에 대한 깊은 우려와 조바심이 느껴진다. 그러나 문제는 그러한 자기애가 타자에 대해서는 독선과 배타로 나타난다는 점이다. 얼마든지 다른 나라를 자극하거나 비하하지 않으면서 자기 나라에 대한 자부심과 애정을 표현할 수 있는 방법이 있었음에도 불구하고 말이다. 새 교과서에는 19세기 일본의 근대화에 대한 능숙한 대처와 조선 및 중국의 미숙함이 부각되고 있으며 조선이 중국의 지배하에 있었다는 왜곡을 통하여 자신의 조선 침략을 정당화하고 있다.

그들에 따르면 일본의 대외침략은 다 이유가 있다. 상대가 일본으로 하여금 전쟁을 일으키게 만든 것이다. 그리고 일본이 당한 피해는 모두가 부당한 것이며 일본의 전쟁 승리는 약소민족의 희망이었다.

조선을 중립국으로 하는 조약을 각국에 맺게 하고, 중립 보장을 위해 일본의 군비를 증강하지 않으면 안 된다는 생각도 있었다. (216쪽)

일러전쟁은 일본이 생사를 건 장대한 국민전쟁이었다. 일본은 이에 승리하여 자국의 안전보장을 확립했다. 근대국가로서 태어난 지 얼마 되지 않은 유색인종의 나라 일본이 당시 세계최대의 육군대국이었던 백인제국 러시아에 이겼다는 것은 세계의 억압받는 민족들에게 독립에 대한 한없는 희망을 안겨주었다. (223쪽)

일본의 승리에 용기를 얻은 황색인종의 나라에서는 내셔널리즘이 일어났지만 터키와 인도 같은 먼 나라에서는 단순히 일본에 대한 존경과 공감으로 이어졌다. 그러나 한편으로 중국과 한국 같은 가까운 나라에서는 자국에 세력을 확대하려는 일본에 대한 저항이라는 형태로 나타났다. (238쪽)

위의 글을 보면 중국과 한국이 일본에 대해서 오해하고 있다는 느낌마저 받는다. 그리고 터키와 인도가 존경과 공감을 나타냈다는 것도 대단한 아전인수격 해석이다. 물론 오랫동안 백인에 의한 억압과 지배를 받아온 국가들에게 러일전쟁에서 일본이 승리한 것은 환영할 만한 일이었음에 틀림없다. 그러나 일본 자신이 그러한 존경과 공감을 배신하고 식민지배를 가하는 제국주의 국가가 되었다는 서술은 빠져 있다. 한국을 식민지로 지배했던 것도 한국인 일부의 요청이 있었기 때문이고 시혜를 베풀었다는 인식도 그러한 맥락에서 서술되는 것이다.

한편 일본이 일으킨 전쟁은 자위전쟁이고, 대동아공영권의 이상을 실현시키기 위한 것이었다.

국민당과 손을 잡은 중국공산당은 정권을 빼앗는 전략으로서 일본과의 전쟁의 장기화를 방침으로 정했다. (271쪽)

이것은 수백 년에 걸친 백인의 식민지지배에 고통받던 현지 사람들의 협력이 있었기에 가능한 승리였다. 일본의 서전 승리는 동남아시아 사람들, 나아가서는 아프리카인에게도 독립에 대한 꿈과 용기를 북돋웠다. …(중략)… 일본의 전쟁목적은 자존자위와 아시아를 구미의 지배로부터 해방시키고 대동아공영권을 건설하는 일이라고 선언했다. (277쪽)

그러므로 일본이 일으킨 태평양전쟁은 백인의 식민지배로부터 피억압민족들을 구하기 위한 전쟁이었고 그들에게 희망을 주었으며 협력을 얻어낸 전쟁이었다.

더욱이 일본의 전쟁 수행은 열렬한 국민적 지지를 바탕으로 한 것이었다. 본문에서는 청일전쟁을 통하여, '일본인이 자국을 위하여 헌신하는 「國民」'(기호는 원문에 따름)이 되었다는 점을 강조했다(218쪽). 한편, '약체 정부에 대한 불만이 쌓였던 국민은 관동군의 행동을 열렬히 지지하여 육군에는 220만 엔의 지원금이 기탁되었다'(267쪽). 여기에서 정당내각에 반대하면서 군국주의로 나아간 일본이 그들이 생각하기에는 '국민'의 지지를 받던 이상적 일본이었던 것이다.

3) 세계는 넓고 할 일은 많다 : 자위전쟁론과 일본역할론

이들도 일본이 전쟁수행과정에서 다른 나라 사람들에게 많은 피해를 입혔다는 점을 부인하지 않는다. 하지만 그것을 표현할 때, 반드시 따라오는 것이 있다. 그러한 피해를 입힌 것은 전쟁기간중 어떤 나라라도 어쩔 수 없이 저지를 수밖에 없는 일이라는 상황론과 함께 다른 나라가 저지른 사건을 반드시 대비시키거나 또는 보다 구체적으로 제시함으로써 결국 누가 누구를 나무랄 수 없다는 일반론을 전개하고 있는 것이다.

> 전장이 되었던 아시아 여러 지역의 사람들에게도 커다란 손해와 고통을 주었다. 특히 중국 병사와 민중에게는 일본군의 진공에 의해 커다란 희생이 나왔다. 또 필리핀과 싱가포르 등에서도 일본군에 의해 항일 게릴라나 일반 시민들 중에 죽은 자가 많이 나왔다. 한편 1944(쇼와19)년 가을부터 미국군의 일본 공습이 개시되었다. 1945년 3월에 미군은 B29폭격기 편대로 도쿄의 고도(江東)지구를 공습하여 사자 약 10만 명이 나왔다(도쿄대공습). 게다가 미군은 인구가 많은 순으로 전국의 도시를 불태웠다. 어린이들은 위험을 피해서 부모를 떠나 지방의 절 등에 소개(疏開)되었다. (285쪽)

여태까지의 역사에서 전쟁을 통해 비무장한 사람들에 대한 살해와 학대

를 전혀 하지 않은 나라는 없고, 일본도 예외는 아니다. 일본군도 전쟁중에 진공한 지역에서 포로가 된 적국의 병사와 민간인에 대해서 부당한 살해와 학대를 했다. 한편 많은 일본 병사와 민간인도 희생되었다. 예를 들면, 제2차 세계대전 말기 소련군은 만주에 침입하여 일본의 일반 시민을 살해, 약탈, 폭행을 거듭했으며, 포로를 포함한 60만의 일본인을 시베리아로 강제 연행하여 가혹한 노동을 시켰으며 약 1할을 죽게 만들었다. 또 미군의 무차별 폭격과 원폭투하로도 방대한 수의 희생자가 나왔다. (288쪽)

중국에서는 내전이 재개되어 모택동과 주은래가 이끄는 공산당이 승리하고 장개석과 국민당은 대만으로 도망갔다. 국민당은 대만인을 탄압하고 3만인을 살해했다. 중국공산당은 1949년 10월 북경에서 중화인민공화국의 성립을 선언했다. 다음해에는 티베트에 군대를 진공시켜 다수의 티베트인이 희생되었다. (297쪽)

'새 교과서'에 따르면 일본이 태평양전쟁을 일으킨 것은 여러 제국이 연합해서 일본을 경제적 곤경에 빠뜨렸고, 미국이 미일 간의 외교교섭을 자국에 유리하게 이끌려고 했으며, 중국에서 무조건 철퇴하기를 요구했기 때문에 어쩔 수 없는 일이었다. 따라서 일본이 태평양전쟁을 일으킨 것은 자의가 아니었고 어디까지나 자위를 위함이었다는 것이다. 그리고 일본이 동남아시아를 침략했던 것은, '백인의 식민지 지배에 고통받던 현지 사람들의 협력이 있었기에 가능한 승리였다. 일본의 서전 승리는 동남아시아 사람들, 나아가서는 아프리카인에게도 독립에 대한 꿈과 용기를 북돋웠다'(277쪽)고 정당화했다.

오히려 일본은 전쟁의 책임자가 아니라 피해자이며 전범재판 같은 전후처리 과정도 국제법을 무시한 미국에 의하여 왜곡된 방향으로 진행되었다고 주장했다.[9)]

---

9) 이 부분의 서술을 비판하는 것이 도쿄재판이 제대로 진행되었음을 받아들이는 것은 아니다라는 점을 분명하게 밝힌다.

이 재판은 일본이 9개국 조약과 부전(不戰)조약을 위반했다는 것을 근거로 하고 있으나 이들 조약에 그것을 위반한 국가의 지도자를 이런 형태로 재판에 회부할 수 있다고 규정하고 있는 것은 아니다. 또한 「평화에 대한 죄」는 자위전쟁이 아닌 전쟁을 개시하는 것을 죄로 삼는 것이었지만, 이러한 죄로 국가 지도자를 벌하는 것은 그때까지의 국제법 어느 역사에서도 없었다. 나아가 재판관은 전원 전승국에서 선임되고 재판의 실제 심리에도 검찰측이 내세운 증거의 많은 부분은 그대로 채용되는 것에 반해서, 변호인측이 신청하는 증거 조사는 각하되는 경우가 많았다. (294쪽)

한편, 파시즘이 문제가 있다고 서술하면서 가장 대표적 파시즘 국가였던 일본 자신은 제외시키고 있으며, 일본이 파시즘 체제로 이행했던 것을 독일과 소련을 모방한 것으로 애매하게 서술하고 있다.

독일과 이탈리아를 중심으로 프랑스와 스페인에도 파급된 파시즘이었다. (261쪽)

1940년 10월에는 정당이 해산되고 대정익찬회로 바뀌었다. 이것은 독일과 소련의 일국 일당제도를 모방하려는 것이었다. (271쪽)

이렇듯 과거의 전쟁책임을 부인하고 자위전쟁론을 주장하는 것은 단지 과거에 대한 미화에 그치는 일이 아니다. 궁극적으로 미래에 일본이 재무장을 통하여 필요하다면 또는 일본을 자극한다면, 나아가 세계평화를 위해서라면 전쟁을 할 수 있는 나라가 되자는 것으로 보인다. 결론적으로 이 교과서를 통하여 '새역모'가 하고 싶은 이야기는 다음과 같은 서술에 담겨 있다고 생각된다.

공산주의의 잔재, 종교와 인종이 얽힌 대립으로 세계는 아직도 불안정하며 …(중략)… 이와 같이 21세기에 남아 있는 문제는 크며, 그런 의미에서 일본이 해야 할 일은 결코 적지 않다. (317쪽)

결국 일본은 '전쟁을 할 수 있는 나라'가 되기를, 세계적 군사강국으로 진출하기를 꿈꾸고 있는 것이다.

5. '새로운 역사교과서'를 둘러싼 싸움의 정치적 의미

'새 교과서'를 읽으면서 평소에 잘 쓰지 않던 '협량(狹量)'이라는 단어가 떠올랐다. 나는 과연 일본의 지성이 왜 이 정도밖에 안 되는지 의아해 하지 않을 수 없었다. 물론 일본은 하나의 국가이며 민족 단위이고, 그것도 세계적인 경제대국이며 전세계의 많은 사람들이 사랑하는 나라이다. 세계 곳곳에서 개성이 넘치는 일본의 젊은이들을 만날 수 있으며 누가 뭐라고 해도 자신의 삶을 자기 뜻대로 가꾸어나가는 사람들을 언제든지 만날 수 있다. 사실 아시아인들의 세계적 위상을 높이는 데 일본의 공로는 대단히 크다고 할 수 있다. 그럼에도 불구하고 아시아를 비롯하여 세계 속에서 일본의 위치는 경제력에 상응하는 만큼 그다지 높지 못하며 그나마 경제력이 뒷받침되지 못하면 더욱 위축될 수밖에 없을 것이다.

왜 그들은 과거의 잘못을 깨끗이 인정하고 떨어낼 것을 떨어냄으로써 일본을 대인의 풍모를 가진 선진국으로 만들어나갈 수 없는가? 도대체 오늘날 발전한 일본이 어두웠던 군국주의 일본을 부활시켜야 할 이유가 어디에 있는가? 오히려 자기애에 탐닉하여 다른 국가와 문화를 비하해야 일본의 국가적 자존심이 높아질 정도로 일본이 보잘것없는 나라인가? '새역모'를 비롯한 일본의 우익들은 그리도 자신감이 없는가? 일본의 경제력이 세계 최고수준에 있으면서도 그만한 대우를 받지 못하는 것이 이런 역사교육을 통한 국가 애국심 고양으로 만회할 수 있는가?

이번 사태는 일본 신우익의 조바심에서 나온 악수(惡手)다. 일본의 버블경제가 난관에 봉착하면서 경제침체 현상이 나타나고 전후 민주교육을 받은 젊은 세대의 정치적 무관심, 나아가 민족과 국가에 대한 무관심이 나타나면서, 그에 대한 위기의식이 그 바탕에 있다. 역사적으로 파시즘은 항상 국가

경제의 위기국면에서 탈출구의 하나로 제기되는 경우가 대부분이었으나 결말은 파멸이었다. 따라서 일본 자민당 정부를 비롯한 재계 및 보수언론과 '새역모'가 벌인 교과서 개악소동은 강력한 일본 우익의 산물이 아니라 쇠퇴해가는 일본을 위한 레퀴엠이 될 수도 있겠다는 생각이 들었다.

그러나 그들이 잊지 말아야 할 것은 학생들이 왜곡과 신화에서 벗어나는 순간, 그들에게는 환멸이 남을 뿐이라는 점이다. 오히려 실패와 좌절의 역사조차도 애정을 가지고 바라볼 수 있고, 더이상 다른 민족에게 고통을 주면서 자신들의 행복을 찾으려고 해서는 안 된다는 단순하고 명쾌한 인식을 통하여 진정한 국제이해를 도모할 필요가 있는 것이다. 더구나 이미 21세기 포스트모던 사회에 진입한 일본의 청소년들이 지극히 19세기적인, 또는 군국주의 취향의 이런 시대착오적인 교과서를 통하여 의식의 변화를 가져오리라 생각되지도 않는다. 오히려 이런 시도는 일본 사회 내의 세대차이를 확대시키고 말뿐이다.

2001년 교과서 사태가 일어났을 때, 이 책이 일본의 여러 학교에서 채택되지 않을까 우려하는 목소리가 한국 사회에 높았지만 개인적으로는 별로 걱정하지 않았다. 그 이유는 적어도 그 동안 목격한 일본의 지식인 사회 및 시민사회가 그렇게 한심한 수준은 아니라는 신뢰를 가지고 있었기 때문이었다. 결과는 다행히도 예상한 방향으로 흘러갔다. 불과 0.039% 밖에 되지 않는 채택률을 보이고 있는 것이다. 그것은 아무리 일본의 신극우 세력이 역사의 시계바늘을 뒤로 돌리려고 해도 아직은 일본사회가 그것을 용납하지 않을 것이라는 점을 보여주었다고 생각한다.

거기에는 그 동안 '이에나가 교과서 재판'을 통하여 다져진 일본 역사학계의 축적된 역량과 『아사히신문』을 비롯한 양심적 언론의 역할이 있었다는 점을 지적할 수 있다. 특히 '어린이와 교과서 전국 네트21'과 같이 헌신적으로 활동해오신 역사학자와 교육자들 및 학부모들이 있었기에 가능한 것이었다고 생각하며 그들에게 뜨거운 찬사를 보낸다. 하지만 그것이 '절반의 승리'라는 점도 명확히 인식할 필요가 있다.[10] 그리고 반대운동의 기여

---

10) 이에 대해서는 이신철 · 장신, 앞의 글 211~216쪽 참조. 이런 현상에 대하여 정

도 있지만 거꾸로 '새역모'측의 세련되지 못한 방식에 기인하는 것이라고 할 수도 있다.

일본에서 벌어진 이번 교과서 논쟁은 사실 세대 간의 싸움이라고 할 수 있다. 사실 전후 민주주의의 주체세력은 이른바 전중세대(戰中世代)라는 말을 들었다. 이들은 태평양전쟁중에 황국사관에 입각한 자기세계를 형성했다가 전후에 들어와 '그 동안 속았다'는 것으로 180도 인식의 전환을 가져와 전후 민주주의를 이룩한 세대인 것이다. 그 후 일본의 전후세대는 평화헌법의 기초 위에서 경제성장의 혜택을 누려왔다. 그들은 대체로 일본의 발전은 당연히 환영할 만한 일이지만 군사행동에 대해서는 동의할 수 없다는 사고를 지니고 있다. 사실 일본은 엄청난 인적, 물적 희생을 치르면서 이루려던 세계 또는 아시아 제패의 야망을 전후에 군사력이 아닌 경제력으로 이루지 않았는가. 이러한 전후민주주의에 불만을 가지고 전전의 체제로 돌아가려는 움직임이 바로 '새역모'로 나타나고 있으며 양자의 대결이 앞으로 어떻게 진행될지 귀추가 주목된다.

'새역모' 역시 전후민주주의를 일구어낸 전중세대와 그에 바탕을 두고 경제적 성장과 풍요를 누려온 전후세대가 이들이 생각하는 전전의 상태로 돌아갈 것을 바라지 않을 것은 당연한 일이라는 점을 잘 알고 있을 것이다. 하지만 전후세대의 경우 경제적 풍요 속에서 개체화되어 전전으로의 복귀도 원하지 않지만 그렇다고 해서 그에 대한 저항을 조직적으로 시도하려고도 하지 않는 것이다. 따라서 새롭게 자라나는 세대들을 군국주의적으로 교육함으로써 미래를 주도해나가겠다는 구상이 이 역사 교과서에 담겨 있다고 할 수 있다.

사실 이번 역사교과서 파동의 책임은 일본정부가 초래한 것이기도 하다. 일본정부는 한국 및 중국의 수정요구에 대하여 책임을 회피하면서 극소수를 제외하고는 '수정불가'로 답변했다. '해석과 표현의 문제', '명백한 잘못이라고는 말할 수 없고, 제도상 정정을 요구할 수는 없다', '(쓰여져 있지 않

재정 교수는 『한국사연구』에 실린 「일본 역사교과서 문제와 그 전망」이라는 글에서 이러한 현상을 '봉합'이라고 표현하고 있다.

은 것에 대해) 제도상 기술을 요구할 수는 없다'는 식으로 일관했던 것이다. 오히려 일본정부는 스스로 검정지침을 통해 '균형 잡힌 구성'을 요구함으로써 출판사들의 '자주규제'를 이끌어냈다.[11]

그러나 이러한 모습은 그 동안 일본정부가 1982년 이후 역사교과서 문제를 통해 이룩해왔던 성과와 대외적 약속을 스스로 저버린 것에 다름아니다. 그리고 '제도상의 문제로 수정에 응할 수 없다'는 것도 일본정부가 과거에 교과서 문제를 처리했던 전례를 스스로 무시하고 있는 것이다. 더욱이 지금의 검정규칙에는 당시에 없었던 '문부과학대신의 정정권고권(訂正勸告權)'이 명기되어 있다. 그러므로 일본정부가 이번에 한국과 중국의 재수정 요구를 '제도상 정정을 요구할 수는 없다'는 이유를 내세워 거부하는 것은 구차한 변명일 뿐만 아니라 국제공약을 무시하는 처사라고 아니할 수 없다.

또 한 가지 지적할 것은 일본 재계의 동향이다. 1982년에 교과서문제가 근린제국 사이에 외교현안으로 부상하자 일본 문부성은 검정기준에, '근린 아시아 제국의 근현대 역사사상(歷史事象)의 취급에 국제이해와 국제협조의 견지에서 필요한 배려를 한다'고 하는 조항을 집어넣는 형태로 후퇴할 수밖에 없었다. 일본정부가 이러한 방법을 선택한 이유는 교과서 왜곡에 대한 반대운동이 강했던 점도 있었지만, 경제적으로 군사대국화에 대한 충동보다 아시아 제국에 대한 수출을 감소시키고 싶지 않다는 자본의 요청을 받아들이는 것이 낫다고 판단했기 때문이었다. 이렇게 볼 때 2001년의 교과서문제는 일본자본의 국제화에 따른 군사대국화의 의도가 전보다 훨씬 더 선명하게 반영된 것이라고 볼 수 있다.[12]

---

11) 俵義文, 앞의 책, 58~60쪽 참조.

12) 일본정부는 1986년 검정에 합격했던 고등학교 교과서 『新編日本史』에 대해 당시 나카소네(中曾根康弘) 수상이 강권을 발동하여 문부대신에게 '전면적으로 재검토'를 지시했고 이에 따라 문부대신은 이 교과서의 출판사에 재수정을 지시하여 관철시켰던 것이다. 그리고 '여러 외국으로부터의 비판과 요청 등 特段의 사정이 있는 경우에는 좀더 좋은 교과서를 얻기 위해서 절차에 따르지 않는 조치를 취하는 것은 문부대신의 권한이고 책임'이라 하여 '초법규적 조치'로써 수정시켰던 것이다(정재정, 앞의 글 참조).

6. 앞으로의 과제와 전망

한편 이번 파동의 해결방안으로 한국정부가 심혈을 기울여 추진하고 있는 것이 '한일역사공동위원회'이다.[13] 그러나 연구의 결과를 교과서에 반영하자는 한국측의 입장을 일본정부가 거부함으로써 이 위원회의 실효성이 의심을 받고 있다.[14] 어쨌든 이 위원회를 처음부터 거부할 필요는 없겠지만 거기에서 생산적 결론이 나올 수 있을 것이라고 지나치게 기대하는 것도 바람직하지 않다고 생각된다.[15] 애초에 대부분의 지식인들이 성취될 것으로 예상하지도 않았던 '공동연구 결과의 교과서 반영'을 주장했던 한국정부가 그것이 무산되었을 때에 대한 대비책을 과연 마련하고 있었는가에 대한 의

---

13) 필자는 이번 사태와 관련하여 일본정부는 물론 한국정부의 대응에 대해서도 많은 실망을 하지 않을 수 없다. 과연 한국정부에게 여러 상황에 대비한 구체적 대안은 마련되어 있는지 장기적 계획은 무엇인지 듣고 싶다.

14) 참고로 필자는 10여 년 전에 한국에서 열린 일본교과서 문제 심포지엄에 토론자로 참여했던 경험이 있다. 당시 필자는 일본교과서 왜곡을 막기 위해, 공동으로 역사를 연구하고 있던 독일과 폴란드의 역사공동위원회에 상응하는 조직을 한일 간에도 만들자는 발표에 대한 토론을 맡았다. 그분의 주장에 대해서 나는 대체로 다음과 같은 말로 토론에 대신했다.
"폴란드의 경우에는 국가가 주도하는 반면에 독일은 민간이 주도하고 있다. 따라서 연구 결과에 대한 구속력을 독일은 전혀 지니지 않고 있다. 한일 간에 이런 조직이 생긴다면 역시 한국과 달리 일본은 결과에 대한 책임을 질 수 없는 것이 아닌가? 그런 측면에서 반대한다. 나는 궁극적으로 일본교과서의 문제는 일본의 문제라고 생각한다. 한국인을 위해서 이렇게 고쳐달라고 할 필요도 없는 것이다. 일본 사회가 2차대전 이전의 파시즘 사회로 돌아갈 것을 바란다면 우경화된 역사서술을 가르칠 수밖에 없을 것이다. 그로 말미암아 일어날 모든 피해는 일본인들이 책임져야 한다. 이를 막을 수 있는 것은 일본의 민주세력일 수밖에 없다. 그런데 과연 일본의 민주세력, 양심적 시민단체들은 그것을 막아낼 힘이 있는가가 문제이다. 그러니까 이렇게 한국에 와서 일본에도 그렇지 않은 사람들이 있다는 것을 알리려고 할 일이 아니라 일본 내에서 동조세력을 모으는 데 힘을 기울이는 편이 낫지 않을까?"

15) 강창일 교수는 이 위원회가 제 기능을 발휘하기 위한 것으로 세 가지를 제언하고 있다. 첫째, 공동연구기구의 목적 자체가 역사교과서 왜곡 해결에 있는 만큼 연구성과를 적극 활용할 수 있는 방법을 구체적으로 마련해야 한다. 둘째, 공동연구기구의 인선과정을 투명하게 공개해 참여인사들에 대한 검증절차를 밟아야 하며 조속히 명단을 공개해야 한다. 셋째, 공동연구기구의 연구결과들을 공개하여 다양한 의견을 수렴할 수 있는 공청회 등의 제도적 장치를 마련해야 한다(「한일 역사연구 투명한 진행을」, 『동아일보』 2002. 3. 7).

문이다. 게다가 누가 이 위원회의 대표로 참가하여 온 국민의 관심이 집중된 주제를 위하여 노력할 것인가에 대한 복안도 가지고 있던 흔적이 별로 없다.[16)]

진정으로 한국에서 필요한 자세는 치열한 반대운동과 동시에 이루어지는 차분한 현실파악과 정책연구이다. 그리고 누가 위원이 되었든 마치 월드컵 축구 대표선수처럼 '이기고 돌아오라'는 식의 압박을 언론이나 국민들이 위원회에게 가해서도 안 될 것이다.[17)] 비록 우려되는 바가 많지만 이 위원회가 작은 발걸음이라도 문제해결의 실마리를 찾아가기를 기대해본다. 그와 동시에 민간차원에서 한일 간 또는 한중일 간의 역사공동연구가 활성화될 필요가 있다. 언론과 정부 및 정치권의 눈치를 볼 수밖에 없는 정부차원의 활동만을 가지고는 상호이해에 바탕을 둔 진지한 연구작업이 불가능하기 때문이다.

그런데 2001년의 일본교과서 문제에 대한 한국 학계와 시민단체의 대응은 이전보다 성숙된 양상을 보였다. 그 가운데 하나는 일본을 무차별적으로 보지 않고, 입장과 태도에 따라 선별적으로 인식했다는 것이다. 무차별적인 일본 상품 불매운동에 대하여 운동본부가 자제를 요구했던 것도 성숙한 의식을 보여주는 사례라고 할 수 있다.[18)] 또한 한국의 '국사'교과서 문제도 운동의 대상으로 설정하려 했다는 점도 주목된다. 그것은 '과연 우리는 제대로 역사를 가르치고 있는가'에 대한 문제제기였다. 한국에서도 그 동안 한국 역사교과서에서도 '종군위안부' 문제를 제대로 다루지 않고 있으며, 친일파에 대한 서술도 거의 찾아보기 힘들다. 아울러 역사교육의 목적을 민족사에 대한 긍지와 자부심을 기르기 위함에서 찾을 때, '새역모'와 차별성을

16) 정부는 20여 개 역사관련 학회에게 적임자를 추천해줄 것을 의뢰했다. 이는 민주적 의사결정이 아니라 무책임 행정의 산물이다.

17) 필자는 이 위원회가 반드시 한국측에서 일본측에 일방적으로 요구하는 방식으로 운영될 것으로 보지 않는다. 한국의 교과서에도 일본이 할 말이 적지 않을 것이기 때문이다. 과연 한국정부가 이에 대한 복안을 준비하고 이 위원회에 임하고 있는지 묻고 싶다.

18) 거기에는 이 운동을 주도한 세대들이 일본교육을 받지 않아, 과거 감정적인 대응으로 일본에 대한 선망과 콤플렉스가 공존했던 전 세대보다 일본을 객관적으로 볼 수 있게 되었다는 것을 의미하는 것이기도 하다.

두기도 사실 어렵다.[19] 따라서 앞으로의 교과서 운동은 이념적 차이에 따라 분화되어갈 것이며, 어쩌면 그것이 더욱 바람직하다고 생각한다.

한국의 보수세력들이 한국의 역사를 과대포장해서 교육하려고 애쓰는 한, '새역모'와의 차별성은 존재하지 않고 그들의 논리에 말려들어가게 된다. 남이 무어라 하든 간에 우리가 가르치고 싶은 것을 가르치면 된다는 사고, 거기에서는 그것에 동의하지 않는 합리적 세력은 '비(非)국민'이 된다. 그러한 위험에도 불구하고 단호하게 맞설 수 있을 때 '새 교과서'를 비판할 수 있는 바탕이 마련될 것이다.

한편 미국에게 있어서 일본은 경쟁국가인 동시에 하나의 하위구조로서 중국을 견제하기 위하여 성장시켜야 할 국가이기도 한 이중성을 지니고 있다. 그들은 과거 19세기 말에서 20세기 초반에 걸쳐 청국과 러시아를 견제하기 위하여 일본을 키워주었으나 나중에는 자신들이 공격당했던 경험을 제대로 인식하지 못하고 있다. 이 교과서를 보면 미국의 입장에서 항의할 만한 대목들이 적지 않다. 사실 '새 교과서'의 20세기 역사서술은 주적이 미국으로 설정되어 있다고 해도 과언이 아니다. 그럼에도 불구하고 미국측은 이에 침묵하고 있다. 그 이유는 부시 행정부가 일본이 평화헌법을 개정하고 재무장을 통하여 중국과 북한에 대한 견제기능을 수행하고 나아가 그들과 함께 또는 대신하여 '아시아의 경찰' 임무에 복귀할 것을 바라고 있기 때문이라고 할 수 있다.

일본의 재무장화를 통한 북한에 대한 위협과 중국에 대한 견제, 그것이 바로 미국이 일본정부의 역사교과서 왜곡에 눈감고 있는 이유이기도 하다.[20] 그러나 또다시 역사를 되풀이하여 먼 장래에 또다시 일본이 그 총구를 미국에게 들이대지 않을 것이라고 단언할 수 없다. 그렇게 되었을 때, 동아시아는 물론 전세계에서 또다른 태평양전쟁, 나아가 세계대전이 일어나고 전 인류가 지구에서 공멸하는 날이 오지 않는다고 그 누가 장담할 수 있는

19) 이에 대해서는 앞의 이신철·장신 글, 216~221쪽 참조.
20) 이 글을 작성하고 있는 시점에서 미국의 핵공격 대상국가 리스트에 북한과 중국이 나란히 올라와 있음은 부시 행정부의 동아시아 인식을 그대로 드러내준다.

가.

조지 부시의 동아시아에 대한 인식은 2002년 2월 그의 일본, 한국, 중국 순서의 순방 일정에서도 그대로 드러났다. 그는 일본에서 일본 왕실의 상징으로 메이지(明治) '천황'의 위패가 있는 메이지 신궁(神宮)을 방문했다.[21] 반면에 그가 한국에 와서 살펴본 것은 오로지 분단 현장에 불과했고 한국의 문화를 알려고 하는 어떤 몸짓도 하지 않았다. 그리고 중국에서는 과거의 흔적인 만리장성을 관람하고, 청화대학(淸華大學)에 가서 중국을 간접적으로 비판하면서 미국식 가치와 주장을 청중에게 일방적으로 전달했다. 그것은 바로 부시가 동아시아를 어떻게 보고 있는가를 충분히 설명해주는 대목들이다.

따라서 부시 대통령과 고이즈미 수상 및 한국의 보수세력 간의 위험한 동반자 관계[22]를 저지하기 위하여 한국과 일본의 합리적 진보세력이 연대하여 동아시아의 긴장완화와 평화정착을 위해 노력해야 할 것이다. 이 운동은 단지 역사교과서에 국한된 것만이 아니라 동아시아 평화정착을 위해서 필수적인 노력이 아닐 수 없는 것이다.

사실 한국언론과 국민은 일본의 '천황'이나 수상이 한국에 대한 식민지 지배에 대하여 어떤 발언을 하느냐에 대해서 그 동안 지나치게 깊은 관심을 기울여왔다. 그러나 중요한 것은 말이 아니라 행동이다. 일본정부는 자신들이 당했던 사실, 특히 태평양전쟁의 피해에 대하여 많은 기념물들을 조성해왔다. 그러나 자신이 가해했던 사실에 대해서는 민간 차원이 아닌 정부가

---

21) 이어서 고이즈미 수상과 일본 전통경기 '야부사메(流鏑馬)'를 관람했고 저녁시간에는 일본식 술집 이자카야(居酒屋)를 방문, '격의 없는 대화'를 나눴다. 고이즈미 수상과의 돈독한 관계를 보여줌으로써 고이즈미를 측면 지원하는 성격이 컸다.

22) 사실 친미, 반북한, 반중국을 목표로 한 한일 보수세력 간의 연대가 어려운 이유 가운데 하나가 바로 역사교과서 문제이다. 한국의 보수를 대변한다고 자처하는 김종필 자민련 총재가 일본을 방문하여 교과서문제를 위해 노력하는 것으로 보였던 것은 바로 이런 측면을 반영한다. 한국의 보수세력들은 그런 점에서 누구보다도 일본 역사교과서에 한국인의 감정을 거스르는 표현이 없기를 진정으로 바라는 세력 가운데 하나일 것이다. 그 점에서는 미국도 마찬가지일 것으로 판단된다.

나서서 조성해본 사례가 있는지 묻고 싶다.[23] 역사교과서가 사실상 가장 돈을 적게 들여 전쟁에 대한 반성과 사과를 할 수 있는 수단임에도 불구하고 오히려 개악을 추진하고 있는 것이다. 그러므로 아무리 일본정부 당국자의 현란한 수사로 사과 비슷한 발언을 작문한다 하여도 교과서문제가 해결되지 않는 한 그것은 말장난에 불과하다.

당연히 일본의 역사교과서 문제를 비롯한 국가, 국기 및 천황제의 문제는 일본 국민들이 결정할 사항이다. 하지만 그것이 식민지배 및 침략사실에 대한 진정한 반성 없이 진행되는 한, 정당한 민족적 정체성을 회복하기 위한 노력마저 군국주의로의 회귀로 비칠 수밖에 없는 것이다. 사실 한국인들도 그렇지만 일본 국민들은 역사교과서 문제가 나올 때마다 발생하는 소동에 신물이 날 지경일 것이다. 어쩌면 그럼으로써 교과서문제를 외면하게 만드는 것이 일본 보수우익들의 전략이 아닐까 하는 의심마저 들 정도이다. 역사교과서 문제를 둘러싼 논란에서 벗어나 우리의 후세들이 서로에 대해서 인정하고 존중하는 진정한 한일우호관계가 성립할 수 있도록 기성세대의 책임있는 자세가 필요하다는 것을 강조하고 싶다. 진정한 반성의 바탕 위에서 피해자들의 용서와 화해가 이루어질 것을 바라는 것이 그렇게 어렵고 불가능한 꿈일 수밖에 없을까?

앞으로 일본의 신극우 세력은 고등학교 교과서를 비롯해서 각종 방식으로 도전해올 것이다. 실제로 2002년 예정된 고교 교과서 검정에는 지난 1986년에 교과서 파동을 불러일으켰던 '일본회의'가 『신편 일본사』를 『최신 일본사』로 바꾸어 신청할 예정이라고 한다. 이에 맞서는 일본내의 역량과 국제적 지원역량의 연대와 강화가 절실하게 요구된다. 사실 이번에 '새역모'가 실패한 데는 한꺼번에 모든 주장을 관철시켜보겠다는 과욕으로 말미암아 쓸데없이 논란을 자초했기 때문이라는 이유가 있었다. 이번에 채택률이 저조한 것도 시비 대상이 되는 교과서를 채택함으로써 쏟아질 논란을 피하고 싶다는 채택결정자들의 심리가 크게 작용한 것으로 알려진다. 따라

23) 그러한 의지를 표현하는 방법으로 도쿄 한복판에 '전쟁반성기념관'을 건립하라는 제안도 나왔다(주종환, 「김대통령의 역사의식」, 『한겨레』 2001년 9월 25일자).

서 이러한 문제를 비껴난 '세련된' 교과서로 무장하여 대응해오는 경우 어떻게 대처할 것인가에 대해서 대비해야 할 것이다.

현재 일본에서는 자민당 정권과 재계, 보수언론과 군국주의 세력, 그리고 야쿠자들까지 합세한 연합세력이 형성되어 전후민주주의가 위기에 처해 있다. 우리가 관심을 가지고 있는 역사교과서 문제는 단지 역사교육을 어떻게 할 것인가, 그리고 어떤 서술이 왜곡되었는가에 대한 시비를 가리는 차원에 국한되는 것이 아니라 일본의 미래, 나아가 동아시아의 미래를 규정짓는 중대한 싸움이다. 여기서 상황이 어떻게 흘러가느냐는 결국 일본의 전후세대가 반대운동의 필요성을 절감하고 싸움에 동참해주느냐의 여부에 달려 있다고 할 수 있다.

여기에서 한국이나 중국이 조심스럽게 접근해야만 할 필요성이 제기된다. 무엇보다도 지나치게 감정적인 접근과 무차별적인 일본에 대한 매도가 오히려 일본의 일반시민들에게 거부감을 주어 보수도 싫지만 한국이나 중국의 대응도 내정간섭이라 싫다는 양비론에 빠지거나 최악의 경우 보수 쪽으로 기울어질 위험성을 분명하게 인식하자는 것이다. 이를 위해서는 일본의 기본적인 민족적 정체성을 확립하려는 노력에 대해서 관대해질 필요가 있으며 일본 문화에 대한 열린 자세를 가지는 것이 중요하다. 우리가 지향하는 것은 서로가 서로를 인정하는 가운데 평화적으로 공존하고 진정한 친선을 도모하자는 것이지 일본을 매도하려는 것이 아니기 때문이다.

그 동안 실제로 양국 국민들 간의 교류도 활발해졌고 상호간 이해의 폭도 넓어졌다. 이를 통하여 고양된 친선 분위기를 깬 것은 일본정부이다. 교과서문제로 말미암아 얼마나 많은 교류가 중단되고 말았는가. 이에 대한 책임은 전적으로 일본정부의 역사교과서 개악에 있다고 하겠다. 이러한 책동을 막아내는 것이 오늘날 전운이 감도는 동아시아에 살고 있는 평화를 사랑하는 세력들이 연대하여 해결해나가야 할, 바로 오늘날 현실의 문제인 것이다.

일본 세균전 의학전범들의 전쟁 후 종적

왕선(王選, 일본군 세균전 중국 피해자 소송단 단장)

이 글에서는 1970년대 말 80년대 초에 발표된 일본·영국·미국·캐나다 등 나라들의 연구성과와 저서들에 근거하여, 2차 세계대전 때 일본 세균전 연구·개발·사용에 종사했지만 전쟁 후 아무런 처벌도 받지 않은 일본 의학자(일부)들의 종적을 정리해보려고 한다.

본 연구에서 열거하는 일본 세균전 의학전범들은 2차 세계대전 후 일본의 정부부문(문부성 등), 군사부문(防圍大學 등), 연구기관(국립예방병연구소 등), 대학교(도쿄대학 등), 학술계(일본세균학회 등), 기업체(武田藥品 등) 등 사회 각 부문에서 요직을 담당하고 있다. 이들은 원래 엄한 징벌을 받아야 했지만 전쟁 후 일본사회에서 아무런 벌을 받지 않았다. 이는 다른 한편으로 전쟁 후 일본사회의 구성을 드러낼 뿐만 아니라 '역사문제'의 뿌리가 깊다는 것을 시사하기도 한다. 사실 처벌받지 않은 의학전범들은 전쟁 후 일본사회에서 계속 그 영향력을 유지했다. 예를 들면 일본 세균전에 종사했던 사람들이 세운 녹십자회사에서는 폭리를 얻기 위해 환자들에게 에이즈(AIDS) 병독에 전염된 혈액을 팔아 2,000여 명이 그 피해를 받았다.

본 연구에서는 주요하게 일본에서 공개적으로 발표했거나 출판된 논문, 저서에 근거했으며 참고문헌에 열거하고 있는 영문 자료들도 일본에서 공개 발표한 연구에 기초했다. 이는 다른 한편으로 일본사회에 '역사문제'에 관심을 가지는 다른 한 세력과 사상이 존재한다는 것을 반영한다.

일본 세균전 의학전범의 종적

(주 : 아래 열거한 것은 일본세균전과 관계되는 부대와 연구기구의 부분인원들이며 그 중에는 비의학자들도 있음)

<정부부문>

植村肇	731部隊氣性壞疽 炭疽班 班長	文部省教科書 主任調査官
長友浪男	731部隊	北海道 副知事
山下喜明	1644部隊 金華支隊長	厚生縣新瀉檢疫所 所長

<군사부문>

金子順一	731部隊防疫研究室	防衛聽 主任研究員
中黑秀外	731部隊大連支部	陸上自衛隊衛生學校 總長
園口忠雄	731部隊 寧波作戰輸送指揮官	陸上自衛隊衛生學校 副總長
增田美保	731部隊航空班 班長	陸上防衛學 教授
近食秀大	1644部隊一科部長, 人體實驗管理	防衛大學教教官衛生科長
木村直正	1644部隊一科事務室長	防衛聽官員

<연구기관>

小林六造	陸軍軍醫學校防疫研究室 (이하 防疫研究室로 약칭)	厚生縣國立預防衛生研究所 (현 國立傳染病研究所), 第一任所長
小島三郎	1644部隊	厚生縣國立預防衛生研究所同上 第二任所長
小宮義孝	華中衛生研究所 (1644部隊와 관계됨)	同上第四任所長
北岡正見	1644部隊	同上第四任副所長
柳澤謙	防疫研究室	同上第五任所長
福見秀雄	防疫研究室	同上第六任所長
村田良介	1644部隊鼠疫研究室	同上第六任副所長 同上第七任所長
戶亮	防疫研究室	同上第八任所長
朝比奈正二郎	731部隊水樓昆虫課 課長	同上衛生昆虫部 部長
八木澤行正	731部隊植物菌班 班長	同上
江島眞平	731部隊痢疾課 課長	同上
根津尙光	731部隊	東京都立衛生研究所

浜田豊博	731部隊	香川縣衛生研究所
加藤勝也	731部隊	名古屋公衆醫學研究所
春日仲善	731部隊	北里研究所
早川清	731部隊	早川預防衛生研究所
目黑康彦	731部隊大連支隊 部長	目黑研究所 所長
鈴木重夫	731部隊燒成班 班長	東京衛材研究所 社長
貞政昭二郎	731部隊	原爆傷害調査委員會 檢査技師

<대학교>

吉村壽人	731部隊凍傷課 課長	京都府立醫科大學教 總長
岡本耕造	731部隊病理課 課長	京都大學校醫學部 部長 京都大學校 名譽教授 59기 日本病理學會總會 會長
田部井和	731部隊傷寒課 課長	京都大學校 醫學部 教授 微生物研究室 主任
湊正男	731部隊霍亂課 課長	京都大學校 醫學部 教授
浜田稔	731部隊	京都大學校 農學部 教授
清野謙次	防疫研究室	京都大學校 醫學部 教授
正路倫之助	防疫研究室	京都大學校 醫學部 教授 兵庫縣立醫科大學校 總長
細谷省吾	防疫研究室	東京大學校 傳染病研究所 所長
緒方富雄	防疫研究室	東京大學校 醫學部 教授 36기 日本病理學會總會 會長
田宮猛雄	731部隊	大學校 醫學部 部長 國立癌Center 總長 日本醫學會 會長
宮川米次	防疫研究室	東京大學校 醫學部 教授
安東洪次	731部隊大連支隊 支隊長	東京大學校 醫學部 部長
石川太刀雄丸	731部隊病理班 班長	金澤大學校 醫學部 部長
藤也恒三郎	720部隊	大阪大學校 微生物研究所 教授
田中英雄	731部隊昆蟲班 班長	大阪市立醫科大學校 部長
山中木太	644部隊	大阪市立醫科大學校 總長 前日本細菌學會 會長
木村廉	防疫研究室	名古屋市立大學校 總長
小川透	1644部隊	名古屋市立大學校 醫學部 部長
草味正夫	731部隊藥品合成課 課長	昭和藥科大學校 教授
宮川正	731部隊X光班 班長	琦玉醫科大學校 教授

妹尾左知丸	731部隊	岡山大學校 醫學部 教授
瀨尾末雄	731部隊	三重大學校 醫學部 教授
關根隆	731部隊	東京水産大學校 總長
筱田統	731部隊昆虫班 班長	三重縣立醫學 專門大 教授 1855部隊第三課 課長

<자영의원>

西俊英	731部隊教育部長	西醫院
園田太郎	731部隊教育部長	某病院院長
江口豐潔	731部隊第三部部長	江口病院
野口圭一	731部隊鼠疫炭疽班 班長	野口産婦人科醫院
肥之藤信三	731部隊鼠疫炭疽課 課長	肥之藤病院
樋渡喜一	731部隊 課長	樋渡醫院
中野信雄	731部隊	加茂醫院
野呂文彦	731部隊	野呂醫院
隈元國平	1644部隊九江支部	隈元醫院
兒玉鴻	731部隊	兒玉醫院
加藤眞一	731部隊	加藤醫院
高橋傳	1855部隊	高橋醫院
北條了	防疫研究室, 中支那臨時防疫給水部部隊長	開業醫生
增田知貞	1644部隊部隊長	開業醫生
羽山良雄	9420部隊部隊長	開業醫生

<의약 기업체>

內藤良一	防疫研究室	綠十字會社 社長
北野政次	731部隊部 隊長	綠十字東京分社 社長
大田黑猪一郎	9420部隊	綠十字京都分社 社長
國行昌賴	731部隊	日本制藥 干部
若松有次郎	100部隊部 隊長	日本醫藥工場 社長
金澤謙一	731部隊大連支隊	武田藥品研究部 部長
山內忠重	731部隊	興和藥品東京研究 所長
后藤善次郎	防疫研究室	日本 VACCINE 干部

<기타>

春日伸一	731部隊	KENWOOD創始人, 社長

<번역 : 방향(方香)>

일본군 '위안부' 관련기술의 현실과 앞으로의 과제

니시노 루미코(西野瑠美子, 어린이와 교과서 전국네크워크21 대표위원)

들어가며

전후 세 번째로 이야기되는 교과서공격으로 '새 역사교과서를 만드는 모임'(이하, '새역모')이 집필한 중학교용 역사·공민교과서(후소샤)가 검정에 통과되면서, 일본 국내에서는 유례없이 일본시민운동과 중국, 한국을 비롯한 아시아와의 연대를 통한 채택저지운동이 전개되었다. 이를 통해 '새역모' 교과서의 채택률을 0.039%(11개 학교, 521권)에 그치게 하는 성과를 올릴 수 있었으나 이를 마냥 기뻐할 수만은 없다. 도쿄(東京)도와 에히메(愛媛)현의 일부 양호학교에서 '새역모' 교과서가 채택되었다는 점, 또한 채택과정에서 현장교사의 목소리가 배제당하는 식으로 채택절차가 개악 변경되는 점 등 여러 문제가 남았다.

'새역모'는 3년 후(2005년)의 채택을 위해 '새역모' 교과서를 보급, 정착시키겠다는 방침을 내걸면서, 앞으로는 중학교의 역사·공민교과서 외에도 국어와 지리, 그리고 초등학교용 사회와 국어 등에도 손을 뻗치려 하고 있다. 또한 '새역모' 교과서를 부교재로 사용하도록 하는 활동과 공민 과목 교과서를 일본 대학에 진학하려는 외국인 유학생의 학습교재로 사용하도록 하는 활동도 전개하기 시작하고 있다(이미 5곳의 일본어 학교에서 교재로 채택됨). 또한 '새역모'와 공동체를 이루고 있는 '일본회의'에서는 '새로운 역사교과서 사업의 추진' 일환으로 고등학교 역사교과서인 『최신일본사』(明成社) 검정신청과 채택운동 추진을 방침에 넣는 등, 교과서를 둘러싼 동향에 대해서는 여전히 긴장을 늦출 수 없는 상황에 있다.

이러한 사태로 인해 교과서문제의 혼미와 장기화가 예측되는 가운데 동아시아 연대가 더욱 필요해지고 있으나, 지금까지와 같이 '새역모' 교과서를 저지하는 것만으로는 일본의 역사교과서를 정상화시킬 수 없다. 역사수정주의자의 역사왜곡은 '위안부'와 난징학살을 표적으로 삼아왔는데, 그 영향은 현행 7개 출판사가 가해에 관한 기술을 심하게 후퇴시켰다는 점과 채택 당시 '위안부'에 관해 기술한 교과서가 배제당한 점에서 현저하게 나타났다(도쿄 분쿄[文京]구의 경우 '일본서적'을 채택할 방향이었으나, 교육위원회에서 "일본서적의 위안부 기술은 타사와 비교할 때 돌출적이다. 중학생 교과서로서는 문제가 느껴진다"는 의견을 냄에 따라 '교이쿠출판'의 책이 채택되는 결과를 가져왔다).

여기서는 '위안부' 기술을 중심으로 하여, (1) 1997년도판 교과서에서 2002년판 교과서까지 '위안부' 기술이 어떻게 변화했는지, (2) 일본정부는 '위안부'에 관해 어떤 인식을 공표해왔는지, (3) '위안부' 문제에 대한 국제사회의 반응과 제언, (4)앞으로의 과제……라는 흐름 속에서 고찰해보고자 한다.

1. 2002년도판 '위안부' 기술 상황

우선 2002년도판 교과서의 '위안부' 기술에 대해서 살펴보자. 현행 중학교 역사교과서(1997년도판)의 경우, 7개사 모두에 '위안부'가 기술되었다. 이에 비해 2002년도판 교과서의 경우, 8개사 가운데 관련기술이 남은 것은 겨우 일본서적, 시미즈서원, 데이코쿠서원 3개사뿐이었다.

하지만 이 가운데에서 '위안부'라는 용어가 남은 것은 일본서적뿐이고, 나머지 두 출판사는 '위안부'라는 말을 사용하지 않았을 뿐 아니라, '위안소'를 '위안시설'로 기술하는 등 실태로부터 더욱 멀어져가고 있다는 인상을 지울 수가 없다.

세 출판사의 기술내용 검토

1) 일본서적 : 본문을 포함해 세 군데에 기술

A. "또한 조선 등 아시아 각지에서 젊은 여성을 강제로 모아 일본병사의 위안부로 전장에 보냈다."('환상의 대동아공영권'의 본문 중)

—징집(연행)에 한정. 중국이나 필리핀 등 침략지의 여성을 '위안부'로 삼은 강제적 연행, 납치 등에 대해서는 불충분하며 산서성(山西省)과 같이 위안소와 유사한 감금, 강간 등 중국의 다양한 성노예 상황은 드러나지 않는다.

—1997년도용 교과서에서는 "또한 여성을 위안부로서 종군시키며 심한 취급을 했다"(전시하 국민생활 '사치는 적이다'의 본문 중)고 하여, '종군'이라는 잘못된 인식을 초래할 염려가 포함된 기술이기는 하지만 위안소에서의 심한 대우에 대한 언급이 있다. 2002년도판에서는 '종군'을 '강제로 모아'로 바꾸긴 했으나, 위안소에서의 강제성과 비인도적 취급에 대한 기술이 사라졌다는 문제가 남는다.

B. "이에 기초해 강제연행당한 사람들, 위안부였던 여성과 난징사건 희생자들이 일본정부의 사죄와 보상을 요구하며 잇달아 재판을 일으키고 있다."('일본의 전후처리')

C. "김학순씨의 호소. 일본정부의 사죄와 보상을 요구하며 재판을 일으킨 김학순씨(1991년)."(사진설명)

2) 데이코쿠서원 : 칼럼 취급

A. "전시중, 위안시설로 보내진 여성과…… 등의 보상문제가 재판의 장에 들어오게 되었다."('전후보상과 근린제국'의 주)

—'위안부시설'이라는 표현은 부적절하다. 군자료에서도 '위안소'란 용어는 사용되고 있으므로 당시 군이 사용하던 '역사용어'로서 기술해야 한

다.

—1997년도 교과서에는 아래 두 군데에 기술되어 있다.

(1) "이들 지역 출신자 중에는 종군위안부였던 사람들……이 있다."('지금도 남아 있는 전쟁의 상흔' 중)

(2) "전쟁에도 남성은 병사로, 여성은 종군위안부 등으로 동원하여 견딜 수 없는 고통을 주었다."('조선인에 대한 황민화 정책' 중)

'견딜 수 없는 고통을 주었다'라며 위안소에서의 상황에 대해 언급하고 있었으나, 2002년도판에서는 내용상 크게 후퇴했다.

3) 시미즈서원 : 칼럼만

A. "또한 전지에서의 비인도적인 위안시설에는 일본인만이 아니라 조선이나 대만 등의 여성도 있었다."('전쟁과 민중'의 칼럼)

—데이코쿠서원과 마찬가지로 '위안소'를 '위안시설'로 기술. '비인도적'이라는 형용은 데이코쿠서원보다 깊이 들어갔다.

—'일본인만이 아니라'는 표현은 마치 대부분은 일본인 여성이었던 것 같은 인상을 준다.

—1997년도판 교과서에서는 "또한 조선이나 대만 등의 여성 가운데에는 전지의 위안시설에서 일하도록 된 이도 있었다"('조선인과 중국인·대만인의 강제연행' 중)라고 하여, 강제연행의 항목으로 자리매김되었다.

이상의 세 출판사 채택률은 일본서적 5.9%(5위), 데이코쿠서원 10.9%(4위), 시미즈서원 2.5%(6위)였으며, 셋을 모두 합해도 19.3%라 20%에도 미치지 못한다. 가장 채택률이 높았던 도쿄서적(51.2%), 2위를 기록한 오사카서적(14.0%), 3위의 교이쿠출판(13.0%)에서는 모두 '위안부' 기술이 없어졌다.

참고로 '위안부' 기술이 사라진 나머지 네 출판사의 현행 교과서에는 다음과 같이 기술되어 있다.

먼저 채택률 1위인 도쿄서적의 경우, 1997년도판에서 "종군위안부로서 강제로 전장에 보내진 젊은 여성도 많이 있었다"고 기술되었으나, 2000년도 공급본에서는 "위안부로서 의사에 반하여 전지에 보내진 젊은 여성도 많이 있었다"로 변경되었다가, 2002년도판 교과서에서는 '위안부' 기술이 일체 없어졌다.

점유율 2위인 오사카서적의 경우, "또한 조선 등의 젊은 여성을 전장으로 연행했다"라고 되어 있었으나 모두 없어졌다.

3위의 교이쿠출판은 "또한 많은 조선인 여성 등도 종군위안부로서 전지에 보내졌다"라고 했었으나 이것도 삭제되었다. 단, 교이쿠출판의 경우, 검정신청본에는 "뿐만 아니라 많은 조선인 여성 등도 전지에 보내졌다"라고 쓰여 있었다. 그러나, "단순히 '여성 등도 전지에 보내졌다'고 표현하는 것은 이해가 어렵다"는 검정의견이 붙었기 때문에, '전지'가 '공장'으로 수정되었고, 이 기술은 '위안부'가 아닌 '여자근로정신대'의 내용으로 바뀌어버렸다. 그 경위는 알 수 없으나 이러한 식의 변경은 상당히 문제가 있다고 할 수 있다.

7위인 일본분교출판에서는 "위안부로서 전장에 있는 군에 수행하게 된 여성도 있었다"라고 기술되었었는데 이것도 삭제되었다. 이 문장의 '전장에 있는 군에 수행'이란 부분은 실태의 일부이지 전체를 망라하는 것은 아니지만 일단 기술되어 있다면 수업중에 보충설명이 가능한 부분이다.

이와 같이 전체의 80%에 가까운 교과서에서 '위안부' 기술이 사라짐에 따라 교육을 통해 아이들에게 가르칠 수 있는 기회가 크게 줄었다. 이러한 사태는 일본정부의 공약이 지켜지지 않았음을 의미한다고 볼 수 있다.

2. '위안부'에 관한 일본정부의 인식과 대응

거슬러 올라가자면, 중학교 역사교과서에 '위안부'가 기술된 계기는 1993년 8월 4일에 발표된 「'위안부' 관계 조사결과 발표에 관한 고노(河野) 관방장관 담화」였다고 할 수 있다.

고노 담화의 포인트

—위안소는 당시 군의 요청으로 설치 운영된 것.

—위안소의 감언과 강압 등 본인의 의사에 반하는 형태로 모아진 사례가 많았다.

—관헌도 이에 가담하는 일이 있었다.

—정부는 종군위안부로서 수많은 고통을 경험하여 심신에 치유하기 어려운 상처를 입은 모든 분들에 대해 진심으로 사과(おわび)와 반성의 마음을 전한다.

—우리는 이러한 역사 사실을 회피하지 않고, 오히려 이를 역사의 교훈으로 직시하고자 한다.

—역사연구와 역사교육을 통해 이러한 문제를 오래도록 기억에 남겨, 같은 과오를 결코 되풀이하지 않는다는 굳은 결의를 새로이 표명한다.

이렇듯 일본정부는 연행도 위안소에서의 생활도 강제였다는 점을 인정하며, "역사교육을 통해 오래도록 기억에 남기겠다"고 공언했던 것이다. 이 내각 관방장관 담화는 이후 모든 중학교 역사교과서에 '위안부'를 기술하게 되는 계기가 되었다.

일본정부는 위안부 역사 사실을 회피하지 않고 오히려 역사적 교훈으로 직시하고 싶다고 언명했으며, 교육을 통해 '오래도록 기억에 남기는 일'이 '굳은 결의'라고 공언했다. 그러나 정부의 이번 대응은 그러한 결의의 망각, 변경이라 하지 않을 수 없으며, 국제적 공약에 대한 신뢰를 크게 훼손시켰다는 의미에서도 책임이 크다.

문부과학성은 역사교과서의 전체적 기술후퇴 경향에 대해 "기술은 집필자의 판단에 따른 것으로 정부가 쓰라고 할 수는 없다"면서, 공약을 잊어버린 듯한 항변을 되풀이했다. 그러나 타와라 요시후미(俵 義文)의 보고문에도 있듯, 각사의 '위안부' 기술 삭제는 정부의 직접적 압력과 개입의 결과였다.

교육에 대한 정치 개입을 허용해서는 안 된다는 것은 물론이다. 이는 이에나가(家永)재판이 쟁취한 역사이다. 하지만 2000년의 '새역모' 교과서 검정통과나 채택과정에서 정치적 움직임이 여럿 있었다는 것은 넓은 범위에서 정치가 교과서에 개입했음을 의미하는 심각한 사태였다.

예 : 1998년 6월 8일, 참의원 행재정개혁・세제특별위원회에서 마치무라 노부타카(町村信孝)문부대신(당시)은 역사교과서는 편향되어 있고, 집필단계에서부터 각 편집자에게 "균형을 잡을 수는 없느냐", "교과서 검정, 채택단계에서 개선해야 될 여지는 없는지 심의회에서 논의하고 있다"고 답변했다. 이 발언을 뒷받침하듯, 1999년 1월에 문부성 간부가 중학교 사회과목 교과서를 발행하는 대형출판사 경영자와 면담하여, "근현대사 기술을 더 균형잡힌 내용으로", "필자구성도 재검토하도록" 비공식적으로 요청했다는 정보가 입수되어 있다(타와라 요시후미 저『위험한 교과서』, 學習の友 발행, 참조).

또한 도쿄 도지사인 이시하라 신타로(石原愼太郎)는 이미 1999년 9월 도의회에서 채택과 관련한 교육위원회의 권한을 강화하겠다고 답변했으며, 2000년 3월의 도의회 본회의에서 "교과서는 대단히 편향적인 상태다. 채택절차에 문제가 있다"고 답변함으로써 실제 도쿄도 교육위원회의 권한 강화에 대한 지지가 공공연히 이루어졌다. 그러한 이시하라 주도하에서, '위안부'를 기술하고 도쿄에서 가장 많이 사용되던 일본서적의 교과서의 채택이 격감했으며, 도쿄도의 양호학교 일부에서는 '새역모' 교과서가 채택된 것이다(상세내용은 타와라 요시후미의 보고내용 참조).

3. '위안부' 문제에 대한 국제사회의 인식과 제언

2000년 12월, 도쿄에서 '위안부' 제도의 책임자를 재판하는 여성국제전범법정이 개최되었다. 2001년 12월에 헤이그에서 열린 최종판결 법정으로 4년에 걸쳐 추진했던 여성국제전범법정은 막을 내렸는데, 판결은 피고에 대해 '유죄'를 선고했으며, 일본정부에게 국가책임이 있음을 인정, 일본정부, 과거 연합국, UN과 국제사회에 대해 권고를 내렸다.

일본정부에 대해서는 12항목의 권고가 제시되었는데, 그 안에는 교과서 기술도 명기되어 있다. 내용은 아래와 같다.

> "7. 위반행위의 실태와 피해상황에 관해, 사람들, 특히 젊은 세대에게 전할 수 있도록 모든 레벨에서의 교과서에 충분히 의미 있는 기술을 하고 ……."

'위안부' 제도의 책임자를 재판한 법정이 이러한 권고를 내린 것은, '위안부' 제도가 아직도 구제되지 않은 '제2차대전 당시의 최대의 부정 가운데 하나'라는 점을 인정하는 입장에 서서, 과거에 대해서는 일본정부가 피해자들이 만족할 수 있는 형태로 국가책임을 다해야 한다는 점의 중요성을 강조하고, 또한 현재에는 세계 각지에서 되풀이되고 있는 전시 성폭력에 대한 방관의 역사를 끊어내기 위해, 미래에는 재발방지와 '여성의 평등과 존엄의 존중을 기본으로 삼아 전진할 수 있도록' 하자는 마음을 반영한 것이다. 이 권고를 실현시키는 것은 일본의 책임이기도 하다.

또한 2001년 8월 16일, 제네바 소재 UN유럽본부에서 개최된 UN인권촉진보호 소위원회는 '조직적 강간 / 성노예제 / 노예 유사관행'에 관한 결의를 만장일치로 채택했다. 이 결의에는 다음과 같이 교과서 기술에 관한 항목도 포함되어 있다.

> "4. 무력분쟁시의 조직적 강간, 성노예제, 노예 유사관행 문제에 관한 인

권교육을 촉진시키고, 교육과정에서 정확하게 역사적 사실을 기술하도록 각국에 촉구한다."

이 인권소위원회에서 일본군 '위안부' 문제와 일본 교과서문제를 둘러싼 논의가 이루어졌음을 볼 때, 이 내용이 일본 교과서의 '위안부' 기술을 염두에 두고 있음은 명확하다.

이 내용 이외에도 국제사회는 '위안부' 문제 해결에 관해 법적책임의 인지, 사죄와 보상과 함께 교육의 필요성을 주창해왔다. '위안부'에 관해 기술하는 일은 과거에 대한 책임인 동시에 장래에 대해 재발방지를 보증하는 길이며, 여성의 인권을 높이는 데 있어 중요한 교육이기 때문이다.

4. 앞으로의 과제

1) 중학교 역사교과서에서의 '위안부' 기술 부활

교과서 회사, 문부과학성에 대한 대응

2) 현장교사의 의견을 배제한 채택제도 개악의 문제

'위안부' 기술이 이유가 되어 채택되지 않는 상황은 채택절차상의 문제에서 발생했다고 할 수 있다.

3) 아시아 각국의 역사교과서에 '위안부'를 기술

—한국의 여성부는 중학교 2학년과 고등학교 1학년 역사교과서에서의 '위안부' 관련 기술을 대폭 정정한다는 방침을 교육부에 제언했다(2002. 2. 21).

・현행기술 : "여성도 정신대의 이름으로 끌려가 위안부로 희생되었다."

・개정판 : "다수의 여성을 강제동원하여 일본군이 주둔하는 아시아 각지로 보내 위안부로서의 비인간적인 생활을 강요했다."

—인도네시아에서도 초・중학교 교과서에 '위안부'를 실어 가르치겠다

고 정부가 발표했다. 이는 교육성의 결정이며, 인도네시아 법률후원학회의 문제제기를 '적극적'으로 받아들인 것이라 한다(『아카하타(赤旗)』 신문 2001. 1. 30).

4) 아시아 공통의 부교재 실현

2002년 2월 2일, '역사교육 아시아네트워크 · JAPAN'이 발족했다. 이는 일본 교과서문제에 대해 아시아 전역이 협력하여 행동하기 위해 만들어낸 아시아네트워크의 일본창구이며, 일본국내 활동의 중심모체가 될 네트워크이다. 아시아네트워크는 '위안부' 등 가해 기술을 부활시키기 위해서 활동하지만, 동시에 아시아 공통의 부교재 작성도 과제의 하나로 다루고자 한다.

5) 진상규명법 제정의 실현

교과서에서의 기술을 철저히하기 위해서는 아직까지도 불충분한 진상규명과, 1993년 조사결과 발표 이후에 밝혀진 사실이 공유되지 않고 있는 상황에 대처할 필요가 있다. 현재, 국립국회도서관법의 일부를 개정하는 형태로 '항구적 평화를 위한 진상규명법'(안)이 중의원에 제출된 채 의원운영위원회에서 심의되지 못하고 있는 상태이다. 한국에서도 진상규명법안이 제출되는 등 연계성 있는 움직임이 나오고 있는데, 이 법안실현은 '기억과 책임'이라는 관점에서도 커다란 의미가 있다.

'역사인식과 동아시아 평화포럼'이 이러한 과제를 실현하는 데 있어 효과적인 성과를 만들어낼 수 있기를 바란다.

<번역 : 강혜정>

인간성 회복을 위한 야스쿠니신사 참배 위헌 소송

스가하라 류켄(菅原龍憲,
고이즈미수상 야스쿠니참배 위헌 아시아소송 원고단 단장)

저는 전사자의 유족이자 불교 정토진종 승려입니다. 작년 8월 13일, 국내외로부터 강력한 비판을 받는 가운데 고이즈미 수상은 마침내 야스쿠니신사 참배를 단행했습니다. 이 폭거를 우리 유족들은 격렬한 분노와 굴욕에 찬 심정으로 바라보고 있습니다. 우리 유족은 국가에 의해 전사자가 '영령'으로 칭송받고 감사의 대상이 되는 것은 전사자의 '생명'이 또다시 멸시당하는 처사임을 강력하게 호소해왔습니다. 국가의 희생물이 되고 침략전쟁의 가해자로서 죽음을 강요당한 전사자들을 '영령'이라 칭송하며 감사의 대상으로 삼는 것은 국가의 전쟁범죄를 정당화하고 그 책임을 회피하기 위해 전사자를 이용하는 일이며, 이는 전사자들을 또다시 말살하는 것을 의미하기 때문입니다.

야스쿠니신사 참배에 앞서 고이즈미 수상은 담화를 통해 "아시아 근린제국에 대해서는 과거의 일시기에 그릇된 국책에 기초한 식민지지배와 침략을 행하여 헤아릴 수 없는 참해(慘害)와 고통을 강요했다"고 하여, 일본의 전쟁 역사가 침략・식민지지배이며 분명히 가해자로서의 책임을 진다는 국가 입장을 명확히 하고 있습니다. 식민지지배에 있어 아시아 사람들의 정신을 철저히 수탈하고 파괴한 국가신도(神道), 그 국가신도 정신이 현재까지도 계속 살아 있는 야스쿠니신사에 수상 자신이 참배한다는 것은 이 담화와 완전히 모순된 행위임을 고이즈미 수상은 인식해야 합니다. 참배를 마친 수상은 "(야스쿠니신사는) 일본의 평화와 번영의 기초가 된 전몰자에게 경의와 감사를 바치는 것"이라고 밝혔지만, 이 말은 야스쿠니신사를 둘러싼 정치적

책동 안에서 얼마나 많이 반복되어왔습니까? 일본에서 300만, 아시아 각국에서 2,000만의 전쟁희생자를 낳은 것이 전후 일본의 평화와 번영을 위한 제물인양, 국가의 사정에 따라 죽은 자에게 의미부여하고 가치를 매기는 처사를 아시아 각국과 일본 유족은 결코 용인할 수 없습니다.

'귀중한 생명이 희생된 분들', '원통한 심정으로 목숨을 잃은 전몰자', '본의 아니게 세상을 뜬 사람들'이라며 스스로의 야스쿠니 참배를 정당화하기 위해 일본의 과오를 직시하지 않은 채, 개인적 심정을 전면에 내세움으로써 전사자를 역사로부터 분리시켜 나열한 그 말에서는 국가 스스로의 책임 소재를 조금도 느낄 수가 없습니다. 그리고 그 논리적 근거는 이미 파탄했다고 말하지 않을 수 없습니다. '귀중한 생명을 희생'시킨 것은 도대체 누구입니까? 잘못된 국책으로 무모한 전쟁에 동원하여 다름아닌 국가에 의해 '귀중한 생명을 희생당한' 전몰자에 대해, 국가가 사죄도 아니고 그 책임을 밝히는 것도 아니며 경의와 감사를 바친다는 것. 이는 어떤 의식으로부터 표현되는 일이란 말입니까. 이는 지극히 기만적 행위라 하지 않을 수 없습니다.

제 아버지는 뉴기니아섬, 뉴브리튼섬에서 '전병사'했다고 야스쿠니 명부에 기록되어 있습니다. 저는 수년 간에 걸쳐 야스쿠니신사에 가서 영령 명부에서 아버지의 이름을 삭제해주도록 요청해왔습니다. 아버지가 승려이면서도 전투원이었다는 무참함이 제 마음에는 깊이 새겨져 있습니다. 기록에는 신의 이름에 붙이는 높임말인 '미코토(龍音命)'라고 호칭되어 있습니다. 야스쿠니신사의 제신(祭神)으로서 모셔져 있다는 것에 커다란 굴욕감을 느낍니다. 얼마전『아사한 영령들』이라는 책이 출판되었는데, 거기에서는 남방전선에 간 병사들이 대부분 아사했다고 전해지고 있습니다.『지켜야 할 국가란 무엇인가?』라는 책을 집필한 고지마 키요후미씨는 루송섬에서의 전쟁체험에 관해 증언하면서, 전황 악화를 감지한 지휘관들은 일찌감치 대만으로 갔고, "정글 속에서 마지막까지 싸우다 죽으라"는 명령을 받고 남겨진 병사들은 무기, 식량, 약도 지급받지 못한 채로 정글 속에서 기어다니다가 아사해갔다, 국가는 병사들을 버린 것이다라고 했습니다. 이것이 고이즈미 수상이 이야기하는 '원통한 심정으로 목숨을 잃은 전몰자'의 실태입니다. 국가가 버린 병사들을 바로 그 국가가 찬양하고 감사의 대상으로 삼는다고 합니다. 국가의 책임자인 수상에게 그럴 '자격'이 있다고 할 수 있겠습니까?

'나라를 위해 죽은 전몰자를 국가가 모시는 것은 당연하다'는 국민 심정이 지금도 뿌리깊게 자리하고 있습니다. 국가를 절대화하는 '상부'의식에서 결코 자유롭지 못하다는 생각에 이르게 됩니다. 하지만, 나라를 위해서라면 많은 생명이 희생되는 것도 어쩔 수가 없다고 이야기될 때의 국가란 도대체 무엇일까요? 몇 백만 명의 희생을 강요하는 국가 존재란 무엇입니까? 오늘날까지도 한 사람의 인간 존엄보다도 국가에 대한 종속을 우선시하는 이 나라의 뿌리깊은 정신풍토를 느끼게 됩니다.

야스쿠니신사라는 종교성을 가지고 여러 현실 모순을 흡수하고 국민을 국가에 귀속시키려는 정치지배가 이루어지고 있는 현실을 우리는 비통한 심정으로 바라보고 있습니다. 권력은 언제나 국민을 법으로 지배하는 것만이 아니라 신들을 배경으로 삼아 스스로의 안정을 꾀함과 동시에 사람들의 내면까지도 수탈해갑니다. 이는 오늘날까지 면면히 이어져오는 일본의 전통적 권력구조입니다. 권력 의지를 국민들이 마치 스스로의 의지인양 받아들이게 국민정신을 조작하는 것이 교묘한 지배구조라고 일컬어지는데, 우리는 정치지배에 내재한 무서운 종교성을 간파할 수 있는 눈을 지녀야 하겠습니다. 권력측이 온갖 비판을 받으면서도 야스쿠니를 둘러싸고 여러 수단을 구사하며 집요하게 정치책동을 되풀이하는 이유가 여기 있습니다. 수상의 야스쿠니 참배는 실로 국민 한사람 한사람의 내면을 지배하고 국가에 포섭시키는 행위에 다름없습니다.

많은 유족들 안에서 육친을 빼앗긴 비통한 심정과 야스쿠니신사의 관계가 결코 명쾌하게 정리되어 있지 못하다는 점에 대해, 같은 유족의 한 사람으로서 씁쓸한 심정입니다. 국가의 자의에 의해 죽임당한 '생명'이라는 그 분노와 한은 없어지고, 오히려 야스쿠니신사에 모셔졌다는 것에 충족감까지도 느끼고 있는 정신적 토양입니다. 이렇듯 도착된 구조를 계속 만들어내고 있다는 점에서 종교를 통한 정치지배의 잔인성을 느낍니다. 여기서는 인간 개인으로서의 '개별성'과 '주체'가 해체되고 권력을 권력으로서 의식시키지 않는 시스템이 있습니다.

1999년 '일미 가이드라인 관련법'이 성립된 이래, 물밀듯이 닥쳐온 일련의 법제화는 이 나라에 유사(有事)체제를 확립시켜왔습니다. 그리고 마침내 전후 처음으로 전쟁행위에 대해 자위대를 파병한다는 사태에 이르렀습니다. 국가를 위해 죽는다는 사태가 일어날 수 있게 된 가운데, 국가가 죽은 자에게 의미부여함으로써 국가를 위해 죽는 것이 '지극히 높은 가치'라는 것을 현재의 일본사회에서 또다시 부활시키려는 움직임이 최근 급속하게 늘고 있습니다. 작년 12월 19일, 국립 전몰자 추도시설을 검토하는 관방장관의 사설 간담회에서, 위원의 한 사람인 야마자키 마사카즈씨는 "국가에 관련한 사태에서 사망한 사람의 추도시설은 필요하다"고 발언했습니다. "추도하면서 전쟁을 수행"이라 한 말은 현재 일본의 정치적 동향을 상징적으로 드러내고 있습니다.

국가가 일으키는 전쟁에 편입되어 가담할 때, 국민 한사람 한사람이 얼마나 공포스러운 광기를 보였었는지, 그 광기의 행위가 아시아 각지에서 있었다는 것은 스스로 전쟁책임을 문제삼으며 살고 있는 사람들의 증언 속에서, 그리고 전쟁 피해자의 증언 속에서 조금씩 밝혀져왔습니다. 국가의 비호 아래서 비인간적 행위를 정당화하려는 것이 야스쿠니의 본질이며 그 정당화의 교의가 바로 국가신도입니다. 『전쟁과 죄책』의 저자인 노다 마사아키씨는 "우리에게 있어 근대정신의 형성방식은, 아무리 타인에게 잔학한 행위를 가해도 스스로가 상처입지 않을 정도로 이데올로기적으로 무장이 되어 있었다", "일본은 그 전쟁에서 상처받지 않았던 것이 아닐까"라고 지적했습니다.

국가가 일으킨 전쟁의 가담자이자 희생자이기도 한 전사자들로부터 우리가 계승받아야 할 것은 전쟁의 죄악과 광기를 두 번 다시 되풀이해서는 안된다는 것이며, 이는 인간으로서의 존엄을 우롱하는 모든 세력이나 권력과의 싸움에 있어 인간 존엄과 평등한 인격 사회를 희구하는 사람들과의 연대를 만들어가는 것이라 생각합니다.

전후 천황제 파시즘의 굴레가 벗겨짐으로써, 스스로의 정신적 종교적인 체질을 청산하여 자유롭고 독립된 개인으로서의 정신을 확립시킬 수 있는 변혁의 기회가 제도적으로 보장되었습니다. 그것은 바로 헌법에 규정된 조문 '신교의 자유'입니다. 이는 모든 인권의 기초를 다져주는 것으로 헌법의 중핵으로 자리매김되어 있습니다. 하지만 완벽할 정도로 헌법이 보장 규정하고 있음에도 불구하고, 실질적으로는 전쟁 이전의 정신적 종교적 체질을 답습해왔다는 것이 대다수 국민의 전후상황이 아니었을까요? 정신내면에 대한 국가의 개입을 거부하는 정신, 국가가 강요하는 종교성과는 전혀 다른 정신을 개개인 스스로가 확립시키고자 하는 자세, 그리고 국가에 포섭당하지 않는 새로운 개인을 세워나가야 한다는 책임성을 생각해야겠습니다. 그것이야말로 이 나라와 이 나라에 살고 있는 우리가 묶인 '야스쿠니'라는 감옥으로부터 해방되는 유일한 통로라 생각되기 때문입니다. 이 야스쿠니 소송은 법정 내 투쟁에 그치는 것이 아니라 이 나라에 '신교의 자유권'을 뿌리내리게 하는 지난한 싸움이 될 것이라 스스로의 결의를 다지며 의견진술을 마치겠습니다.

(이 '의견진술서'는 2002년 2월 22일, 오사카 지방재판소 202호 법정에서 진술된 것입니다.)

<번역 : 강혜정>

4부
일본 우익교과서의 사관

역사는 어떻게 왜곡되었는가 - 일본 '새역모' 역사교과서 비평

소지량(蘇智良, 중국 상해사범대학교 역사학부 교수)

일본 '새 역사교과서를 만드는 모임(이하 '새역모')'에서 편저한 중학교 역사교과서와 사회교과서에서는 시종일관 상대방에게 책임을 미루는 '견책성' 서술방식을 사용하고 있다. 그것은 일본 역사교과서 중 역사와 전쟁에 대해 정확한 서술을 한 것을 일종의 '민족 자학' 행위로 보고, 역사사실을 왜곡하고 침략전쟁을 미화한 내용이 담긴 교과서로 일본 젊은 세대들에게 '황군사관'을 주입하려 한다. 때문에 보수적이고 반동적인 역사관을 취지로 만들어진 우익 교과서는 어떤 의미에서 볼 때, 전쟁 전 일본의 군국주의 교과서를 연상시킨다. 그것을 통하여 일본사회에 '일본은 천황을 중심으로 한 신국(神國)'이라는 사상을 불어넣고, 일본이 다른 나라를 침략한 사실과 전쟁에서 범한 죄행을 덮어 감추려는 것이다. 이로 하여 일본 우익교과서에는 자연히 엄중한 착오가 많이 나타나게 마련이다.

1. 중국 침략 전쟁을 '미화'한 것에 대하여

첫째, 중일전쟁이 일어나게 된 원인에 대하여

'새역모'는 일본이 중국에 대해 무력 침략한 것을 '자위'행동이라고 하면서, 중국의 반일활동이야말로 전쟁을 일으킨 원인이라고 썼다.

중국은 통일과정 중 불평등조약으로 중국에서 권익을 얻고 있는 외국세력에 대한 배척운동이 매우 드세게 일어났다. 이 운동은 중국 민족주의 표현으로서 폭력으로 혁명을 실현하려는 소련 공산주의 사상의 영향하에 점점 과격해졌다. 중국에서 세력을 확장해가는 일본에 대하여 중국은 일본 상품을 배척하고, 일본인을 습격하는 등의 운동을 벌였다.

'새역모'의 서술은 공평하고 타당한 것 같지만 사실 일본이 조약이라는 명목하에 차츰차츰 중국을 잠식하려고 한 침략전략을 의식적으로 감추고 있다. 그들은 20, 30년대 중국인민이 진행한 일본 군국주의 침략을 반대하는 운동을 '일본을 배척하는 운동'이라고 칭했으며, 그 원인을 '폭력으로 혁명을 실현하려는 소련 공산주의 사상의 영향'에 두었다. 이것은 일본의 침략과 확장이야말로 중국인민이 항일하게 된 주 원인이라는 역사사실을 완전히 은폐한 것이었다.

중일전쟁이 일어나게 된 원인은 일본이 아시아 대륙을 노리고 중국을 멸망시키려는 정책에 있었다. 비록 '신축조약'에서 경유(京榆)철도 연선 12개 전략요지에 일본이 군대를 주둔시킬 권리를 가진다고 규정지었지만, 일본군이 동북, 화북을 점령하고 중국을 침략하는 것에 대하여 승낙한 적은 없었다. 사실상 제1차 세계대전 후 일본이 제정한 국방정책은 중국을 주요 적국으로 설정하고, 재빨리 중국을 정복하여 전쟁에 이용할 자원과 전쟁 기지를 얻고나서 세계를 정복하는 것이었다. 1923년 일본이 다시 한번 전면적으로 중국을 침략할 것에 대한 작전계획을 세워 동북, 화북과 화동 세 지역을 주공격 지역으로 삼았다. 1927년 일본은 동방회의에서 「대화정책강요(對華政策綱要)」를 제정하여 중국사태 발전추세에 따라 '자위조치를 취한다', '만몽(滿蒙) 특히 동3성(東3省)은 국방, 그리고 국민의 생존과 중대한 이해관계가 있기에 우리나라는 여기에 대하여 특별히 고려하여야 하며', '특수한 책임이 있음을 느끼지 않을 수 없다'[1]고 적었다. 그 후 일본은 이 국책에 따라 중국을 침략하는 계획을 세웠다. 이로부터 우리는 '새역모'의 관점은 완전히 인과관계를 뒤바꿔놓은 것이었음을 알 수 있다.

---

1) 外務省外交史料館 소장 「對華政策綱領」, 外務省 문서, 64권.

둘째, '9 · 18사변'에 대하여

'새역모'는 일본정부의 음모와 중국을 침략한 사실을 부인하고 있다. '새역모'의 새 교과서는 아래와 같이 썼다. "만주사변(즉 '9 · 18사변')과 일본정부의 방침은 무관하다. 그것은 일본 육군에서 파견한 부대인 관동군이 일으킨 전쟁이다."

위에서 보다시피 일본이 '9 · 18사변'을 일으킨 것은 미리 정한 방침에 따른 것이다. "세계위기 속에서 일본이 나아갈 길은 오직 만주를 중국 본토에서 분리해내는 것이다 …(중략)… 이것이야말로 일본의 중대한 국책이다"[2) 라는 문장에서 보다시피 일본정부는 일찍이 중국을 침략할 국책을 제정한 것이었다. 일본의 중국 동북에 대한 침략은 증거가 확실하다. 중국을 정복하는 전략 중에서 '9 · 18사변'은 관건이 되는 사건이었다.

그러나 '새역모'는 '9 · 18사변'이 일어나게 된 원인을 "중국 인민이 일으킨 일본을 배척하는 운동 …(중략)… 열차의 운행을 방해하고 일본 아동들에게 폭행을 가하며, 일본 상품을 배척하고 일본군인을 죽이는 등 조약에 위반되는 행동"에 돌리고 있다. 그들은 또 "관동군의 행동에 지지를 표시하기 위하여 일본 국민들이 220만 일원(日圓)을 보냈다"고 써서 일본군을 '피해자'로 서술하고 있다.

일본은 스스로 만철(滿鐵)을 폭파하고, 또 이것을 구실로 동북을 점령했다. 이 사실 역시 모두가 아는 역사 사실로서 덮어 감출 수 없는 것이다. 때문에 '새역모'는 "봉천(奉天, 지금의 심양) 교외에 있는 유조호(柳條湖)의 철도 만철이 폭파되었다. 관동군은 이것을 중국측의 소행으로 알고 만철 연선 도시를 점령했다. 그러나 사실은 관동군 자신이 폭파시킨 것이었다(유조호 사건). 이것이 바로 만주사변의 시작점이다"라고 했지만, 이것은 위의 '중국인의 일본 배척 운동'과는 서로 모순되는 서술이다.

사실 1931년 9월 18일 일본 관동군은 고의적으로 남만 철도 한 구간을 폭파한 후, 당일날 밤 심양을 공격했다. 19일 심양을 점령하고 계속하여 요

2) 徐勇, 『정복의 꿈 일본의 중국침략 전략』, 廣西사범대학출판사, 1993년, 47쪽에서 인용.

녕성의 기타 지역 및 길림, 흑룡강성을 점령했다. 1932년 2월 동북 전 지역이 점령되었다. 그러나 '새역모'는 '일본정부는 만주사변과 무관하다'고 썼다. 그렇다면 관동군이 일본정부의 허가도 거치지 않은 채 이처럼 대규모 침략을 일으킬 수 있었을까? 1931년부터 1937년 일본이 전면적인 침략전쟁을 일으키기 전까지, 일본군은 110여만 평방킬로미터(일본 전체 면적의 3배에 해당)의 면적에, 3,000만 명(약 일본인구의 40%에 해당)의 인구가 있는 외국영토를 6년 동안이나 차지하고 있었다. 이 사실을 일본정부가 모를 수 있었단 말인가? 그럼 이것이 일본정부의 국책이 아니란 말인가? 우익 교과서의 이러한 거짓말은 너무도 황당하며 일본의 초등학생이나 속일 만한 것이다.

'9・18사변' 후 국제연맹은 이돈(李頓)조사단을 동북에 파견하여 조사를 진행했다. 이 사실에 대하여 '새역모'가 편저한 교과서에는 다음과 같이 썼다. "외국인은 일본이 취한 행동이 중국측의 파괴활동에 대한 자위행동이었다는 것에 대해 인정했다. 이돈조사단의 보고서 중에도 일본에 대해 동정하는 부분이 있고, 일본이 만주에서 얻은 권익이 정당하다고 인정했다." 그러나 사실 이돈조사단은 보고서에 "99.9%의 동북인민들이 일본인을 반대한다",[3] 동북이 중국 영토에 속하며 '9・18사변'은 일본이 충분한 계획하에 진행된 것이었다고 썼다. 보고서에는 일본과 타협하는 면도 없지 않아 있어, "일본이 만주에서 얻은 이익을 승인한다"는 구절도 들어가 있었다. 그러나 보고서의 결론은 중국이 동북지역에 대한 주권을 가지고 있다고 승인하는 전제하에, 고도로 자치화된 동북정부를 세우는 것이었다. 1933년 2월 국제연맹특별대회는 '국제연맹보고서'를 통과하여, 동북이 중국에 속한다는 것을 인정한다, 일본군의 동북에서의 군사행동은 자위행동이 아니며 소위 만주독립운동도 일본군의 지도와 지지하에 일어났다, 동북인민은 '만주국'을 옹호하지 않으며 일본군이 철퇴하기를 희망한다고 명백하게 적어놓았다. 3월 27일 일본은 국제연맹에서 퇴출한다고 선포했다. '새역모'의 이와 같은 수법 — 수요되는 사료를 마음대로 잘라 인용하여 일본을 위하여 변호하는 파렴치한 언론을 만들어내는 것 — 은 절대 학문적인 태도가 아니다.

3) 『顧維鈞회억록』, 중국어번역본, 제1分冊, 430쪽.

셋째, 위만주국, 그리고 일본 침략자들이 동북에 대한 피비린 통치의 역사를 완전히 말살해버린 것에 대하여

'새역모'는 역사교과서에 일본이 동3성을 점령한 후 세운 괴뢰정권 위만주국을 언급할 때 다음과 같이 썼다. "(일본)은 중국대륙에 첫번째 현대적인 법치국가를 세울 예정이었다. 다섯 개 민족이 공존하는 왕도의 낙원을 세우는 것을 목표로 말이다. 이로 하여 만주국은 매우 빠른 발전을 가져왔다", "인민들의 생활도 제고되었다", "일본 중공업 등의 진입은 경제의 빠른 성장을 가져왔고 이로 하여 중국인의 유입도 현저히 많아졌다." 그리고 이 책에는 또 남만철도, 부의(溥儀), '만주사변과 만주국 건립'에 대한 사진과 지도가 첨가되어 있다.

아시아 전체를 통치하려는 꿈을 실현하기 위하여, 일본은 우선 중국 동북지역을 대륙으로 진출하는 거점과 군사, 경제기지로 삼았다. 1932년 7월, 관동군 총부는 「만주경제편제근본방책안(滿洲經濟編制根本方策案)」에 "만주에서의 사업은 국책상 중요한 의의를 가지고, 일본의 경영을 이상으로 삼는다"고 썼다. 이런 배경하에 중국에 들어간 '만철'과 '만업(滿業)' 등 일본 자본주의 기업은 중국 동북지역의 경제를 완전히 틀어잡아 일본의 확장과 침략전쟁에 물자를 제공했다. 소위 동북지역의 경제성장은 일본이 중국을 침략하는 침략경제의 성장이었고, 또 일본이 동북에서 약탈한 결과물의 증가였다. 통계에 따르면, 1931년부터 1944년까지 동북의 22,800만 톤의 석탄, 1,200만 톤의 생철, 그리고 대량의 우질 목재가 일본으로 운송되었다. 이 석탄과 생철의 양은 당시 동북지역 생산량의 30～40%를 차지한다. 이 외에도 대량의 전략물자가 일본군에게 전송되어 중국 내지에 대한 침략과 태평양전쟁에 사용되었다. 일본과 위만정권은 서로 결탁하여 평민들을 동북지역으로 대거 이민시켰다. 통계자료에 의하면 1932년부터 1936년 7월까지 일본은 다섯 차례나 동북으로의 이민을 주도했는데, 이민 온 사람들 중 일본인은 71.7만 명, 조선인은 87.7만 명이었다. 그 후 그들은 계속하여 30여만 명을 더 이민시켰다. 이런 이민으로 하여 일본군은 당시 동북지역 경작지 면적의 10분의 1을 넘는 토지를 점령했고 중국 농민들은 곤경에 빠졌다. 소위 "중국인이 동북으로 유입된 숫자가 현저하게 늘어났다"는 것은 일본군이 강제적인 방법 또는 기편의 수단으로 중국 인민들을 화북에서 동북으로 끌고 와 노동자로 삼은 결과이다. 식민통치를 수호하기 위하여, 일본군은 동북지역에서 '인권(人圈)'과 '삼광(三光)'정책을 실시하여, 평정산(平頂山)대학살, 토룡산대혈안(土龍山大血案), 안동(安東)사건 등 많은 참사를 빚어냈다. 일본군은 또 공공연히 국제법의 규정을 어기고 동북지역에 세균전쟁 연구시험기지를 세우고, '731'부대를 배치하여 산 사람으로 실험을 진행하여 무고한 중국인민을 해쳤다. 뿐만 아니라 일본군은 또 대량의 화학무기를 사용, 보관하거나 아무 곳에나 버려 오늘까지도 그곳 인민들의 생명재산과 생태환경을 위협하고 있다. 그 외 일본군은 또 강제로 농민들에게 양귀비를 대규모로 재배하게 했으며, 아편 독점판매 정책을 실행하여 동북인민들에게 해를 끼쳐 대량의 재부를 모았다.[4] '새역모' 교과서는 상술한 침략사실을 감추고 일본통치하의 동북지역을 소위 '번영'이란 단어로 미화했는데, 이것은 역사에 대한 엄중한 왜곡이다.

만약 새역모의 논리대로라면, 중국 인민은 마땅히 일본황국에 감사를 드렸어야 했다. 총검과 잔혹한 통제 속에서 세워진 만주국을 '법치국가'라고 표현하다니! 정말 파렴치한 언행이 아닐 수 없다. 이 언행은 또 일본 우익세력의 응큼한 야심을 폭로하기에 매우 적당하다. 위만주국을 '첫번째 현대적 법치국가'라고 하는 것은, 그들이 이후에 중국에 두 번째, 세 번째 '현대적 법치국가'를 세우겠다는 의미가 아닌가?

넷째, 노구교사변, 일본이 중국을 침략하게 된 원인에 대하여

'새역모'는 원문에 다음과 같이 썼다.

1937년 7월 7일 저녁, 북경 교외에 있는 노구교에서 누군가 한창 군사연습을 하고 있는 일본군에게 총을 쏜 사건이 발생했다. 다음날 아침, 일본군과 중국의 국민당 군대는 전투상태에 들어갔다(노구교 사건). 현장에서 해결

---

4) 蘇智良, 『中國毒品史』, 상해인민출판사 1997년판.

하려고 했지만, 얼마 지나지 않아 일본측에서 대규모 파병을 명령했고, 국민당 정부도 전국에 동원령을 발포했다. 그 후 일중전쟁은 8년이란 긴 시간동안 지속되었다. 같은 해 8월에 외국권익이 집중되어 있는 상해에서 두 일본군 병사가 총에 맞아 죽은 사건이 발생했다. 이것을 계기로 일본과 중국은 전면적인 전쟁을 시작했다.

여기에 대하여 우익 핵심인물인 와타나베(渡邊升一)는 '지나(支那)사변'(여기에서 주목할 것은, 이들 우익분자들은 오늘까지도 중국이란 단어를 사용하지 않고 경시하는 색채가 담긴 '지나'라는 단어를 사용하고 있다는 것이다. 그들은 심지어 중일전쟁, '중국 침략 전쟁'이란 단어를 사용하지 않고, '지나사변'이란 단어를 사용하고 있다. - 필자)은 노구교 사건으로 하여 일어났다, 그러나 노구교 사건은 또 지나 군대가 포를 쏘았기에 일어난 것으로, 전쟁의 책임은 일본에 있지 않다[5])고 말했다.

많은 사료가 보여주듯이, 일본은 1930년대 초부터 중국에 대하여 전면적인 군사침입을 계획했다. 1931년 일본은 '9・18사변'을 계기로 중국 동북지역을 점령했고, 1932년 '12・8사변'으로 상해를 진공했다. 같은해 3월, 위만주국이라는 괴뢰정권을 세워 동북을 중국에서 분열시켰다. '새역모' 교과서는 '전면 전쟁이 시작된 계기'가 이 두 차례 우연한 사건에 있다고 써서 일본이 전적으로 일으킨 중국 침략사실을 감추려 하고 있다.

사실 일본군은 중국 동북지역을 점령한 후 화북으로 진공했다. 1935년부터 일본군의 "중국 주둔군은 화북을 중국으로부터 분리시키는 임무를 '집행'하여", '화북 5개성의 자치'를 책동했다. 그 목적은 화북을 공제하려는데 있었다. 1936년 '중국주둔군'의 병력은 1,771명에서 5,774명으로 증가했다. 1937년, 일본 대도시가 아니라 중국 대도시인 북경에서 일본군이 중국군대를 습격하는 군사연습을 진행하다 사변을 일으켜 전면적인 중국침략 전쟁을 발동했다.

'8・13사변'의 도화선은 '홍교(虹橋)공항사건'이었다. 1937년 8월 9일, 일

5) 『諸君』, 2001년 제5기, 134쪽.

본군 상해 서부 경비대 다이센(大山勇夫) 중위와 일등병사 사이토(齊藤要藏)는 차를 몰고 중국 홍교공항에 가서 정찰활동을 하고 도전적인 행위를 했다. 이로 하여 중국 보안인원들의 총에 맞아 죽게 되었다. 사건발생 후 11일 일본 내각은 상해에 군대를 증가할 것을 결정했다. '8・13사변' 후 일본은 국내에서 주력군을 파병하여 상해와 난징을 점령했다.

'새역모'는 공공연히 전쟁의 성격을 헛갈리게 하여, 일본 군국주의가 침략이라는 죄에서 벗어나게 했다.

> 전쟁은 비극이다. 전쟁에서는 선과 악을 구분하기 힘들다. 어느 측이 정의이고 어느 측이 정의가 아니라고 말할 수는 없다. 그것은 단지 국가와 국가 사이의 이익이 마찰을 빚어낸 결과다. 정치적으로 해결하지 못할 때, 최종 수단으로 전쟁을 일으키게 마련이다.

이것은 완전히 역사 유물론적 관점과 위반된 관점이다. 어떠한 비극이든 모두 그 사상내용이 있다. 다시 말하면, 정확한 사상을 선양하고 잘못된 사상을 비평하게 마련이다. 전쟁, 어찌 그 선과 악에 대하여 분별하지 않을 수 있는가? 전쟁은 정의와 불의의 구분이 있다. 반침략전쟁은 정의로운 전쟁이고, 침략전쟁은 정의롭지 못한 전쟁이다. '새역모' 교과서는 전쟁이 정의와 불의의 구분이 있다는 것을 근본적으로 부인하고 있는데, 이것은 역사관이라는 이 근본적인 문제에서 일본이 중국에 침략전쟁을 일으켰다는 사실을 위하여 변호하는 행위이다.

다섯째, 중국인민의 항일전쟁에 관하여

중국인민이 독립적으로 진행한 일본에 대한 자위행동을 새역모에서는 다른 의도로 해석하고 있다. "소련 공산주의 사상의 영향을 받아 폭력 혁명을 진행했는데, 사실은 공산국제의 지시하에 진행된 격렬한 파괴활동이었다."

"국민당과 손잡은 중국 공산당은 정권을 빼앗을 전략하에 일본과 장기간 전쟁을 일으킬 방침을 세웠다. 일본도 전쟁의 목적을 상실하고 끊임없는 전쟁에 빠지게 되었다." 당시, 중국은 망국멸종의 민족 위기에 처해 있었다. 중국 공산당과 국민당이 함께 항일민족 통일전선을 세운 것은 '멸망의 위기에서 벗어나 살아남으려는' 것에 있었다. 이 책에서 이처럼 '정권을 탈취하려는 전략'이라고 모독했는데, 그렇다면 일본의 침략 앞에서 중국인민은 속수무책으로 죽기만 기다렸어야 한단 말인가? '새역모'는 "일본도 전쟁의 목적을 상실했다"고 서술했는데, 이것은 일본군국주의가 중국침략전쟁을 일으킨 본질을 덮어 감추고, 전쟁이 장기화된 원인을 중국 공산당의 일본에 대한 장기적인 대응방침 탓으로 돌리는 것으로, 이것은 역사사실에 대한 엄중한 왜곡이다.

'새역모'는 일본의 침략전쟁 성격을 완전히 부정하기 위하여 '침략'이라는 단어를 사용하지 않고 있다. 기타 7개 출판사는 1997년판 교과서에 모두 '침략'과 침략전쟁의 성격을 명확히 서술했다. 그러나 이번에는 매우 큰 반전을 보이고 있다. 오사카 출판사를 예로 들면, 이들은 교과서의 "제국주의 열강들과 일본은 아시아를 침략했다"를 '일청(日清), 일아(日俄)전쟁과 아시아의 형세'라고 고쳤으며, '제국주의 열강이 중국을 침략했다'를 '제국주의 열강들이 분할한 중국'으로 고쳤다. 또 일본이 동북(만주)을 침략했다를 '공제하다'로 고쳤고, '전면적인 중국 침략과 전시체제'를 '일중전쟁의 확대와 국민생활'로 고쳤다. 일본이 '동남아지역을 침략하여 그 자원을 빼앗았다'를 '남쪽에서 자원을 빼앗았다'로 고쳤고, '일본이 더한층 조선을 침략했다'를 아예 생략해버렸다. 오직 일본서적출판사만이 여전히 '15년 간 진행된 침략전쟁이 시작되다'는 표제를 그대로 두었고, 내용중 '중국을 침략하다'는 구절을 그대로 썼다.

일본의 중국에 대한 전쟁의 성격이 침략이라는 확고부동한 사실은 우익분자들도 마음대로 지울 수 없는 것이다. 히로히토(裕仁)의 동생 미카사(三笠宮)는 일본이 중국에 파견한 군대의 총사령부 참모로서 중국에 일년 간 머물렀었다. 그는 반성문에서 일본의 '침략' 성격을 명확히 승인했다. "다른 사람의 토지에 침입하는 것도 불법 침해죄에 해당되는데, 다른 나라의 영토에 침입하는 것은 더 말할 나위가 있는가? 그래도 침략이라고 승인하지 않을 수 있을까?"[6] 전쟁이 끝난 후 도쿄 군사법정의 판결은 일본 침략자의 신분을 명확히 해주었다. 만약 침략이 아니었다면 심판을 진행할 필요가 없었을 것이다.

2. 일본군이 중국에서 저지른 폭행에 대한 관점

첫째, 일본군이 전쟁터에서 저지른 성폭력을 무시하고 일본군이 실행한 '위안부'라는 현대 성노예제도를 무시했다

일본 역사교과서는 어떻게 '위안부' 문제를 서술하고 있는가? 여기에서 우리는 1997년 일본 중학교 교과서와 이번에 통과된 2002년 중학교 교과서 사용판을 비교해보자.

도쿄서적출판사에서 나온 1997년 교과서에는 이렇게 쓰여 있다. "종군위안부로서 강제로 전쟁터에 보내진 사람의 대부분은 모두 젊은 여성이었다." 일본서적출판사의 1997년판에는 "'위안부'로서 할수없이 군대를 따라간 여성들도 있었다." 오사카출판사의 1997년판에는 이와 같은 내용이 세 곳이 있었다. 한 곳에는 "조선 등 나라의 젊은 여성들을 '위안부'로 전쟁터에 데려갔다", 또 한 곳에는 "정부뿐만 아니라 강제로 징용된 노병사들도 '위안부'에게 개인적인 배상을 해야 한다는 뜻을 보였다", 그리고 또 한 곳에는 전쟁 후 보상문제라는 사진에 대한 설명으로 "일본정부에게 전쟁배상을 요구하며 시위를 하고 있는 한국 '위안부'들"이라고 적었다. 그러나 이 세 출판사의 신판에는 이러한 내용들이 모두 지워져 있었다.

일본교육출판사의 1997년판에는 아래와 같은 세 가지 내용이 쓰여 있었다.

> (a) 매우 많은 조선여성 등이 '위안부'로 전쟁터에 보내졌다. (b) 전쟁이 끝난 후 50년이 지난 지금, 전쟁 피해배상을 요구하는 아시아인들의 목소리는

---

6) 『THIS IS 讀賣』, 1994년 8월호.

점점 높아져갔다. 이들은 '종군위안부' 외에도 학살당한 가족, 노동자 등이다. (c) 1994년 현재, 위 사진에 있는 '종군위안부' 외에도 노동자 등의 20여 가지 전쟁보상에 대한 안건이 있다.

그러나 이 출판사의 신판에는 b와 c를 지워버리고, a도 그 중 제일 중요한 단어인 '위안부'를 지워버리고, "매우 많은 젊은 조선 여성들이 전쟁터로 보내졌다"라고만 쓰여 있다.

데이코쿠서원(帝國書院)의 1997년판에는 두 개의 내용이 있다. 즉 (a) 전쟁 때 남성은 병사로, 여성은 '종군위안부'로 고생했다. (b) 이런 지역에서 출생한 사람들 외에 '위안부'가 된 사람들도 있었다. 그러나 신판에는 a와 b가 모두 지워졌고, 전쟁보상에 대한 주석에 "전시 위안시설로 보내진 사람 등 …… 두 보상문제를 법정에 올렸다"는 구절을 덧붙여 넣었다.

시미즈서원(淸水書院)의 1997년 역사교과서에는 "조선, 대만 등지의 여성들은 위안소의 시설에서 일했다"고 쓰여 있었는데, 신판에는 "비인도적인 위안소 시설에는 일본인뿐만 아니라, 조선 · 대만 등지의 여성들도 있었다"고 고쳤다.

그러나 '새역모'의 중학교 역사교과서에는 전혀 '위안부' 문제를 언급하지 않았다. 이 새역모의 책임자 니시오 간지(西尾干二)는 수차 이야기하기를 "강제로 전쟁터에 보내진 '위안부' 사례는 하나도 찾아볼 수 없다, 모든 것이 거짓말이다", 새역모 집필자의 하나인 후지오카 노부카쓰(藤岡信勝)는 "'위안부'들은 업자를 따라 전쟁터에 가서 일한 사람들이다. 그들을 기생으로 불러도 된다." 새역모의 주 집필자인 사카모토(坂本多加雄)는 '위안부' 문제의 역사는 '화장실을 짓는 역사'라고 이야기하면서, "화장실의 구조라든지 일본의 범죄사는 확실히 우리의 일상생활과 관계는 있지만, 그런 것은 『일본사』를 구성하는 데 필요한 것이 아니다."[7] 도쿄도지사 이시하라(石原愼太郎)는 새역모를 찬성하는 자로 그는 "빈부의 차이로 빈곤한 여성은 어느 시대에서든 모두 자신의 육체를 팔았다", '위안부'는 "자신의 명예를 대

7) 坂本多加雄, 『역사교과서는 어떻게 쓰여야 하는가?』, 『正論』, 1997년 5월호.

가로 돈을 번 사람들이다", "이러한 비겁한 본성이 폭로된 문제는 교과서에 써넣을 필요가 전혀 없다"고 이야기했다.[8] 새역모는 '위안부'를 교과서에 넣지 않는 또 하나의 이유는 바로 '위안부'의 역사를 알면 '아동들의 인격성장을 망칠 수 있기 때문'이라고 말하고 있다.

8개 출판사 중 오직 일본분교(文教)출판사의 교과서만이 '위안부' 문제의 엄중성을 강조했다. 이 출판사는 1997년판에 "조선 등 아시아 각지의 젊은 여성들이 강제로 모집되어 일본병사의 '위안부'로 전쟁터에 보내졌다"고 썼으며, 또 '일본의 전후처리'라는 장절에서 "어떤 사람들은 일본에게 피해본 개인들이 요구하는 보상에 대한 권리를 각 나라 정부는 박탈할 수 없다고 여긴다. 노동자, 위안부 여성 및 난징사건의 희생자들은 일본정부에게 사죄와 배상을 요구하며 이 문제에 대한 재판소송을 제출했다"고 썼다.

둘째, 난징대학살에 대해 논란을 일으키고 대학살이라는 역사사실을 숨긴다.

난징대학살 문제는 일본 우익세력의 주요 공격 문제 중의 하나다. 최근에 그들은 많은 서적을 출간하고 모든 수단을 동원하여 난징대학살을 부정하는 역사수정주의 운동을 일으켰다. 1972년 스즈키(鈴木明)는 '난징대학살은 터무니없는 말'(『諸君』 제4기)이라는 주장을 발표했다. 이 문장은 방위청 전사실(戰史室)에 인용되어 전쟁 역사로 쓰여졌고, 또한 문부성 교과서 심사관이 의존하는 근거자료가 되었다. 이뿐만 아니라 1980년대에는 다나카(田中正明)가 『난징사건의 허구』, 『난징사건의 총괄』과 『난징공방전의 진실을 이야기하다』등의 책을 출간했고, 1990년대에는 히가시(東中野修造)의 『난징대학살의 철저한 검증』(展轉社), 마츠무라(松村俊夫)의 『난징대학살에 대한 큰 의혹』(展轉社), 후지(富士信夫)의 『난징대학살은 이렇게 만들어졌다』(展轉社), 스즈키의 『新난징대학살의 허구』(文藝春秋), 나카무라(中村粲)의 『난징사건 60번째 되는 해의 진실』(正論社), 이시하라의 『亡國之徒에게 질문한다』(文春文庫) 등의 책이 출간되었다. 2000년 1월 23일 우익세력은 오사카 평화

---

8) 『부친 없이 國立하지 못한다』, 光文社, 西野留美子 보고에서 2쪽에서 인용.

센터에서 '20세기 최대의 거짓말 - 난징대학살을 철저히 검증하다'라는 집회를 가졌다. 이것은 한 차례 난징대학살을 부정하는 적나라한 연극이었다. 우익교과서도 자연히 난징대학살을 크게 문제삼아 이야기했다.

사실 난징에 있었던 외국사절, 자선기구 및 뒤늦게 뉘우친 '황군' 군인들이 모두 대학살에 대한 많은 증거를 제공했다. 여기에서 필자는 몇 가지 일본에서 온 증거를 예로 삼으려 한다. 1938년 1월 17일, 일본 외무대신 히로타(廣田弘毅)는 미국 주재 일본대사에게 보낸 전보문에서 난징 외국 교포의 기록을 인용했다.

> 제1257전보에서 언급한 특별한 뉴스. 며칠 전 상해에 돌아온 나는 일본군이 난징과 기타 지역에서 저지른 폭행에 대한 보도에 대하여 조사했다. 믿을 만한 목격자와 사람들의 편지에 근거하여 충분한 증거 자료를 제공한다. 일본군의 행위, 잔인한 수단은 우리로 하여금 ATTILA와 흉노인을 연상케 한다. 30만 명이 넘는 중국 평민들이 살해되었다. 이 중 많은 경우가 아주 잔혹하고 피비린내나는 학살이었다. 그 외에도 절도, 어린이에 대한 강간, 그리고 평민에 대한 잔혹한 폭행이 몇 주 전 전투가 이미 끝난 구역에서 계속 발생하고 있다.[9]

비록 이 30여만 명의 평민들이 살해된 범위는 '난징과 기타지역'이지만, 그 주요 지역이 난징이라는 것은 의심할 나위도 없다.

다시 일본 '황군' 병사가 남긴 전쟁일기를 살펴보자. 일본군 제13사단 제64연대 병사의 기록에 의하면, 1937년 12월 14일, 이 연대는 난징 막부산(幕府山) 남측에서 퇴로가 차단된 중국 병사 2만 명을 포로로 22동 중국병영에 수용했다.[10] 12월 16, 17일에는 상급자의 명령에 따라 포로들을 집단으로 살해했다. 그 다음 시체를 태워 없애거나 강에 던져버렸다. 일기에는 또 "저

---

9) 「미국에서 새로 공개한 '난징대학살'에 대한 문서자료」, 吳天威 편역, 『항일전쟁연구』, 1995년 제2기.

10) 小野賢二, 藤原彰, 本多勝一이 편저한 『난징대학살을 기록한 황군병사들』, 大月書店, 1996년판, 219 · 134 · 350쪽.

녁쯤에 군의 명령을 받아, 3분의 1의 포로를 강가에 끌고 가서 1대대가 총살했다", "오후 3시, 대대는 제일 마지막에 마땅히 취해야 할 수단을 결정지어 포로 3천여 명을 양자강에 끌고 가서 강변에서 총살했다"고 적혀 있다. 구로수(黑須忠信)는 12월 16일 일기에서 아래와 같이 썼다. "2, 3일 전에 포로가 된 지나병사 중 5천 명을 양자강가에 끌고 가서 기관총으로 쏘아 죽였다. 그런 다음 총검으로 다시 찔러 완전히 죽도록 했다. 나도 이번에 30여 명을 찔러 죽였다. 산처럼 쌓인 시체에 올라가서 찌르는 심정은 귀신이라도 용기가 없이는 할 수 없는 일이었다. …… 돌아올 때는 이미 저녁 8시였다. 손목은 매우 나른했다." 382쪽이나 되는 이 일기는 많은 세부적인 장면까지 묘사하여 우리에게 강력한 증거를 남겨주었다. 그래도 일본 우익세력은 난징대학살을 부정하려고 애쓰는데 이것은 망상에 불과하다.

난징 인구는 우익세력들이 항상 문제삼는 것이다. 일본군이 난징을 점령할 때, 난징 시내에 일반 평민은 오직 20만 명밖에 없었고, 거기에 5만 명의 수비군을 합쳐도 모두 25만 명이다. 그렇다면 어찌 30만 명이나 죽일 수 있는가? 역사자료를 분석해보면, 25만 명은 단지 국제안전구역내에 수용된 난민의 숫자다. 당시 난징에 남아 있는 사람들의 숫자는 50~60만 사이에 있어 인구를 문제삼지는 못한다.

여기에서 반드시 지적해야 할 것은, 우익세력이 진실을 피하고 거짓 역사를 만들어내는 수단으로 난징대학살에서 살해된 사람들의 숫자를 문제삼는 것이다. 중국 민중이 죽은 숫자가 20만, 30만 명인지 확실치 않다고 하여 난징대학살이라는 명백한 역사가 존재도 하지 않은 '거짓' 역사로 전락될 수 있을까? 당시 도쿄군사법정 판결에서는 명백하게 일본이 난징에서 저지른 대학살 사실을 인정했다. 판결문은 다음과 같이 쓰여 있다. "난징 및 근처에서 학살된 평민과 포로 총 숫자가 20만 명 이상이다", "이 숫자에는 아직 일본군이 태워버린 시체, 양자강에 던져버리거나 다른 수단으로 처리한 사람들의 수가 들어가지 않았다". 1947년 난징군사법정이 다니(谷壽夫)에 대해 판결을 내릴 때 "일본군이 포로된 군대와 평민을 기관총으로 집단 살해하고 시체를 불살라 그 흔적을 없앤 사람의 숫자는 19만여 명에 이른다. 그

외에 소규모로 살해하고 그 시체를 자선기구에서 매장한 사람의 숫자는 15만여 명으로 피해 총 숫자는 30만 명 이상이다"라고 확실히 인정했다. 군사법정의 재판은 국제적인 권위성을 지닌다. 일본정부는 '샌프란시스코 평화조약' 제11조에서 명확하게 일본정부는 원동군 군사법정의 심판을 받아들인다고 적었다. 그러므로 지금 일본정부가 '새역모' 역사교과서를 통과시킨 것은 국제조약에 대한 부정인 것이다. 다시 말하면 자신이 한 약속을 저버려 국제사회의 믿음을 잃는 행위인 것이다. 만약 학살에 대한 세부적인 문제에 의문점이 있다면 학술활동을 통하여 진실을 얻어내는 방식을 취할 수 있었다. 전세계적으로 볼 때, 대규모의 난징대학살은 독일 파쇼가 유태인에 대해 저지른 폭행을 초월한 것으로서, 이 같은 사실은 지울 수도 고칠 수도 없는 것이다. 일본정부는 반드시 '난징대학살'은 중화민족이 일본침략을 받은 수난의 역사 상징으로서 그에 대한 축소와 부정 모두 중국, 중국인민들의 감정에 상처를 주는 행위라는 것을 알아야 할 것이다.

3. 태평양전쟁의 관점

첫째, 침략 전쟁이라는 사실을 덮어버리고, 일본이 전쟁을 진행한 것은 아시아를 해방시키기 위한 것이었다고 떠벌린다

'새역모'는 아시아 태평양전쟁을 '대동아전쟁'이라고 칭하고, 그 전쟁이 침략전쟁이라는 사실을 부인한다. 그들은 또 태평양전쟁이 일어나게 된 원인으로 유럽과 미국의 '중국 장개석에 대한 공공연한 지원', '전면적인 일본석유에 대한 수출 금지'하에 일본은 일본민족의 '자존자위와 아시아를 유럽과 미국의 통치에서 해방시키기 위하여' 전쟁을 일으킨 것이라고 공언한다. '일본과 아시아 국가의 독립'이라는 장절에서, '새역모'가 만든 소송판은 "일본은 전쟁 이후 아시아를 해방시키는 것을 전쟁 목적의 하나로 여겨, 수백 년 동안 유럽과 미국의 승인을 받지 못한 버마, 필리핀, 인도, 베트남, 캄보디아, 라오스 등의 국가로 하여금 그들의 독립을 승인받게 했다"고 썼다. 수정판에는 제목을 '아시아 각국과 일본'으로 고치고, 내용을 "대동아 공영권하에 강제로 실시된 일본어 교육과 신사참배는 그곳 인민들의 반항을 불러일으켰다. 전쟁 국면이 악화된 후 일본군의 강박에 의하여 그곳 인민들은 힘든 노동을 계속했다. 어떤 지역에는 항일 유격활동이 빈번히 일어났다. 일본은 여기에 대하여 엄격한 조치를 취하여 일본군에게 살해되고 폭행당한 사람들의 수가 매우 많다", 일본측의 전쟁목적은 "아시아를 유럽의 침략하에서 해방"시키는 것에 있다. 1943년 일본군이 동남아를 점령하여 "그곳 인민들은 일본에게 희망을 걸고 있었다"라고 고쳤다.

우익교과서는 「대동아전쟁」, 「초기 승리」라는 장절에서 아래와 같이 썼다. "이 일(진주만습격을 가리킨다)이 보도된 후, 일본 국민은 오랜 시기 동안 일중전쟁으로 침울했던 분위기에서 벗어나 모두가 분기했다", "전시 국민생활"에서는 "생활물자는 극도로 궁핍하다. 그러나 이런 어려운 상황하에 많은 국민들은 부지런히 일하고 용감하게 싸웠다. 이것은 전쟁에서 승리하기 위한 행동이다." 여기에서 우리는 편저한 자의 전쟁에 대한 태도와 입장을 여실히 볼 수 있었다.

둘째, 조선을 합병하고 식민지 정상화를 유지했다고 떠벌리고, 대만에 대한 식민통치에 대해서는 한 글자도 언급하지 않았다

일본이 조선반도를 삼킨 문제에 관하여, 수정 전 '새역모'의 『새 역사』는 조선반도는 "대륙이 일본머리 위에 걸어놓은 흉기다", 때문에 한국을 합병하는 것은 '합법적'인 행위다,라고 썼지만 수정 후에는 비록 서술에서 조금 신중함이 있었으나 여전히 한국은 열강의 위협에 대항할 힘이 없었기에 한국을 합병하는 것은 '일본의 안전과 만주의 권익을 지키는' 데 필요한 것이다. 때문에 합병은 정당하다는 입장이다. 일본이 조선을 식민지로 전락시킨 것에 대하여 책에서는 공공연히 그 합법성을 떠벌리고 거기에 찬미를 더했다.

1910년 일본은 한국을 합병했다. 아시아를 안정시키는 이런 정책은 유럽

열강들의 지지를 받았다. 한국을 합병하는 것은 일본의 안전을 보위하고 만주의 권익을 지키는 데 필요하다. 그러나 경제 혹은 정치상에서 좋은 점만 있는 것은 아니다. 이 정책을 실행할 때, 국제관계의 원칙에 의해서 진행했다.

이것은 합병이라는 역사사실과 그 본질을 은폐한 것으로, 그들은 한국을 식민지화한 사실에 대하여 반성하지 않을 뿐만 아니라 그 자체를 정당화시켰다. 합병과정에 대해서는 언급하지도 않았고 합병 후 조선반도에 철도, 관개 등의 사업을 진행한 것에 대해서만 많이 언급했다. "한국과 합병한 후, 일본은 식민지 조선에 철도, 관개시설을 개발하고 토지조사를 진행했다." 그들은 이렇게 기술함으로써 위의 논점을 증명하려고 애썼다. 일본은 "경제 혹은 정치상에서 좋은 점만 있는 것이 아니다." 사실 일본이 조선에 가져다준 것은 무엇이었던가? 그것은 망국이라는 비참한 현실과 조선인민들의 빈곤한 생활, 조선 자원에 대한 약탈, 인종차별 정책, 항일민중에 대한 진압 등이었다. 뿐만 아니라 어떤 폭행은 이미 지워져 고증할 수조차도 없다. 필자는 2000년 2월 하이난(海南)에 가 일본군이 실시한 '위안부제도'의 잔혹함에 대해 조사할 때, 삼아려지구진(三亞荔枝溝鎭)에서 지금까지 현지인들로부터 '조선촌(오늘의 三羅村)'으로 불리는 마을을 발견했다. 전쟁 때 일본군이 수천 명에 달하는 조선항일투사를 수천 리 밖에 있는 하이난으로 압송하여 그들에게 강제로 길을 닦게 하고 광산을 개발하게 했다. 투사들 다수는 모두 혹독한 노동으로 하여 죽었다. 일본이 패배할 때, 남은 1300명의 투사는 모두 살해되어 산기슭의 천인구덩이에 묻혀 있었다. 그 백골은 수 미터 두께만큼 쌓였다. 이러한 폭행은 단지 이 사례만이 아니었다.

일본의 대만에 대한 통치는 50년에 달한다. 그들은 대만에서 마찬가지로 학살, 약탈, 산지(山地)민족에 대한 진압 등 나쁜 짓이란 나쁜 짓은 다 저질렀다. 그러나 새역모의 교과서에서는 한 글자도 언급하지 않았으며 단지 일본이 그곳에서 동화정책을 실시하고 일본식 성명제도를 실시했으며, 대만에서 약탈정책, 아편 독점 판매정책, 대만 민중의 항일투쟁을 모두 말살하는 정책을 실시했다고만 썼다. '새역모'가 일본을 '식민지 해방에 앞장선 나라'라고 서술한 바와 마찬가지로, 이것은 완전히 역사를 왜곡하고 '현대적 신화'를 만들어내는 작업이었다.

역사교육의 의의는 인류가 역사교과서와 역사과정을 공부하는 것을 통하여 자기 민족 및 다른 민족의 고유한 미덕을 계승하고, 인류역사의 굴곡적인 과정 중에서 인생 가치와 생명의 의의를 이해하는 것에 있다. 또 사회에 대한 인식을 제고하여 사회를 개조하는 능력을 높이고, 인생을 더욱 잘 창조해가는 데 있다. 그 전제는 역사교과서의 진실과 과학이다. 정확한 역사관으로 인류사회가 발전한 과거와 현재를 보고, 다른 국가와 민족이 창조한 문명성과를 이해해야 하며 정확한 국제의식으로 진실과 거짓을 잘 가려내는 것, 이것이야말로 교과서를 편찬하는 기본 원칙이다. 그러나 일본 우익교과서의 최대 문제는 이런 규칙을 완전히 어긴 것에 있다. 때문에 만약 우리가 우익교과서에 대하여 평가를 내린다면, 그것은 바로 '황국사관'을 지도사상으로 한, 헌법을 위반하고 침략전쟁을 긍정하는 관점을 지닌, 반동적이고 '위험한 교과서'인 것이다. 이런 교과서가 사용된다면, 그 당시에 일본 군국주의 침략을 받은 아시아 국가 인민들의 감정에 상처를 입힐 것이며 또 일본청소년들에게 그릇된 것을 가르쳐 일본 앞날에도 영향을 미칠 것이다.

<번역 : 류영희>

일본 『새 역사교과서』 역사관의 비판과 극복을 위하여

도면회(대전대학교 교수)

머리말

지구상 대부분의 국민국가는 자국민의 국가에 대한 충성을 자아내기 위하여 국가 역사의 고유성과 유구성, 선진성을 주장하는 것이 일반적이다. 근현대사에 관해서 말하자면, 식민지 피지배 경험을 거친 국가들은 제국주의의 지배를 비판하고 식민지로부터 독립하기 위한 투쟁의 역사를 강조하게 마련이다. 반면 제국주의 지배 경험을 가진 국가들은 식민지 피지배 민족에게 어느 정도 혜택을 주었음을 강조하면서도, 타국을 식민지로 지배한 역사를 무조건적으로 과시하지는 못하는 것이 제2차 세계대전 이후의 경향이었다.

그러나 최근 일본의 '새 역사교과서를 만드는 모임'의 중학교용 역사교과서 『새 역사교과서』는 한국・중국을 비롯한 동아시아 국가들을 지배한 역사를 반성하기는커녕, 자국이 패전 이후 미국과 소련에 의하여 부당한 대우를 받았고 그 결과 오늘날의 '잘못된 상황'이 모두 패전으로부터 비롯되었다는 등 사실을 왜곡하고 은폐하는 역사관에 입각하고 있어 특히 참혹한 피해를 입었던 동아시아 국가들에게 큰 충격과 분노를 안겨주고 있다.

엄밀하게 말하여 『새 역사교과서』가 취하고 있는 민족주의적 역사관의 내용은 크게 보자면 자국 역사의 독자성, 우월성을 강조하고 타민족에 대한 침략과 수탈을 합리화했다는 점에서 1945년 이전 군국주의 시대에 만들어진 국정교과서들의 그것과 크게 달라진 바가 없다. 그러나 이번 교과서는 군국주의 시대의 황국사관이라기보다는 '국민국가'의 틀 속에 민족주의 역사관을 담고 있다는 점이 매우 중대한 변화라고 할 수 있다. 본 발표는 이 점에 유의하여 『새 역사교과서』 사관의 특징을 분석하고자 했다.

아울러 한국정부가 주도하여 간행한 중학교 또는 고등학교용 『국정 국사교과서』는 역사관의 측면에서 과연 일본의 『새 역사교과서』를 충분히 비판할 만한 우월성을 지니고 있는가도 검토하고자 했다.

1. 『새 역사교과서』 민족주의 역사관의 특징

『새 역사교과서』는 '역사는 과학이 아니다', '현재의 눈으로 과거사를 재판하는 일은 그만두자'[1]고 하는 등 포스트모더니즘적 역사인식론을 내세우고 있다. 그러나 작년 이래 지금까지 많은 연구자들이 비판한 바대로 정작 내용을 보면, '그릇된 역사' 대신 '올바른 역사'를, '중심이 없는' 역사 대신 '중심을 세우는' 역사를 만들어야 한다고 주장함으로써 중심의 해체를 주장하는 포스트모더니즘 역사인식으로부터 가장 멀리 떨어져 있다.[2]

『새 역사교과서』에 나타나는 역사관은 물론 민족주의 역사관의 일종이라고 할 수 있다. 그러나 이러한 역사관은 아시아 제국을 침략하는 과정에서 만들어진 패전 이전의 '황국사관'과는 맥락이 크게 다른 것이다. 그간 한국에서는 『새 역사교과서』의 역사관은 군국주의 시대 국정 국사교과서의 그것과 대동소이한 것으로 분석해왔으나, 『새 역사교과서』 필자들의 의도는 천황과 고대사를 신화화하는 황국사관을 주장한 것이 아니라 이것들을 일본의 민족적 정수로 내세우면서 일본이라는 국민국가의 응집 요소로 삼고자 하고 있다는 점에서 주의를 요한다.

이들의 사관을 이해하기 위해서는 『새 역사교과서』보다는 이들의 본래 의도를 더욱 적나라하게 보여주는 『공민교과서』의 몇 부분을 유념하여야

1) 일본역사교과서왜곡대책반 편역, 『후소샤 일본 중학교 역사교과서』 서장.
2) 「집중토론 : 한국역사학·역사교육의 쟁점」, 『역사비평』 2001년 가을호, 65쪽의 김기봉 발언.

한다.[3] 『공민교과서』에서 보이는 특징은 세 가지로 정리해볼 수 있다. 첫째, 이들은 인권을 설명하면서도 그 보편적 의의를 부정하고 '전통으로 존재하는 질서'를 강조하고 있다. 그리하여 "기본적 인권은, 모든 인간에게 태어날 때부터 부여된 권리로 되어 있다. 그러나 여기서 주의해야 할 것은, 존중되어야 할 권리의 구체적 내용이나 종류는 각각의 사회나 국가 역사 속에서 장구한 기간에 걸쳐 형성되어간다고 생각해야 한다. 어떤 나라나 어떤 시대에도 통용하는 절대적인 자유권이나 평등권이 있는 것은 아니다. 그것들이 선조들 노력의 결과로서 각국의 문화나 전통을 배경으로 역사적으로 서서히 획득되어가는 것임을 잊어서는 안 된다"고 하여 인권을 무한정 보장할 수는 없다는 입장을 보이고 있다.

둘째, 일본사회의 다양한 문제의 발생원인을 모두 전후 문화에서의 '도덕성' 결여에서 구하고 있다. 자신들이 직면하고 있는 문제는 모두 외부로부터 도래하고 그것에 양보함으로써 발생한 것이라고 하면서 외국인 혐오증까지 보여준다. 『공민교과서』의 저본이라고 할 수 있는 『국민의 도덕(國民の道德)』이란 책 속에서 저자 니시오 간지는 "나로서는 '전후(戰後)'야말로 부도덕의 온상이다. 즉, '전후'라는 것은 미국을 거친 순수근대주의의 가치관을 보급해온 반세기라는 것이다 …(중략)… 진보주의・휴머니즘・평화주의・민주주의, 이들 원칙이야말로 전후 반세기를 서서히 부도덕의 늪으로 끌어넣은 것이다"라고 하며, 전쟁에 진 것을 빈번히 언급하면서 1931년 만주사변 이후 15년 전쟁이 아시아의 누구를 향하여, 어디에서 수행된 전쟁이었던가는 일절 서술하지 않았다.

셋째, 서구의 시민적 휴머니즘에 속하는 '공민' 개념을 설명하면서도, 시민으로서의 개개인이 다른 시민과 경험하는 차이, 그리고 거기서 발생하는 대립・갈등은 미리 배제하든가, 실체적인 공동체로서의 국민국가의 공동성을 위협하는 부정적인 현상에 불과한 것으로 규정하고 있다. 그리하여 "자유와 질서의 어느 쪽을 취할 것인가라는 질문은 잘못된 선택이다. 질서가

---

3) 이하는 이와사키 미노루, 「후소샤판 『새 공민교과서』의 논리와 심성」, 『기억과 역사의 투쟁』(2002년 당대비평 특별호), 도서출판 삼인 참조.

없는 자유는 혼란을, 그리고 자유가 없는 질서는 억압을 가져오기 때문이다. 자유와 양립하는 질서를 구하는 것이 중요하며, 그리고 그러한 질서는 각국의 역사, 즉 '국체'에 기초한 질서일 수밖에 없다"고 하여 질서의 기초인 국체(國體)를 강조한다.

이처럼 『공민교과서』는 일본정신을 담은 '국체'를 중심으로 국가라는 공동체를 강조하며, 패전 이후 서구에서 유입된 인권이나 시민적 자유사상 등은 공동체를 위협하는 부도덕의 온상이고, 이러한 현상을 배태한 주원인은 미국이라는 외부세력 영향을 받기 시작한 패전 이후부터라고 책임전가하고 있다.

『새 역사교과서』 필자들은 이러한 인식 위에서 일본의 역사관이 두 가지 이분법적 역사관, 즉 '도쿄 전범재판식 역사관'과 '대동아전쟁 긍정사관'에 얽매여 있으므로 이러한 양극단을 탈피하기 위한 자유주의사관이 역사서술의 기본 관점이 되어야 한다고 주장했다. 우선 '도쿄 전범재판식 역사관'은 전전과 전시의 일본을 나쁜 편으로 보는 역사관으로 미군정에 의하여 일본에 강요된 역사관인데, 이후의 좌익 역사학자와 교육자들 때문에 일본인들이 이 사관을 내면화했고 심지어 자민당까지 이에 휘둘려 1990년대 초 대동아전쟁 도발의 책임을 사과하기에 이르렀다는 것이다. 이러한 논리는 패전 이후 50여 년의 긴 시간 동안 아무런 해결 기미도 없는 교착상태에 지치고 반세기도 더 지난 일을 놓고 아직도 책임 소재를 묻고 보상 운운하는 것을 짜증스러워하는 일본인들의 많은 지지를 받았던 것도 사실이다.[4)]

그러나, 이처럼 자유주의를 주장하면서 이들이 내세우는 '올바른 역사'란 앞서 보았던 일본 고유의 역사의식, 일본의 국체에 기반한 역사인식이었다. 결국 전쟁 이전 황국사관의 내용을 반복하고 있다는 점에서 이들은 결코 다른 한 극단이었던 '대동아전쟁 긍정사관'의 포로가 될 수밖에 없었다. 그러면서도 그것은 '황국사관'의 부활이라고 볼 수 없는 전혀 새로운 성격을 지니고 있다.

『새 역사교과서』 역사관의 핵심은 독선적인 자국중심주의에 있다. 물론,

4) G. 매코맥, 「일본 '자유주의사관'의 정체」, 『창작과비평』 1997년 겨울호 참조.

지구상 대부분의 나라가 자국사를 서술할 경우에는 자국중심의 역사관에 입각하여 서술하게 마련이다. 그러나, 『새 역사교과서』의 자국중심사관은 자국의 국가적 범죄행위는 긍정적으로 서술하거나 은폐하고, 타국의 일본에 대한 침략과 지배는 극렬하게 비난하는 모순된 태도를 보인다. 이는 대외관계사 서술에 잘 나타난다. 즉, 대외관계를 힘과 힘, 국가와 국가의 대항・투쟁의 역사로 파악하고 국내적으로는 이를 위한 단결과 헌신 등의 계기가 극도로 강조된다. 그리하여 이들은 근대세계사가 구미열강에 의한 세계지배를 기동력으로 전개된 것을 근거로 삼아 침략이나 전쟁은 세계사상 항상 존재했던 것이므로 나쁜 것이 아니라고 한다. 도요토미 히데요시의 조선 침략이나 북해도・유구・대만, 그리고 1910년 일본의 한국 강점도 모두 세계사의 흐름에 걸맞는 것으로 인식한다. 나아가서, 이들은 노일전쟁 이후의 세계 정세가 황인종과 백인종의 대립이었고 노일전쟁에서의 승리는 "세계 속의 억압된 민족에게 독립에 대한 무한한 희망을 주었다"고 하여 일본의 승리를 평가함으로써, 전쟁의 무대가 되었던 한국을 병합함으로써 식민지화한 것, '만주'의 권익을 지킨다는 명목으로 수행되었던 식민지적 지배, 그리고 중일전쟁부터 만주국 수립에 이르는 과정을 정당화했다. 즉, 똑같은 '황색인종' 사이에 이루어진 침략과 식민지적 지배에 대해 인종주의적 명분 하에 면죄부를 부여했다.[5)]

자국중심주의가 대외관계사 서술에서는 타국에 대한 침략・억압・강제동원의 정당화 또는 은폐로, 외국의 일본 침략과 지배에 대해서는 비난과 책임 전가로 표현되고 있다면, 대내적으로는 '국민'으로서의 통합을 강조하는 '국민국가' 내실화의 방향으로 나아가고 있음을 볼 수 있다. 그리하여 천황의 의사나 천황에 대한 존숭(尊崇)을 중요시하더라도 그것은 어디까지나 국가・국민의 통합 관점에서이지, 전전과 같이 천황에 대한 일방적인 충성・헌신 등에 대한 강조는 아닌 것으로 나타나고 있다. 여기서 강조되는 것은 집필자들이 '公'이라고 부르는 입장으로서, 천황이나 조정은 권력이라

---

5) 小森陽一・板本義和・安丸良夫 編, 『歴史教科書何が問題か』, 岩波書店, 2001, 56~81쪽.

기보다는 '公'의 입장을 상징하는 권위라는 것이다. 이러한 '공'의 입장은 대외적 위기하에서 국가를 중심으로 한 통합과 헌신의식으로 강조되면서, 원나라의 침략에 즈음하여 조정과 막부와 무사들이 일치 단결하여 국난을 극복했다라고 서술하기에 이른다.

근현대사 서술에서는 근대일본을 기본적으로 '근대국민국가'로 파악하고, 학교제도 · 징병제 · 조세제도는 '근대국민국가'의 기반을 공고하게 하기 위한 기본적 개혁이 되어, 의무교육제도는 '공평을 확보'한 능력주의의 원리에 서 있고, 징병제는 '사민평등의 사고에 기초한 국민군'의 형성이라는 식으로 묘사된다. 청일전쟁 · 노일전쟁은 징병제로 형성된 '국민군'이 싸운 '국민전쟁'이었다고 서술하고 있다. 모든 것이 '근대국가' 형성이라는 명분하에 미화되고 '국민'의 창출에 관련되어 긍정적으로 서술되고 있다. 1880년대 민간에서의 헌법 초안 작성은 "국민의 강한 애국심을 나타내는 것"이며, '교육칙어'도 '근대 국가 국민으로서의 준수사항을 설명한 교시'이다. 이처럼 천황 대신 이제는 국민국가의 형성에 모든 것을 관련짓는 모습을 보이고 있다. 메이지천황도 그림자가 엷어지고 쇼와천황에 대해서는 오로지 그 국민에 대한 동정이나 '진실로 성실한 인품' '인간성'이 강조될 뿐, 천황의 이름으로 침략전쟁이 이루어지고 광신이나 강제가 천황제나 국체론과 불가분이었던 점은 의도적으로 서술하지 않고 있다.[6]

자국중심주의와 관련하여 빼놓을 수 없는 것은 『새 역사교과서』의 역사관은 극단적인 가학적 민족주의 역사관이라는 것이다. 우선, 한국에 관해 서술한 내용은 기본적으로 패전 이전에 일본의 역사학자들이 만들어낸 한국관 — 한국은 매우 낙후한 정체성의 역사를 지니고 있으며, 유사 이래로 항상 다른 민족이나 국가의 영향을 받아 정치 · 경제 · 사회 · 문화 등을 형성해왔다는 인식 — 을 반복하고 있다. 여기에 더하여 한반도는 "대륙으로부터 일본을 향하여 하나의 팔처럼 돌출되어 있으므로 한반도가 일본에 적대적인 대국의 지배하에 들어간다면 일본을 공격하는 절호의 기지가 될 수 있다"고 하여 한국 침략과 지배를 합리화하려는 서술을 보이고 있다. 1923

6) 위의 책, 86~90쪽.

년 관동대진재 때 관헌(경찰)에 의한 조선인 대량학살 사실을 왜곡 또는 은폐하고, 국제연합의 인권위원회가 반인륜적 전쟁범죄 행위로 규탄하고 1993년 일본 관방장관도 자인한 군대위안부 문제에 대해서는 아예 언급하지도 않고 있다. 나아가서 1937년 중국 난징을 점령한 일본군이 수십만 명의 중국인을 가축을 죽이듯이 잔인하게 학살한 사실에 대해서는 그저 '일본군에 의해서 민중들에게서도 다수 사상자가 나왔다'고 지극히 가식적인 서술을 하고 있다.

이상에서와 같이 『새 역사교과서』의 민족주의 역사관은 전전 황국사관의 부활 자체라기보다는, 자유주의사관이라는 이름하에 '도쿄전범재판식 역사관'으로부터의 탈피를 꿈꾸면서 독선적인 자국중심주의, 근대 국민국가로서의 내적 통합의 강조, 대외관계에서 타국에 대한 침략과 학살, 강제동원을 합리화하는 가학적 민족주의, 패전 이후 일본사회의 모든 악의 근원을 미국 점령에 책임 전가하는 무책임성 등으로 요약된다.

주지하다시피 한국에서는 2001년 이래 많은 사회단체는 물론, 정부 차원에서 이를 비판하고 서술 내용 수정 요구를 지속적으로 제기하여왔다. 그러나 한국의 『국정 국사교과서』 역시 『새 역사교과서』와 크게 다르지 않은 관점을 지니고 있기 때문에 일본의 역사교과서를 비판하는 것도 중요하지만 그와 동시에 한국의 『국정 국사교과서』도 비판하고 수정해야 한다는 목소리가 부분적으로 나오고 있었다.

2. 한국 『국정 국사교과서』의 민족주의 역사관

1945년 일본의 식민지 지배로부터 해방된 이후 한국의 역사연구와 서술은 일본이 형성해놓은 '한국사의 타율성 · 정체성론'을 극복하는 데 집중되어왔다. 그러나 그러한 노력은 '미워하면서 닮아간다'는 말도 있듯이 일본 근대역사학의 기본 구도를 그대로 사용하면서 주어와 목적어만 바꾸어 이루어졌던 것으로 분석된다.

해방 직후의 신민족주의사학은 '국민 · 국가의 역사'라는 점에서 일본 근대역사학 체계에서 크게 벗어나지 못했다. 손진태는 일제강점기에 와세다대학 사학과에서 역사학과 사회학을 전공했는데, 그 스승인 쓰다 소키치(津田左右吉)는 한국에서는 식민사학자로 알려져 있지만 일본 근대역사학을 국민국가의 역사학으로 체계화한 인물이었다.

그의 논리는 해방 직후 문교부장관으로 국가 수립과 국민 교육을 위하여 역사학을 민족주의적으로 체계화한 손진태의 역사이론에 상당한 영향을 미쳤다. 손진태의 민족사 이론은 "대내적으로는 민족을 구성하는 전사회계급의 모순관계와 의식 문제를 사회발전의 체계 속에서 인식하고 대외적으로는 우리 민족의 타민족에 대한 투쟁과 문화 교류를 통한 민족 문화의 성장을 대내문제로서의 사회발전 논리와 연결시켜 이를 전민족의 성장 · 발전이란 체계 속에서 전개하려는 것이었다"라고 하여, 사회 내부의 계급 대립 문제를 추가한 점이 쓰다와 차별화되는 지점이지만, 결론적으로는 역시 민족의 역사를 체계화하고자 한 것이었다.[7]

이러한 체계는 손진태와 같은 시기 와세다대학에 유학했던 이선근에 의해 1950년대 후반 풍부한 자료와 일관된 관점에 의하여, 오늘날 한국인들이 자신도 모르게 되뇌는 '조국과 민족을 위한 역사'로 집대성되었다. 이선근은 일제강점기에는 언론인 · 교사, 만주국 협화회원으로, 해방 후에는 남한 역사학계의 원로로 대우받고 박정희 정권기에 가서는 '주체적 민족사관'을 구성해낸 역사학자인데,[8] 그가 1961년과 1963년에 발간한 방대한 분량의 『한국사』 최근세편과 현대편은 한국 근대사를 국민국가 또는 근대국가 수립운동 과정으로 체계화하고 있다.

위 두 책의 목차 중 장제목만 간추려보면, 세도정치와 내우외환, 대원군 세도와 내외정치, 개국의 고민과 임오군란 · 갑신정변, 구미 제국과의 수호와 그 영향, 태평10년의 내외불안, 동학란과 청일전쟁, 청일전쟁과 갑오경

---

7) 박환무, 「'제국' 일본과 '민국' 한국의 역사학적 교차로」(2001년 5월 19일 '비판과 연대를 위한 역사포럼' 제8차 세미나 발표원고).

8) 구양근, 「李瑄根(1905~1983) - 역대 부도덕한 정권의 밑받침이 되어준 이론가」, 반민족문제연구소 편, 『청산하지 못한 역사』 3, 청년사, 1994.

장, 노일의 대립과 한국의 비극, 열강의 각축과 구국운동, 노일전쟁과 왕조의 붕괴 순서로 이루어져 있는데,[9] 이러한 체계는 그 후의 연구에 의하여 민족적 주체의 성장 부분이 추가되면서 변화되었지만, 국민국가 수립을 지향한다는 측면에서는 변화되지 않고 있다.

이러한 국가·민족 위주의 역사서술은 현행 중등학교의 『국정 국사교과서』(이하, 『국사교과서』로 줄임)에 그대로 반영되어 있다.[10] 우선, 국가와 민족의 신성성, 초역사성을 강조하는 점인데, 『국사교과서』는 곳곳에서 '우리나라', '우리 민족'이라는 초역사적 표현을 통해 현실의 국가권력을 '탈역사화'하고 있다. 국가와 민족의 신성성과 초역사성을 강조하는 부분에서 주로 활용되는 주어는 예외 없이 '우리나라', 혹은 '우리 민족'이다. 현실국가의 신성성을 강조하기 위해 새로운 국가는 항상 일반 민들의 이해를 대변하는 긍정적인 권력으로 미화되고 있다.

따라서 권력의 역사적 성격을 드러내는 서술 역시 대단히 부족하다. 한국의 제7차 교육과정 '국사교과서 준거안'(이하 '준거안'으로 줄임)을 보면, "민족사의 전개과정에서 이루어진 정치활동을 내재적인 발전과정으로 인식하고, 통치구조의 변화과정이 당시 사회의 모순을 해결하기 위한 노력의 결과임을 이해한다"고 되어 있는데, 이런 관점에서 새로 수립된 국가를 이해하면 그 국가권력의 성격은 항상 긍정적으로 묘사될 수밖에 없다. 예를 들어 조선왕조에 대해서는 "15세기에 추진되었던 일련의 개혁으로 조선사회가 정치·경제·사회적으로 발전하여 근세국가로 전환되었다"든지, "조선시대에는 유교적 민본사상에 기초한 정치이념이 확립되어, 전 시대에 비하여 여론이 중시되고 개인의 능력이 존중되었다"라는 서술이 바로 그것이다.

같은 맥락에서 『국사교과서』에는 국가와 민족 내부의 계급·계층적 갈등관계, 이런 관계 속에서 발생한 다양한 사실과 사건에 대한 설명을 회피

9) 李瑄根 著·震檀學會 編, 『韓國史』 제5권 最近世篇, 을유문화사, 1961 / 제6권 現代篇, 1963.

10) 이하의 내용은 지수걸, 「'민족'과 '근대'의 이중주」, 『기억과 역사의 투쟁』(2002년 당대비평 특별호), 도서출판 삼인 참조.

하거나 은폐하고 있는데, 이런 서술은 일본의 『새 역사교과서』와 마찬가지로 국가와 민족을 하나의 유기체이자 초역사적 존재, 공적 성격을 담지한 공동체로 묘사하고자 하는 의도와 밀접한 관련이 있다. 『국사』는 국가의 법・제도・정책이 가진 계급적 성격을 거의 언급하지 않고 있을 뿐만 아니라 지배계급과 피지배계급의 투쟁(내전)을 축소 서술하고 있다.

국가와 민족의 신성성을 강조하는 다른 한 측면에서는 한국 근현대사의 온갖 부정적 현상의 책임을 일본과 공산주의(혹은 북한)에 전가하고 있다는 점이 주목된다. 한국 근현대 역사의 모든 부정적 측면, 실패와 오류는 모두 그들 탓으로 서술되고 있다. 『국사 교과서』에서 서술되는 한국 근현대사의 개요는 다음과 같이 정리된다: 조선왕조 후기까지 한국 사회의 태내에서 '내재적'으로 자본주의 맹아가 태동하고 있었으며 1876년 개항 이후부터 한말까지 외세(일본)의 침략에 대응하여 그 나름의 자주적 근대화를 진전시켰으나 일본의 식민지화로 말미암아 좌절・왜곡되었다. 한국 민족은 줄기찬 근대지향적 민족운동(상해임시정부운동)을 통해 자주적으로 조국의 '광복'을 쟁취했으며, 해방 이후 북한공산집단의 방해책동에도 불구하고 대한민국정부가 매우 빠른 속도로(성공적으로) 조국의 근대화를 진전시킬 수 있었다는 것 등이다.

이같은 서사구조는 '준거안'에도 그대로 나타나고 있는데, 예를 들어 "일제에 의한 국권의 피탈로 자주적인 근대화가 중단되고, 식민통치하에서 탄압과 수탈을 당했으나 줄기찬 독립운동으로 광복을 찾게 되었음을 이해한다"라든지, "일제 식민지 통치 시기가 민족사의 일대 수난기임을 인식하고, 일제의 식민정책이 한국의 근대화를 저해했음을 파악한다." 등과 같은 '지시'들은 일본을 절대악으로 간주하고 있음을 보여주는 것이다.

일본과 아울러 한국역사의 발전을 저해한 부정적 존재로 일제강점하 사회주의운동 또는 해방 이후의 북한공산주의를 지목하고 있다. 예를 들어 "1919년 3・1운동 이후 국내에 사회주의 사상이 유입되어 사회・경제적 민족운동이 활성화되기도 했으나, 한편으로는 민족주의운동과의 대립으로 민족운동의 전개에 혼선이 일어났음을 이해한다"고 하고 있는데, 이처럼 노동·농민운동이나 사회주의운동을 다루는 항목에서는 '대립과 갈등', '분열과 혼란' 등의 이미지를 자주 부각시키고 있으며, 신간회라는 민족통일전선 단체의 해체를 설명할 때는 코민테른의 사주를 받았다고 강조하고 있다. 이러한 서술은, 사회주의자가 자기 사상이나 계급, 혹은 '사회주의 조국 소련'을 위해 자신의 조국과 민족을 배신한 자, 민족의 대단결을 방해한 자라는 이미지를 만들어낸다. 이런 과정에서 자연스럽게 사회주의자는 배제하고 절멸시켜야 할 '반민족행위자', 혹은 조국과 민족의 철천지원수로 역사화된다.

『새 역사교과서』가 일본이 행한 한국의 식민지화와 수탈·억압, 중국에서의 난징학살 등등을 고의적으로 은폐하거나 왜곡 서술하고 있듯이, 『국사교과서』 역시 그러하다. 해방 후 남한에서 "좌익(빨갱이) 소탕작전"의 일환으로 이루어진 1948년 제주도에서의 4·3학살, 한국전쟁 기간 동안의 대대적인 양민 학살, 그리고 1965년 베트남 파병 이후 자행한 베트남 인민에 대한 학살 등은 『국사교과서』에 서술되지 않고 있다.

이처럼, 일본의 『새 역사교과서』와 한국의 『국사교과서』는 국가와 민족의 유구성, 신성성, 공공성을 기본으로 하여 그 안으로 국민을 통합하고 타국의 침략에 대한 국가공동체의 항쟁을 강조하는 반면, 자국이 타국이나 국내 특정 주민들에 대해 저지른 범죄행위를 은폐·왜곡 서술한다는 점에서 공통점을 찾을 수 있다.

맺음말

한일 양국 역사교과서의 공통적인 측면을 중심으로 볼 때, 『새 역사교과서』의 역사관을 한국 『국사교과서』의 역사관으로 비판한다는 것은 불가능하게 보인다. 양자 모두 국가와 민족을 바라보는 관점이 동일하다면, 비판할 수 있는 부분은 오로지 상호간의 역사가 얽혀 있는 시기와 사건에 대한 평가 부분에서뿐이며, 그나마 그것도 상대국가의 침략 또는 지배에 대한 도덕적 비난으로 한정될 수밖에 없을 것이다.

이 점은 2001년 미국에서 오사마 빈 라덴이 주도한 것으로 알려진 9·11테러와 그에 뒤이어 나타난 미국인들의 애국주의 발동에서도 마찬가지로 확인된다. 제2차 세계대전 이후 미국의 많은 학자들은 제3세계의 민족주의에 대해 '매우 호전적이고 위험한 국수주의' '우물안 개구리격'으로 비판해왔다. 그러나 자국에서 벌어진 엄청난 민간인 살상테러에 대해 미국민들은 그동안 미국이 자행한 타국에 대한 간섭과 침략행위를 반성하기보다는 테러를 행했다고 알려진 주체를 넘어서 이슬람 전체를 싸잡아 비난 공격하고 아프가니스탄에 대한 무차별 공격을 지지하면서 너도나도 성조기를 자기 집과 승용차에 달고 다니는 애국주의를 보여주었다. 2등국민 이하의 대우를 받던 유색인종들이 국민으로서의 승인을 받기 위한 충성 경쟁을 벌이고 있는 모습도 도처에서 확인되었다. 이러한 현상은 지구상의 많은 국가들이 여전히 국민국가 또는 민족을 '세속적인 종교'로 만들고 있으며 이를 통해 주민집단을 통치하고 있음을 증명해주는 것이다.

그렇다면, 민족·국가 개념을 버리고 『새 역사교과서』의 역사관을 어떻게 비판·극복할 수 있을 것인가? 국가라는 지배체제가 소멸하지 않는 한, 국가·민족 중심의 역사관은 쉽게 사라지지 않을 것이다. 그렇다면 가능한 선택 방식은 국가·민족에 도덕적 정당성을 선험적으로 부여하지 말고 역사 서술을 하자는 것이다. 민족·국가에 선험적으로 도덕적 정당성을 부여한 것이 근대 역사학의 본질이다. 도덕적 정당성을 부여하지 않을 때에만 특정 지역의 주민집단을 국민국가로 통합할 때 지배권력에 의해 배제된 다른 주민집단의 고통, 다른 국가·민족의 고통을 역사 속으로 복원시킬 수 있다.

또, 침략과 반인륜적 범죄행위를 국가주의·민족주의적 역사관이 아니라 각국 간의 시민적 연대를 통하여 인도주의·민주주의적 관점에서 비판하여야 할 것이다. 그러할 때에만 애국주의·민족주의를 이용하여 통치권력의 정통성을 강화시키고자 하는 국가주의적 담론의 허구성에 빠지지 않을 것이며, 국가 간에 끝없이 반복되는 대립·갈등의 역사를 극복하고 화해·협력·평화의 역사를 구성할 수 있을 것이다.

일한 역사교육 실천의 교류와 역사인식의 공유
— 교과서의 우익적 역사관을 극복하기 위해서

이시와타 노부오(石渡延男, 일한교육실천연구회 대표)

서론

20세기의 일본은 대만·한국·남태평양제도·남사할린을 식민지화하고 중국을 비롯해 동남아시아 각지를 침략했다. 그 사실과 함께 발생한 모든 문제는 '부(負)의 유산'이라는 전후 역사교육의 무거운 과제로서 여전히 남아 있다. 특히 지리적으로 가까운 한국·조선과의 역사적 관계를 다음 세대의 아이들에게 어떻게 가르칠 것인가는 자국상의 모습을 좌우하는 중요한 요건이다.

근대학교는 19세기에 독일, 영국에서 성립했지만 그 임무는 국민국가 확립에 있었고, 국가주의와 민주주의를 가르치는 교과로서 역사지리 교육이 중요시되었다. 19세기 후반 일찍이 근대학교 제도를 받아들인 일본은 단일민족설에 근거한 천황 중심의 일본사상(史像)을 역사교육 중심으로 고정시키고, 국가주의에 의한 일본국민 만들기를 목표로 했다.

1945년 패전에 의해 재출발한 일본의 교육은, 데모크라시 즉, 민주주의를 가르치는 교과로서 사회과를 신설했다. 사회과의 일부분을 이룬 역사교육 또한 민주주의 일본건설의 역할을 맡았다. 그러나 정권담당 세력은 문제가 일어날 때마다 역사교육에 국민국가의 보호막을 씌워, 국가주의의 부활과 민주주의의 형해화(形骸化)를 도모해왔다. 후소샤판 『새 역사교과서』는 그 극치를 보여주는 것이다.

한편, 1980년대에 한국에서 성공한 민주화운동은 필리핀·인도네시아·

버마・대만으로 확산되어 아시아의 일대조류가 되었다. 일찍이 민족해방이 과제였던 아시아가 이제야 민주화를 과제로 하기에 이르렀던 것이다. 아시아 각국이 일본에게 전쟁책임을 추궁하는 일은 민주화운동에 의한 인권의식의 해방과 같은 궤도에 오른 것으로 이해된다.

혼자 그 흐름 밖에 있는 일본은, 변함없이 아시아에서 민주주의 선진국이라는 자부심을 가지고 자국의 민주화 정도를 인식하지 못하고 있다.

그렇지만 전후 일본의 교육은 자유・평등사상의 보편화 같은 성과를 올려왔다. 젊은이가 가장 좋아하는 말은 '자유'이고, 싫어하는 말은 '불평등'이다. 그러나 '공존' 사상을 교육 과제화할 수 없었기 때문에 바른 민족관을 키울 수 없었고 진실한 국제화를 구현할 수 없었다.

21세기의 일본은 아시아와 함께 살아가게 된다. 그러기 위해서는 '부(負)의 유산'을 무시하거나 은폐하는 것이 아닌 확실하게 대응할 수 있는 새로운 역사교육의 창조가 불가결하다. 그 시금석이라고 할 수 있는 일한 역사교사의 직접교류가 목표한 바는 일한 공존의 역사교육이었다.

1. 국제교류의 요건

1993년 일한 민간교육의 교류를 목표로 한 '일한교육실천연구회'가 설립되었고 이후 10년 동안 일한 역사교사의 교류는 끊이지 않고 계속되어왔다. 당초에는 서울의 중・고등학교 교사와 교류를 가졌다. 심포지엄에서는 일본의 교사가 아이들의 모습을 계속해서 돋보이게 했고 심혈을 기울인 수업 실천 과정을 보고했다. 그러나 한국측은 정치의식이 선행하는 보고로 일관했고, 또한 일본측 참가자의 사상과 정치의식을 통역을 통하여 확인하는 모습이 눈에 띄었다. 교육교류는 정치의식과 사상의 일치를 전제로 하는 것이 아니고, 아이들을 전면에 세워 논의하는 것이 중요하다. 일한교사 사이에서 의식의 차이가 아무리 존재하더라도 아이들을 공통항목으로 해서 논의하는 한, 서로 공감하고 이해할 수 있을 것이다. 상호이해는 그와 같이 함으로써 깊어지게 마련이다. 우리들은 서울과의 교류를 그만두고 진주시 교사와의 교류로 바꿨다. 진주는 한국의 남부에 있는 지방도시로, 반일감정이 강한 곳이다. 그러한 곳이기 때문에 우리들이 목표한 일한 공존의 역사교육을 수련할 수 있다고 생각했는데, 무엇보다도 진주의 교사들은 아이들의 의견을 중요시하는 수업을 전개하고 있는 것이 매력적이었다.

국제교류는 상대를 누구로 하느냐 하는 것이 매우 중요한 것이다. 상대에 따라서 교류내용이 바뀌기 때문이다. 교류상대는 새로운 한국을 선도하는 교사가 아니면 안 되고 교육의 경우 아이들을 전면에 세운 교류가 중요하다. 게다가 언론에는 신중하게 대처했다. 언론 취재에서 항상 'National Flag'을 흔들고 논의하기 일쑤이기 때문이다. 일한양국의 아이들을 전면에 세워, 아이들의 행복을 바라면서 서로 논의하는 것이야말로 교류성과도 올릴 수 있는 것이다.

2. 역사인식의 공유는 가능할까?

김현구 고려대학 교수는 그의 저서 『김교수의 일본 담의』(이시와타리 외 역 · 桐書房)에서 "일본인식을 오도(誤導)하고 있는 것은 언론과 교육이다"라고 하며 한국인의 잘못된 일본인식의 구체적인 예를 들고 있다. 이 지적은 바꿔 말하면 교육의 중요성을 표현한 것으로 받아들일 수 있다.

고교교사 신진균의 '좋아하는 나라, 싫어하는 나라' 조사(1996년)에 의하면 '싫어하는 나라'는 일본이 제1위로 학생의 40%에 이른다고 한다. 그 이유로는 '과거의 불행한 역사적 경험'(주로 일본에 의한 식민지 지배를 가리킴)에 뿌리박힌 피해자 의식, 과거사에 대한 반성 없는 일부 일본인정치가의 망언과 그 반복됨을 들고 있다. 신진균은 이러한 학생의 감정적 혐오감에 대치해서 '이성적이고 객관적'인 일본인식의 형성을 목표로 한 수업 '동아시아 3국의 근대화'에 착수했다. 수업은 한중일 3국의 역사적 분기점을 청일전쟁에 두고, 일본만이 근대화에 성공해서 제국주의나라가 되었다는 내용이었다. 수업을 받은 학생은 "일본을 좋아하게 되지는 않지만, 바람직한 한일관계를 위해 마음을 열고 이야기할 수 있을 것 같다"고 말했다. 신진균의 목적이 '감정적인 대일 혐오감의 극복'에 있다고 하면, 수업으로서는 실패이다. 객관적 · 이성적인 수업에 대해 학생이 논리적으로 반론하는 것은 쉬운 일이 아니다. 이성적으로 이해할 수 있었다 하더라도 감성적으로도 납득할 수 있었던 것은 아니다. '아는 것이 힘'이라고 하는 말이 있지만 지성과 감성은 쉽게 일치하지 않는다. 그것이 교육의 어려움인 것이고 그것은 일본의 교사도 충분히 체험하고 있다.

신진균은 한 가지 더 중요한 요구를 제기했다. 일한 관계를 바람직하고 이성적인 관계로 하기 위해서 '역사인식의 공유'를 일본측에 요구했던 것이다. 특히 제국주의에 관해서 철저한 공통인식을 요구했다. 한국측으로부터 '왜곡된 역사교육의 시정'만을 요구받는다고 생각하던 일본측의 예상을 뒤집은 건설적인 요구였다. 그러나 '역사인식의 공유'는 구체적인 역사교육 장면에서는 어려운 문제를 내포하고 있다. 중학교교사 미하시 히로(三橋廣夫)는 한국의 베트남 참전에 대해서 "어떤 민족도 늘 계속 피해자로만 존재하는 것은 아니다"라고 하며 한국인의 가해책임을 언급했다. 동시에 그는 일본과 베트남전쟁의 관련도 언급하고 있다. 베트남전쟁에서의 한국의 가해책임에 대해서는 최근 한국에서도 그 책임을 인정하는 주장이 나타났지만 베트남참전을 '정의의 전쟁'이라고 보는 견해가 일반적이다. 미하시는 "일본이 식민지를 가졌던 것이 일본인의 역사인식을 왜곡해버렸다"고 진술하고 있다. '역사인식의 공유'는 일한 각국의 자국사인식의 시정을 동반한 것이기 때문에 쉬운 일이 아니다. '역사인식의 공유'에 대해서 발전적으로 생각하기 위해서는 우선 '공유'의 대극(對極)에 있는 '차이'를 명백하게 인식하고 서로 확인하는 것이 중요하다.

3. 사실을 열거하면 역사교육이 되는 것인가?

우리들이 당초 목표한 것은 '화해와 협조'의 역사교육이었다. 중학교교사 이석고는 수업 '진주전투에 대해서'를 발표했다(1995년). 진주전투라는 것은 16세기 말 일본의 지배자 도요토미 히데요시가 일으킨 조선침략전쟁(임진왜란)에서의 진주성 공방전을 가리킨다. 수업 내용은 조선인의 귀를 자르고 코를 잘라 찢는 일본군의 야만성과 군민이 하나가 되어 항전하는 조선수비군의 활약이 두드러지는 수업이었다. 이석고는 "역사교육에서 무엇보다도 중요한 것은 사실이다"라고 주장했다. 확실히 한국사학의 연구성과에 근거한 정밀하고 훌륭한 수업이었다. 그러나 사실을 열거하는 것만으로 과연 역사교육이 되는 것일까? 일본군의 야만성은 사실이지만 그 사실을 나열하는 것만으로는 아이들의 마음에 어떠한 대일의식이 자라날까. 아이들의 반일감정만 점점 높아져가지 않을까. 이석고는 "결코 반일교육을 하려고 한 것이 아니다"라고 변명했다. 이석고는 한국의 민주화운동에 참가했고, 정부의 역사교육은 반일감정을 부추기는 것뿐이라고 비판해온 것을 우리들도 알고 있다. 그러나 결과적으로 이석고의 실천은 반일교육이 되고 있는 것이 아닐까. 사실은 사실이라고 하더라도 그 사실인 지식을 가르친 것에 의해 아이들의 마음속에 어떠한 인식이 생겨날까, 거기까지 예상해서 수업을 구성하는 것이 역사교육이 아닐까. 역사지식뿐만 아니라 역사인식의 형성에까지 책임을 지는 곳에 역사교육 고유의 의무가 있는 것은 아닐까.

사실 이러한 비판은 일본의 역사교육에도 해당된다. 일본의 교사도 똑같은 일을 하고 있다. 역사교육은 역사학의 성과를 반영한 것이어야 하지만, 역사학을 알기 쉽게 설명한다고 역사교육이 되는 것은 아니다. 역사교육에는 국민의 역사인식 형성에 책임을 가지는 고유의 의무가 있다.

4. 우호의 시점을 도입한 강원순 교수

이석고의 수업실천과 같은 타국이 관계되는 역사수업에는 우호의 시점이 없어서는 안 된다. 우호의 시점이 결여된 수업은 교사의 주관이 어떻든 결과적으로 반일교육과 반한교육, 또는 반중교육에 빠지는 경우도 있다. 특히 이웃나라의 역사를 다룰 경우에는 주의해야 하는 것이다.

1997년, 한국의 여성중학교 교사 안원순은 수업 '종군위안부와 바람직한 한일관계'에서 우호의 시점을 도입한 수업실천을 보고했다. 강원순은 종군위안부였던 할머니의 증언VTR을 학생에게 보여줬다. "일본인이 인간으로 보이지 않는다", "어이가 없어 말도 안 나온다", "일본인이 옆에 있으면 총으로 쏴버리고 싶다"고 학생들은 분노를 터뜨렸다. 뒤이어 김영삼대통령의 연설과 종군위안부 문제를 외교문제로 쟁점화하지 않는다는 외교부의 견해를 소개하자 아이들에게서는 그 소극적인 자세에 대한 실망과 한숨이 새어 나왔다. 게다가 종군위안부에 관한 일본교과서 7종의 기록을 한국어로 번역해 한국의 역사교과서와 비교시키자 일본의 교과서 쪽이 잘 쓰여 있는 것에 대해 아이들은 "우리나라가 오히려 숨기려 하는 것 같다"고 하며 놀랐다. 마지막으로 종군위안부 문제로 일본정부에 대해 사죄와 보상을 요구하는 소송을 일으킨 할머니들과 그것을 지원하는 일본인의 모습을 VTR로 보여주자 아이들은 일본인 중에서도 그러한 사람이 있다는 것을 믿기 어려워했다.

성(性)과 관련된 종군위안부라고 하는 섬세한 문제에 아이들은 진실하게 대응했다. 그러나 종군위안부 문제를 통해 한일관계 개선을 생각하려고 한 강원순의 의도는 효과를 나타내지 못했다. "여러분은 지금 매우 분노하고 있네요. 그렇지만 일본은 이웃나라이기 때문에 궁극적으로는 사이좋게 풀어나가지 않으면 안 됩니다. 어떻게 하면 관계개선이 될 수 있을까요?"라고 호소하는 교사의 문제제기는 아이들의 분노 속에 사라져버렸던 것이다. 강원순은 "나의 의도와는 다르게, 현재의 상황으로는 한 발자국도 전진하지 않고 있다는 것이 대단히 유감이다"라고 반성했다. 수업으로서 성공하지는 못했지만 우호의 시점을 가진 수업을 했다는 선진성과 용기는 충분히 존경할 가치가 있는 것이다. 또한 교사와 아이들이 주고받는 대화를 재현한 수업기록을 통해서 처음으로 한국의 교실 안에 있는 아이들의 얼굴을 미루어 짐작할 수 있었다.

5. 인물을 통해 배우는 한일 관계사

한국 교사에 의한 수업 개선은 계속되었다. 여성중학교 교사 이제천은, "국가관계만을 추구해도 우호의 역사교육은 생겨날 수 없다……한일 간의 신뢰를 회복할 수 있는 가능성을 인간을 통해 찾고 싶다"고 하며, 수업 '야나기 무네요시(柳宗悅)를 통해 본 한일우호의 역사'에 몰두했다. 야나기는 민예가로서 저명한 문화인이고 조선미술을 사랑하며 1919년에 조선에서 3・1독립운동이 일어나자 그 정당성을 일찍이 평가한 소수의 일본인이다. 또한, 당시의 조선총독부가 광화문 철거를 계획하자 반대운동을 일으켜 그것을 저지한 인물이다. 학생들은 조선미술을 사랑한 사실에 대해서는 놀라지 않았지만 광화문 파괴에 반대해서 그 보존에 힘쓴 일본인의 존재에 대해 놀라워했다. '우리 민족조차 할 수 없었던 많은 일을 했다'고 평가하면서도 "그는 우리들의 친구였을까……조선인의 실상을 단지 불쌍하게 여겨 동정의 눈길로 보고 있을 뿐이다. 그는 역시 일본인이었던 것이다", "그는 우리들의 문화를 사랑했던 것이지 과연 우리들의 민족까지도 사랑했던 것일까?", 부정할 수 없는 사실을 교사로부터 받아들이면서도 마음속의 일본인에 대한 불신감을 어떻게든 강하게 변명하고자 갈등하는 학생들의 모습이 떠올랐다. 어릴 때부터 키워온 일본인에 대한 불신감이 불과 한두 시간의 수업으로 신뢰감으로 변한다는 것은 있을 수 없다. 불신이 신뢰로 180도 바뀐다는 것은 학생에게는 인생관이 바뀌는 것이고, '목숨을 건 비약'에 상당하는 것이다. 그렇지만 교사가 과거사를 통해 학생의 인생관에 작용하는 의의는 크고 가치 있는 수업이었다.

이제천은 '내가 만약 야나기 무네요시라면'이라는 감상문을 쓰게 했다. "아무리 그 국가의 예술에 심취했다 하더라도 조국의 배신자라는 비난을 감수하면서 그와 같은 용기 있는 행동을 취할 수 있을까? 그는 우리 민족이 어려운 시대를 살 때 돕고자 했다⋯⋯ 진정한 인류애를 가지고 행동하는 지식인이었다고 생각한다." 이 감상문은 상대의 입장에 서서 객관적으로 과거사를 바라보도록 한 이제천의 수업목적이 달성된 의견이다.

이제천은 야나기 무네요시를 수업에서 채택한 동기를, 전년도인 1997년 도쿄에서 개최된 제5회 일한역사교사교류회에서, 메라세이 지로(目良誠二郎)가 『빼앗긴 고향 - 내가 일본에 있었을 때의 일』(福音館)의 저자 이상금을 수업에서 채택한 것에 자극받은 것이라고 술회했다. 그리고 야나기 무네요시의 자료는 본인 이시와타리가 이제천의 요구에 응해 제공한 것으로, 이제천은 그 두꺼운 자료를 한국어로 번역해서 교재화한 것이다. 일본과 한국의 역사교사는 초기의 화해와 협조의 단계에서 상호의존과 공존의 단계로 들어가고자 하고 있다.

6. 공존의 역사교육을 모색하다

고교교사 박청천은 '조선이 일본의 식민지가 되었던 원인은 무엇일까?'(1998년)를 수업주제로 선택했다. 이 주제는 오랫동안 한국인의 마음을 사로잡아왔던 자국사 인식과도 관계되는 국민적 과제이다. 박청천은 자국의 식민지화를 제국주의 열강에 의한 세계분할의 일환으로 보고 자국사를 객관화·상대화해서 파악하고자 했다. "우리나라가 식민지가 되었던 사실을 대하는 데 있어 자존심을 버리고 객관적·합리적 사고를 가지도록 인도하고자 했다"고 수업 의도를 설명했다. 그 결과 학생들은 "우리나라가 일본의 식민지가 되었던 원인을 민족적 우열에 의한 것이라든지 일본의 침략성에 의한 것이라든지 하는 감정적 편견의 인식에서 벗어나 당시의 국제적 환경이나 자본주의 구조와 관련시켜 분석하는 객관적 인식으로 전환하는 시도로서 어느 정도 효과가 있었다고 판단된다"고 했다. 박청천의 수업은 전술한 신진균의 수업을 발전시킨 것으로 일본측의 높은 평가를 받았다. 또한 제국주의 역사인식 공유에 크게 기여하는 것이었다.

그러나 박청천의 수업은 한국내에서 아직 보편성을 획득하지 못했다. 박청천은 이 수업을 한국내에서 행해졌던 '1급정교사연수회'에서 발표해서 참가자인 교사로부터 큰 반발을 받았다. 박청천이 '친일파'가 된 것 같은 비판이었다고 한다. 한국에서 '친일파'라는 말은 민족의 배신자라고 하는 의미로 한국인이 가장 두려워하고 싫어하는 말이다. 아마 과학적이고 객관적인 역사해석은 조선의 식민지화를 필연적 귀결로 파악하는 것이 되고, 운명이라고 단념시키는 수업으로 받아들여져 반발했던 것일지도 모른다. 그것은 또한 1973년의 제3차교육과정에서 언급된 이래 답습되어온 민족적 자부심의 함양과 식민지주의의 극복을 지주로 하는 한국 역사교육의 목표로부터 일탈하게 된다고 생각했음에 틀림없다.

박청천은 아사히신문의 기자에게 한일역사교사의 교류가 시작되었을 때 자신은 "가장 반일적인 교사의 입장이었다"고 술회하고, 일본 교사가 원폭 반대의 노래를 부르는 것을 듣고 "왜 진주에서 일본 노래를 부를까"라고 화를 내며 도중에 돌아가버렸다고 한다. 그러나 "교류중에 문제를 제기하고 사료를 수집해 여러 가지 견해에서 생각해보게 되었다. 같은 사실이더라도 여러 가지 견해가 있는 것을 들었다. 교류를 계기로 교과서 이외의 다른 사료에도 눈이 가게 되어 일본을 다시 보고자 하는 생각도 생겼다"(北澤卓也, 『다큐멘트 일한역사교육의 현재』, 桐書房)고 서술했다.

'친일파'의 오명과 싸운 교사는 박청천뿐만이 아니다. 일본에 유리한 자료를 제시하거나 아이들을 일본의 입장에 세워 생각하게 하는 교육은 '반한교육'이고 '친일파교사'이다. 전술한 강원순도 그 오명과 싸웠을 것이다. 일본인 교사와 교류한다, 더구나 10년 간이나 교류한다는 것은 한국인 교사에게는 상당히 강한 신념을 가지지 않고서는 계속할 수 없는 일이다. 일본측은 웃는 얼굴로 대하는 한국측 교사의 사정을 교류를 쌓아가면서 이해하게 되는 것이다.

2000년부터는 진주의 중・고등학교 교사와의 교류에 더하여 별도로 서울의 초등학교 교사와의 교류도 시작되었다. 한국에서 초등학교와 중・고등학교 교사가 공동으로 연구하는 경우는 거의 없다. 2002년 일본에서 10주년 기념교류회를 열게 되었는데, 거기에는 한국의 초등학교 교사와 중・고등학교 교사가 자리를 같이할 것이다. 그리고 우리들은 향후 10년을 바라보고 '화해와 협조'의 역사교육에서 '일한공존'의 역사교육 창조로 한 걸음 나아가게 될 것이다.

7. 난징 포럼에 접근하여

일한역사교사교류는 여기까지 오는 데 10년이 걸렸다. 국제교류는 시간이 걸리게 마련이다. 시간은 걸리지만 양측의 신뢰감은 확고한 것이 된다. 후소샤판『새 역사교과서』문제가 생겼을 때, 일한의 각종교류가 점차적으로 중지되었다. 그러나 우리들의 교류는 계속되었고 교류회가 실시되었다. 후소샤판『새 역사교과서』문제는 우리들 존재의 중요성을 재확인시켰다.『새 역사교과서』는 국민국가의 보호막을 씌어 국가주의를 고양시키는 것을 의도하고 있다. 과거사를 미화하고 아시아와 세계와의 대립을 필연적으로 초래하는 것이 된다.『새 역사교과서』를 추진하는 세력이 가장 두려워하는 것은 국제교류이다. 한국・중국의 비판을 '내정간섭'이라고 단정하고 있다. 자국이 상대국의 교과서에 어떻게 기록되어 있는가에 관심을 가지지 않는 나라가 있을까? 국제화시대인 오늘날, 교과서가 각국의 모국어로 번역되어서로 의견을 나누고 상호비판을 통해 타당한 기술을 모색하여 상호이해를 깊이 해나가는 일은 아시아 평화에 있어서 필요불가결한 것이 아닐까?

교과서를 손에 들고 학생에게 이야기하는 것은 학자・연구자가 아니고 교사이다. 지식인으로서 학자・연구자의 역할도 크지만 아이들과 국민의 역사인식 형성에 직접 책임을 지고 있는 사람은 교사이다. 교사의 참가가 실현되면 보다 많은 성과를 올릴 수 있을 것이라고 생각한다.

<번역 : 이순남>

제2차 세계대전 사실(史實)을 왜곡한 음모

간조평(簡兆平, 홍콩기념항일수난동포연합회 주석)

일본정부는 우파분자들로 하여금 역사교과서의 2차대전 관련 사실을 수정하게 했는데 그 음모는 동아시아 및 세계평화에 위기를 가져왔다. 아시아 인민은 2차 세계대전 기간에 심한 피해를 받았다. 오늘날 일본 우파세력들은 온 세상의 비난도 꺼리지 않고 2차 세계대전 사실을 적은 역사교과서를 수정함으로써 '대동아공영권'의 깨어졌던 꿈을 다시 회복하여 일본군국주의를 부활시키려 하고 있다. 2차 세계대전 전에 일본은 중국에 대한 침략을 감행하기 위하여 일찍부터 교육 부문에 신경을 썼다. 학생들에게 군국주의 사상을 불어넣고 침화전쟁에서 '삼광정책(燒光 · 殺光 · 搶光)'을 실시하기 위한 정신적 훈련을 시킴으로써 순결한 청년학생들을 흉악한 살인 기계로 만들었다(영화 「紫陽」에서는 학생들을 살인신병으로 훈련시키는 장면을 묘사했다).

일본은 2차대전이 종결된 지 60여 년이 지난 후인 오늘날까지 아직도 자신들의 폭행에 대한 사과와 민간에 대한 합리적인 배상을 하려고 하지 않으면서 역사사실을 왜곡하여 2차대전 사실을 다시 수정하고 있는데, 그 숨은 야심은 백일하에 드러나는 것이다.

주지하는바 소련이 해체된 후로 동유럽 각국은 2차대전 전의 체제를 회복하고 냉전은 종말을 고했으며 세계의 긴장상태가 완화되고 날로 사이가 좋아지고 있다. 그런데 중국의 개혁개방과 더불어 국력이 점차 강성해지자 일본은 아시아 강국의 지위가 도전을 받고 있다고 생각하면서 아시아를 독차지할 야심을 유지하기 위하여 온갖 신경을 다 써가며 군국주의를 부활시키려 하고 있다.

1. 2차대전사 교과서를 수정했다

2차대전이 종말된 지 이미 57년이나 지났으므로 사람들은 전쟁의 참혹함과 일군이 2차대전 기간 저지른 폭행에 대해서도 기억이 점차 어렴풋해지고 심지어 거의 잊어버리기도 했다. 전쟁 후에 바로 출생한 사람들도 중년을 넘어섰으니 이제 중학생이 된 청소년들은 더욱 모르는 게 당연하다. 일본정부는 이를 계기로 일본 우파세력을 종용하여 2차대전의 사실을 왜곡하고 중학교 교과서를 뜯어고침으로써 침략의 진상을 덮어 감추고 침략전쟁을 '식민침략자(植民者)를 몰아내는' 해방전쟁으로 미화하여 흑백을 전도하는 역사관으로 젊은 세대들을 현혹하고 있다.

2. 해외로 출병하기 위해 길을 내고 있다

일본정부는 우파세력을 종용하여 2차대전사를 고치는 한편 일본의 평화헌법을 수정하여 향후 일본의 출병을 위한 준비를 하고 있다. '9 · 11사변' 후 전세계적으로 반테러연맹을 조직했는데 일본은 이를 해외로 진출하는 좋은 기회로 간주하고 즉시 군사인원과 군함을 파견하여 반테러 군사행동에 참여하고 반테러를 구실로 각국의 반응을 살폈다.

3. 상업활동을 통하여 정보를 수집하고 자원을 약탈했다

일본은 나라가 작고 자원이 부족하므로 발전하고 전쟁을 준비하려면 반드시 다른 나라의 자원을 약탈해야 하는데 이는 세상사람들이 다 아는 바이다. 일본이 각국의 진귀한 전략적 자원을 약탈하기 위한 수단은 극에 달했다. 예를 들면 광동성 증성(增城)에는 단니사(鉭鈮沙)금속(로케트 · 인공위성 제조에 필수 원소임)이 있었는데, 일본은 중국을 침략한 기간에 이것을 탐지하고는 몇 번이나 중국정부와 교섭하여 공동으로 개발할 것을 제기했지만 중국정부로부터 거절당했다. 또 무상으로 상강(湘江)을 소통시키고 그 보수로 모래를 일본에 운반할 것을 제기했지만 이것도 중국정부로부터 거절당했다. 그러나 그들은 계속 포기하지 않고 상강 연안의 도자기를 대량으로 구입하여 일본에 실어갔다. 후에 운수 노동자에 의해 일본 선원들이 도자기를 모두 깨부순 후 배에 가득 싣고 가는 것이 발견되었다. 도자기에 들어 있는 단니사 금속을 사가기 위한 것이었다. 진상이 드러나자 일본은 더 시도하지 못했다.

4. 미국과 더불어 중국을 포위하는 선봉이 되었다

미국은 소련이 해체된 이래 러시아의 경제가 곤란하여 국력이 떨어지게 되자 강성하기 시작한 중국에 주의를 돌리기 시작했다. 미·일 정부는 중국의 신속한 발전이 그들이 세계를 지배하는 데 장애가 된다고 생각했다.

미·일 양국은 손을 잡고 대만문제에 간섭했다. '대만의 국부'로 불리는 이등휘(李登輝)를 지지하여 점차 대만독립의 꿈을 실현하도록 지지했다. 미·일 정부는 이등휘로 하여금 미국과 일본을 방문하여 그의 영향력을 높이게 하고, 법률을 연속 개정하여 선진무기를 진수편(陣水扁) 정부에 팔았다. 더욱이 일본·한국·대만을 미국의 미사일방위망에 들게 하고 동아시아의 울타리로 삼았다. '9·11테러' 사태 후 미국은 테러를 반대하는 기회를 이용하여 아프가니스탄에 출병하고 중국 주변국가들로 하여금 영공·영토를 내주게 하여 군사기지로 만듦으로써 냉전시기보다 더 완전한 중국군사포위 전략적 배치를 했다. 최근에 미국은 공개적으로 "러시아·중국·이란·이라크·북한 등 7개국에 먼저 핵무기를 사용하지 않는다"는 면사포를 벗어 던지고 핵전쟁 위협을 하고 있다.

일본정부는 '유사법제(有事法制)'란 세 개의 법규를 세우고 법률상 미군의 일본에 대한 각종 속박을 제거하고 미군이 일본에서 습격을 당했을 때 더욱 많은 자유를 얻도록 하여 미·일군대의 연합작전을 강화했으며 일·미동맹은 새로운 단계에 들어섰다. 대만 진수편 정부는 최근에 1999년을 기한으로 미국에 많은 땅을 조차하고 미국으로 하여금 학교·병원·연락판사처 등을 세우게 했다. 이는 마치 전에 구룡(九龍)을 1999년을 기한으로 영국에 조차한 것과 같은 것으로 일·미·대만정부가 무엇을 하려고 하는지 그 음모는 명백한 것이다.

5. 일본아시아부녀기금(日本亞州婦女基金)은 갑자기 5월부터 위안부에 대한 보상금 지급을 금지했다

일본정부는 줄곧 직접 아시아 위안부에게 사과하고 배상하기를 원치 않았다. 1995년에 아시아부녀기금을 세우고 민간형식으로 배상하는 것으로 일군이 2차대전 기간에 강제로 아시아의 20만 이상의 위안부에게 감행한 폭행을 감추려고 했다. 지금까지 188명의 위안부가 배상금을 받았는데 그들 대부분은 일본정부가 정식으로 사과하고 정부의 명의로 배상해야 받겠다고 했다. 오늘날에는 이런 아시아부녀기금 같은 민간의 보상금 제공마저 금지했으니 일본정부의 속셈을 알 수 있다.

상술한 새로운 국제정세와 새로운 발전의 추이를 보면서 일본 고이즈미 정부에게 경고하는바 반드시 마음을 깨끗이 씻고 2차대전 역사를 교훈으로 삼으며 다시는 군국주의를 부활시켜 외나무다리로 걸어가지 말 것이며 일본국민이 막다른 골목에 이르지 말도록 하기 바란다. 독일을 따라 배워 2차대전 기간에 아시아를 침략한 폭행에 대해 아시아 국민에게 진심으로 사과하며 그 죄를 참회해야 할 것이다. 아시아 각국과 우호관계를 수립하고 공동으로 경제를 발전시켜 평화롭고 번영한 새로운 생활을 누려야 할 것이다.

한중일 3국 인민은 모두 2차대전의 피해자이다. 전쟁을 반대하기 위하여 반드시 공동으로 2차대전의 진실을 보호해야 한다. 과거를 잊지 말고 2차대전 사실을 후세에게 교육하여 그들이 정확한 사관을 가지게 하여야 한다. 역사를 왜곡하는 일본 우파세력의 교과서에 미혹되지 말고 날로 늘어나는 반전 진영에 뛰어들어 군국주의를 부활시키려는 일본 우파세력의 음모가 영원히 실현될 수 없도록 해야 한다.

<번역 : 방향(方香)>

일본의 군국주의적 정치세력과의 대결을 교과서문제에서 생각한다

다카시마 노부요시(高島伸欣, 류큐대학교 교수)

1. 지금도 남아 있는 천황제에 의한 아시아 차별사상

필자는 현재 대학 교수로서 6년 전까지 약 30년 동안 치바 국립대학 부속 고등학교에서 사회과목, 그 중에서도 지리를 담당하던 교사였다. 지리 수업을 하면서 아시아에 대해 가르칠 때 학생들이 일본 이외의 아시아인들은 일본인보다 열등하다는 잘못된 우월감을 강하게 갖고 있는 것을 알게 되었다. 일본의 기성 사회가 지금도 그런 식으로 인식하고 있기 때문에 학생들도 그 같은 인식에 젖어 있는 것이다.

한편으로 그러한 잘못된 차별적인 아시아 인식이 널리 일본인 사이에서 일반적으로 정착되어 있기 때문에 전쟁 전과 전쟁중의 일본군에 의한 아시아 침략을 일본사회 전체가 결과적으로 긍정적으로 보고 있는 것이라고 필자는 이해하고 있다. 중국 각지에서 일어난 주민학살만 보더라도 일본 병사들은 상관의 명령이 없는 경우에도 병사 개인이 마음대로 판단해 살해한 경우도 적지 않았다. 그러한 행동은 차별의식이 없었다면 일어날 수 없었을 것이다.

이처럼 전쟁 전과 전쟁중에 일본인의 우쭐하는 차별의식이 아시아 침략과 깊은 관련이 있었을 터인데도 불구하고 전후 일본사회에서는 천황 주변의 보수적인 사람들은 물론 진보적인 학자나 문화인들도 이 사실을 정확히 논의하고 반성하는 작업을 소홀히 해왔다. 그리고 이것이 이번 '새 역사교과서를 만드는 모임(이하 '새역모')' 등 보수적인 세력의 활동을 완전하게는 저지할 수 없었던 원인 중 하나라고 생각한다.

덧붙여서 이 일본인들의 아시아에 대한 차별적 인식 속에는 일본 사회의 정점에 '현인신(現人神)=천황'을 둠으로써 '대국일본', '대동아공영권의 맹주=일본'이 합리화되어 박혀 있다.

그런데 천황을 정점으로 하는 아시아의 '맹주'를 주장하는 데 있어 활용된 것이 '황국사관'과 표리관계인 '황국지정학'이라는 것이다. 다윈의 진화론에 의한 적자생존, 약육강식의 원리를 인간사회에 적용한 '사회 다윈주의'에 차별적 민족관을 통합시킨 독일 지정학의 논리를 침략의 정당화에 활용한 것이 히틀러였다.

그 히틀러조차도 독일 민족이 가장 우수하다는 주장을 하기 위해 '세계에서 으뜸가는 우리 아리아 민족(인)은' 운운하며 거의 주문을 외듯 이를 끊임없이 강조하지 않을 수 없었다. 그것이 일본의 경우에는 '현인신=천황'이 통치하고 있는 나라는 타국에 비할 데 없는 나라이고 고마운 국체이다라는 주장만으로 충분했던 것이다. 이렇게 황국사관과 황국지정학은 유착해 있었고 '새역모'의 교과서에는 고대역사에 대한 기술에서 '삼림과 암청수의 생활문화'를 짜 넣어 그러한 유착관계의 포석을 깔아놓고 있다. 이것은 암청수=청정한 흐름을 천황 신도의 의식인 '미소기(목욕재계)'와 통합시킴으로써 일본의 자연과 일본의 전통문화=천황신도의 존재 쪽으로 이야기를 전개해가는 방식이다. 일본의 교육기본법 개정을 주장하는 정치가들이 '일본의 문화와 전통의 존중'을 교육목적으로 명기해야 한다고 말하는 것도 이러한 맥락 안에 있는 것이다. 이 부분에서도 '새역모'의 책을 자민당 등의 정치가들이 강력하게 밀어주고 있는 이유를 읽어낼 수 있다.

2. 침략이라는 '사실'과 보수세력의 반론

위와 같은 점에서, 학생들에게 잘못된 아시아 인식을 올바로 바꾸는 것은 필자가 담당하고 있는 지리교육의 책임이라고 인식하게 되었다. 그러나 교사가 그러한 사고방식이 틀리다고 말하는 것만으로는 학생들을 진정으로 납득시키기 힘들다. 교사가 설명한 대로 시험이나 보고서에 임하지 않으면 합격점을 받을 수 없기 때문에 우선 이해한 척을 하고 합격점을 받으면 나중에 그 내용은 잊고 마는 학생들이 대부분이다.

그래서 필자는 아시아에 대해 차별적 인식을 갖고 있었던 일본군에 의해 동아시아 혹은 동남아시아의 사람들이 얼마나 고통을 받았는지에 대해 구체적인 사실들을 보여주기로 마음먹었다. 학생들은 어떤 면에 있어서는 어른 이상으로 결백하고 강한 정의감을 갖고 있다. 죄도 없는 사람들을 단순히 일본군에게 방해가 된다는 이유로 혹은 그 정도의 이유도 없이 기분에 따라 마치 벌레를 죽이듯 살해하고 학대했다는 사실을 알게 되면 학생들은 그것이 잘못된 행위라는 것을 인식한다. 게다가 왜 보통의 일본병사가 그렇게까지 되었는지 의문을 느끼게 된다. 그때 교사는 그 의문에 대한 하나의 대답으로서 차별의식이라는 것에 대해 생각하게 한다.

필자는 다음으로 이와 같은 수업 계획을 실행하기 위해서 일본군에 의한 주민학살 등의 사례를 조사하기로 했다. 조사대상으로 고른 현장은 동남아시아, 그 중에서도 싱가포르와 말레이시아였다. 1975년부터 현지에 나가 일본군의 중국계 주민 학살 사건에 대해 희생자의 묘지나 추도비를 실마리로 조사해왔다. 작년까지 27년 간 현지에는 100회 이상 다녀왔고 지금까지 추도비 등을 모두 약 60여 곳까지 확인한 상태다. 이 숫자는 앞으로도 계속해서 늘어날 것이라 생각된다.

필자는 지리교육이 전문이며 역사학이나 역사교육을 전공하지 않았다. 그런데 동남아시아에서의 일본군에 의한 주민학살 등에 대해서는 필자가 조사에 착수할 때까지 역사학자는 본격적인 조사나 연구를 거의 하고 있지 않았다. 이 점에 대해 난징대학살(이하, 난징사건) 연구의 중심적인 인물인 후지와라 아키라는 다음과 같이 술회한 적이 있다.

> 일본의 역사학은 동양사와 서양사로 크게 나뉘어 있고 동양사라는 것은 중국사연구가 대부분이며 그밖에 인도사 정도까지가 학술연구의 대상이었다. 동남아시아에 관해 연구한다 하여도 학회에서는 거의 평가받지 못하기 때문에 별반 관심을 두지 않은 것이다. 전후 역사학에서도 이러한 어려움은 계속되었던 것이다.

후지와라가 말한 어려움은 현재 극복되어가고 있고, 그 증거로 지금까지 내가 해오고 있는 동남아시아 조사와 연구는 후지와라 등의 역사학자들과의 공동작업을 통해 앞서 말씀드린 것 같은 성과를 얻을 수 있었다.

이러한 동남아시아에서의 일본군 침략 실태조사의 성과는 이미 역사교과서 기술에 반영되었다. 예를 들어, 최근 일본의 많은 역사교과서는 일본군이 동남아시아 각지에서 주민을 학살한 사실에 대해 본문에서 이를 기술하고 있다. 또 그 증거로서 싱가포르에 건립된 추도비 사진이 반 이상의 교과서들에 실리게 되었다. 더욱이 아시아 각국에서 사용되는 역사교과서를 번역하여 자료로서 게재하고 있는 교과서도 있다.

이러한 교과서의 새로운 내용에 대해 후지오카 노부가쓰 도쿄대학 교수나 산케이신문 그룹은 '자학적'이고 '반일적'이므로 중학생에게 가르쳐서는 안 된다고 주장하고 있다. 그들의 배후에는 이미 판명된 바와 같이 일본의 보수적인 정치가들이 존재하고 있고 그 때문에 많은 교과서에서 이러한 기술이 축소된 것도 사실이다. 그렇지만 한편으로는 아직 열심히 해보려 하는 집필자들이 있는 것도 사실이다.

그러한 양심적인 집필자나 출판사를 어떻게 지원해갈 것인가가 앞으로 일본사회의 큰 과제이다. 가장 중요한 것은 '사실'이 존재하고 있다는 것이다. 전술한 바와 같이 싱가포르나 말레이시아의 주민학살에 대해서 많은 교과서가 언급하게 된 것은 학살이 사실로서 인식되었기 때문이다.

'사실'임이 확실해지면 그 다음은 '자학적'이라든가 '반일적'이라든가 하는 이유로밖에 보수세력은 저항할 수 없어진다. 따라서 난징사건 등에 대한 명확한 기록을 일본측이 만들지 않거나 만든 기록조차 파기 내지 은폐하는 경우가 생겼으며, 갖은 수단을 다 써가며 '사실'로서 인정되는 것에 대해 일본의 보수 세력은 방해하고 있는 것이다.

3. 산케이신문도 '변명의 여지가 없다'고 했던 중국침략

그러나 그 보수세력 측에서도 내심으로는 중국에 대한 일본군의 행위가 침략이었다는 것을 인정하고 있다. 그 증거 중 하나로서 산케이신문의 1993년 8월 15일자 사설을 들 수 있다. 그 한 달 전에 성립한 비자민당에 의한 연립정권의 호소카와 수상이 8월 11일 '그 전쟁은 침략전쟁이었다, 잘못된 전쟁이었다'고 명확히 발언한 것에 대해 반론을 편 사설이다. 산케이신문은 그 전쟁을 네 가지 측면으로 나누어 대(對)미국과 대소련의 측면에서는 침략전쟁이 아니라고 주장했다. 그런데 대중국 측면에서는 "분명히 '對華 21개조 요구'(1915년) 이후의 중국에 대한 침략정책은 '중일15년전쟁'(속칭)을 초래했다. 변명의 여지가 없다"고 명기하고 있다.

여기서 '변명의 여지가 없다'고까지 단언한 것은 주목할 만한 점이다. 그 후 후지오카 등이 하타 이쿠히코 등의 교사를 받아 '종군위안부' 혹은 난징사건의 교과서 기술에 대해 반론을 시작하자 산케이신문도 이에 편승하고 있다. 그러나 이 사설이 없어진 것은 아니다.

더구나 이 사설에서는 전쟁이 대동남아시아 측면에서도 다음과 같이 침략이었음을 인정하고 있다.

> 동남아시아 여러 나라들에 대한 남진정책은 현실적으로는 자원의 획득이 목적이었다. '대동아공영권'이라는 일본의 전쟁수행 이념의 '정당성'을 주장할 수는 없다. 반대로 이 지역 사람들에게 많은 참혹한 결과를 가져왔다.

그리고 생색이라도 내듯이 '그러나, 결과로서 구미열강의 식민지지배로부터 해방과 독립을 가져다주었다'고 지적하고 있다. 그러나 이것은 어디까지나 결과론이며 당시 일본정부에게 아시아의 피억압 민족을 구미의 제국주의적 지배로부터 해방시킬 의지 같은 것은 전혀 있지 않았다는 것은 자명한 사실이다. 왜냐하면 이것으로써는 조선반도나 대만 등을 계속 지배해왔던 것을 설명할 수 없게 되기 때문이다. 이는 초등학생이라도 눈치챌 수 있는 문제이다. 어린아이를 속이려드는 것과 같은 무책임한 발언이라 하지 않을 수 없다.

또한 후지오카조차 '그것은 방화로 집이 타고나서 그 후에 보험으로 집을 다시 세워 새 집에서 살게 된 것이 그 방화 덕분이었다고 말하는 것과 같다'며 비판했다.

이처럼 동남아시아에 관해서도 변명이 불가능한 단계까지 왔고, 앞으로도 침략의 '사실'을 우리들은 끊임없이 제시해갈 것이다. 그렇게 하기 위해서는 동남아시아에서의 침략에 관한 교과서 기술에 대해서는 보수 세력 측에서도 문부과학성에서도 거의 반론이나 삭제 요구를 하지 못하고 있다.

보수 세력의 대변자 역할을 하고 있는 산케이신문이 사설에서 이미 이러한 인식을 명시하고 있는 것, 이것 역시 하나의 '사실'이다. 이 '사실'을 우리들이 보수세력에 계속해 들이대는 것도 유효한 방법이 될 것이다.

그래도 산케이신문이나 '새역모' 등은 구체적 사건 안의 상세한 사항에 대해서 반드시 '사실'로 아직 확인되지 않은 부분이 있기 때문이라는 구실을 만들어 그 사건 전체를 부정해가는 방법을 거듭 사용하고 있다. 그 대표적인 사례가 난징사건의 희생자 수를 둘러싼 논쟁이고 이 논쟁의 부당성은 이미 지적된 바 있다.

더욱이 안타깝게도 그들이 집필한 중학교 역사교과서(후소샤 출판)에 있어 문부과학성도 그들 주장에 따라 기술된 난징사건 내용을 인정했다. 그러한 부당한 기술을 다수 포함하고 있는 후소샤의 책이 검정에 합격했을지라도 채택률은 전국에서 521권(0.039%)에 그쳐 대참패하게 된 것은 당연한 일이다. 다시 한 번 '새역모'의 집필자들뿐만 아니라 검정합격을 낸 문부과학성의 책임을 앞으로도 기회가 있을 때마다 추궁해야 할 것이다.

4. 고타발 개전이라는 '사실'의 중대성

그런데 이 문부과학성은 이번 교과서검정에서 커다란 실수를 하고 말았다. 1941년 12월 8일 '아시아태평양전쟁' 개전(開戰)일의 기술에 관해서인데, 사실은 이날 일본군에 의한 전투는 하와이의 진주만공격보다도 1시간 이상 앞섰고 말레이반도 동쪽 해상의 고타발 상륙작전에서 영국군과 이미 전쟁을 시작하고 있었다는 것이다. 이 사실을 역사학자들은 대부분 진작부터 정확하게 인식하고 있었으나, 일본 국내 대부분의 저널리스트와 교사들은 이 사실을 잘 알지 못하고 있었던 것이다. 일본인들 일반은 말할 것도 없이 거의 알고 있지 못하다.

더구나 또 한편으로는 일본군에 의한 진주만 기습공격을 미국정부는 일본측의 암호를 해독해 사전에 알고 있었으나 일부러 하와이에는 알리지 않았다는 일설이 미일 양국의 역사학자와 저널리스트 사이에서 현재까지 끊임없이 주장되고 있다. 또한 당시 일본정부는 국제법에 따라 선전포고를 기습공격 직전에 미국정부에 전할 예정이었으나 워싱턴 주재 일본대사관원의 실수로 사후 전달이 되어버렸다는 변명어린 해석도 나오고 있다. 60년이나 지난 지금에도 끊임없이 12월 8일이라고 하면 하와이 기습공격만을 화제로 삼는다. 더욱이 전국신문인 아사히신문조차도 '진주만을 일본군이 기습공격해 태평양전쟁이 시작된 지 60년이 된다'고 사설(2001년 12월 8일 조간)을 쓸 정도다.

그런데 일본의 역사교과서에서는 상황이 좀 다르다. 20여 년 전에는 12월 8일 하면 진주만 공격만 썼었지만, 이에 대해 우리 교사들이 동남아시아 침략을 구체적 사실의 하나로써 고타발 개전을 지적하고 이를 역사교과서에 확실하게 써야 한다고 지속적으로 주장했었다. 그래서 겨우 3년마다 있는 교과서 개정시에 집필자들은 '일본해군이 진주만을, 육군이 말레이반도를 공격해 개전하게 되었다' 등의 기술을 게재하고 나아가 말레이반도 공격이 먼저 행해졌다고 정확히 기술하게 되었다.

학생들은 이 설명을 읽고 '진주만에서 시작된 것이 아니었던가' 하고 놀라워한다. 그리고 '왜 말레이반도인가' 하고 의문을 갖는다. 당연한 질문이다. 여기서 우리들은 다음과 같은 설명을 한다.

일본군은 1937년 7월 7일, 노구교사건 이후, 북경 주변을 침략해가면서 상해에서 일어난 항일투쟁에 골치를 앓고 있었다. 제2차 상해사변을 일본에서 파견된 증원부대 등의 힘으로 겨우 진압했지만 일본정부는 전쟁을 확대시키지 않는다는 방침을 갖고 있었다. 그런데 상해의 일본군은 임의로 난징을 점령하기 위한 전략에 들어갔다. 불확대 방침에 위반되는 위법 작전이었던 것이다. 더욱이 상해의 일본군은 당시 중화민국의 수도로 여겨졌던 난징을 점령하면 중국인은 무기력해질 것이고 일본군에 대한 저항을 포기하고 무리를 해서라도 이쪽에서 요구하는 21개조는 당연하고 30개조, 40개조를 수용할 것이 틀림없다고 잘못 판단하고 있었다. 하지만 중국사람들은 철저하게 항전하고 단결했으며 중경 등 변방으로 거점을 옮겨버렸다.

이로 인해 일본군은 변방까지 직접 공격하지는 못하고 싸움은 장기전, 그것도 이전투구의 싸움으로 번지기 시작했다. 게다가 그 즈음에는 1840년 아편전쟁 이후로는 늦게 중국침략에 참가했던 후발제국주의 국가인 일본이 선발인 구미열강 이상의 권리를 중국에서 획득하고 그 지배지역도 확대를 거듭하고 있었다. 이를 방치할 수 없다고 판단한 미국은 변방에 옮겨진 항일세력을 원조하면서 동시에 일본정부에 대해서는 중국으로부터 철수하지 않으면 석유, 제철원료 등의 수출을 금지시키겠다고 통보했다. 중국인들에게 무리한 요구를 할 작정이었던 일본정부는 역으로 중국과 미국으로부터 무리한 요구를 당하게 된 것이었다.

일본군은 막대한 희생을 치르고 점령한 중국에서 철퇴할 수는 없었고, 미국으로부터 군사용 자원을 수입하지 못하게 될지라도 '이전투구'의 장기전이라도 가능하도록 동남아시아의 자원지대를 점령할 수밖에 없다고 판단한다. 그곳은 대부분이 구미열강의 식민지이기 때문에 미국이나 영국이 방해할 것이고, 그렇게 된다면 미국 해군의 근거지인 진주만과 영국군의 동남아시아 거점인 싱가포르를 우선 공격하고 타격을 주어야 한다는 계산이었다.

이리하여 12월 8일 대영미 개전은 불가피한 것이 되었다. 진주만은 단 한 번의 공격, 즉 '힛트 앤 어웨이' 공격이었지만, 말레이반도로부터 싱가포르 공격은 점령에 의한 자원 획득으로 이어졌다. '이쪽이야말로 일본측의 개전의 최대 목적과 부합하는 곳으로 진주만 공격 이상으로 의미가 있다'면서.

역사 연구자라면 상식 중의 상식이라고도 할 수 있는 이러한 설명을 하면, 일본의 고등학생이나 중학생은 물론이고 대학생도 '그랬었구나, 처음으로 잘 알게 되었다'고 감상을 말한다. 말레이반도에서의 개전이 먼저였다는 사실은 일본군의 침략 경과를 알기 위해 중요한 사항인 것이다.

5. '사실'을 숨기는 후소샤 교과서의 기술

그뿐만이 아니다. 학생들은 이 사실을 둘러싸고 이것저것 논의해가는 중에 일본군이 패배한 것은 미군에 의한 것이 아니라 중국인들의 항일투쟁이었다는 것을 알게 된다. 난징만 점령했더라면 30개조든 40개조든 받아들일 것이라고 착각했던 일본측의 잘못된 인식은 아편전쟁 이후의 일시적인 구미제국의 횡포가 횡행했던 상황이나 1884년 청일전쟁에서의 일본 승리의 파장으로 짧은 시간에 일본 내에 퍼졌던 것이다. 그리고 앞에서 이미 말했듯 히틀러가 악용했던 지정학 논리가 일본식으로 교묘하게 변경되고 짜여져 사용되었던 것이다. 결국에는 중국인을 우둔한 민족, 일본인을 '현인신=천황'이 있는 가장 우수한 민족이라 생각하는 차별적인 민족관이 배경에 있었다는 것이다. 이런 점들도 학생들은 결국 이해하게 된다.

따라서 본론으로 돌아가서, 12월 8일 개전은 진주만보다 말레이반도 쪽이 먼저였다는 사실이 역사교과서에 제대로 쓰여지게 되었다는 점은, 학생들이 역사의 본질을 배우고 지금의 국제관계를 생각하는 반성 자료로 생각하는 데 있어서도 매우 가치 있는 일이다. 그렇기 때문에 2001년까지 사용되는 일본의 중학교 역사교과서 7종 중에는 6종이 말레이 개전을 우선 기술하고 다음으로 진주만 공격에 대해 쓰고 있다. 또한 그 중 2종은 '계속하여'(일본서적) 혹은, '그보다 앞서'(시미즈서원) 등 말레이반도와 진주만 어느 쪽이 먼저였는지 명확하게 알 수 있도록 기술하고 있다. 물론 이것은 문부성(현재의 문부과학성)의 검정을 통과한 책들이다.

그런데 이처럼 말레이반도에서의 개전이 먼저였다는 사실을 배우면, 학생들은 일본이 진 것이 미군에 의한 것이 아니라 중국인에 의한 것이라는 사실을 알게 된다. 학생들이 그러한 올바른 인식을 갖는 것은 보수 정치세력에게는 곤란한 일이다. 왜냐하면 전쟁 전과 같이 일본인은 아시아에서 가장 우수한 민족이기 때문에 미국과 하나가 되어 아시아를 다시 지배하여도 괜찮다는 잘못된 대국의식을 그들은 학교 교육을 통해 학생들에게 심어주고 싶어하기 때문이다.

여기서 후소샤 출판의 역사교과서에서는 우선 진주만 기습공격으로 대전과를 올렸다고 상세한 설명을 한 뒤 다음과 같이 쓰고 있다. '이 사실이 보도되자, 일본국민의 기분은 한꺼번에 고양되어 긴 중일전쟁의 음울한 기분이 일변했다'라고. 그리고나서 '같은 날에 일본의 육군부대는 말레이반도에 상륙하여'라고 쓰고 여기서도 일본군의 '대승리'를 강조하고 있다. 이 '같은 날에'라는 표현으로는 마치 진주만 공격 쪽이 먼저였던 것으로 학생들은 오해할 것이다.

그러나 역시 12월 8일의 일을 20년 전의 교과서와 같이 진주만 공격에 대한 설명만으로 넘어가지는 못했던 모양이다. 그래도 말레이반도의 개전 사실을 슬쩍 무마하기 위해 '같은 날에'라는 지금까지의 어떤 교과서에서도 사용된 적이 없는 표현이 등장한 것이다. 어디를 보아도 보수세력이 만든 후소샤 출판 교과서만의 그들다운 기술이다.

6. 양심적인 교과서에 대한 부당한 검정

그러나 이번 검정은 이뿐만이 아니었다. 말레이반도의 전투를 먼저 기술한 후 '뒤이어'라고 쓰고 진주만 공격이 있었다는 사실을 전술한 바와 같이 정확하게 설명한 교과서의 기술이 왜곡당했다는 점이다.

바르게 기술한 이 교과서는 일본서적출판의 책으로, 이에 대해 문부과학성은 "말레이반도와 진주만에 대한 공격은 거의 동시였고, '뒤이어'라는 표현은 오해의 소지가 있는 표현이다"라는 이유로 변경을 지시했다. 그 결과 '뒤이어'라는 단어는 없어졌고, 학생들은 주의깊게 읽지 않으면 말레이반도 쪽이 먼저였다는 것을 이해하기 어려워지게 되었다.

왜 이 표현을 쓰면 '오해의 소지'가 있는 것일까. 이에 대해 검정관은 '이것으로는 말레이반도에 상륙한 부대가 그 후에 진주만에 간 것처럼 읽혀진다'고 설명하고 있는데 너무나 비상식적인 설명이다. 무리하게 이유까지 생각해내 '뒤이어'라는 말을 삭제시키고자 했던 것이 분명하다.

또 무엇보다도 사실은 말레이반도 쪽이 먼저였다는 것을 이 일본서적출판의 책 이상으로 명확하게 기술한 교과서가 또 한 권 있으니, 2001년도판에서도 '그보다 먼저'라는 표현을 쓴 시미즈서원의 교과서다. 2002년도에서 시미즈서원은 같은 표현을 썼다. 그런데도 이 출판사에 대해서는 검정 과정에서 문부과학성의 아무런 지적, 지시도 없었다. 당연히 그대로 검정을 통과해 교과서에 그 표현이 실려 있음을 알 수 있다.

이렇게 해서는 문부과학성의 검정은 불공평하고 일본서적출판의 교과서는 부당한 취급을 받았다는 것이 된다. 당연지사이지만, 이 일본서적출판이야말로 일본군의 아시아 침략 사실, 특히 난징사건 내지 '종군위안부' 문제, 동남아시아에서의 주민학살 등에 대해서 지금까지 이상으로 명확하게 기술한 유일한 교과서다. 다른 역사교과서는 정치적 압력 등을 받아 이러한 기술에 소극적이다. 그럼에도 불구하고 이 교과서는 '사실'에 기초한 적절한 기술을 지키고자 했다. 그것을 이런 식으로 일부러 문부과학성이 겨냥하여 공격한 것이다.

이 건은 이렇게 방치해두면 집필자들이 정치적 압력에 굴종한 것이 되고 말지만, 집필자들은 정보공개를 통해 문부과학성이 이러한 불공평한 검정을 행한 사실을 밝혔다.

2001년 12월 7일, 개전 60주년 전날 필자는 문부과학성을 직접 방문하고 이 건에 대해 문부과학대신(장관) 앞으로 요망서를 제출했다. 원래는 항의문으로 했어야 했지만 항의문은 수리하지 않는다는 담당자의 말을 수렴해 어쩔 수 없이 요망서로 했으나, 그 내용은 부당한 검정에 대한 항의였다.

이 요망서를 제출한 사실은 많은 사람들에게 알려져 있다. 이미 기자가 상세한 취재를 끝낸 상태이고 적절한 시기에 보도될 것으로 생각된다. 이 부분에서도 문부과학성과 '새역모'의 유착관계라고도 생각되는 비뚤어진 관계를 추궁하는 것이 가능해진다.

7. 숨겨진 천황의 전쟁책임

필자가 이 건에 매달린 이유는 또 한 가지 있다. 그것은 12월 8일의 개전이 말레이반도였다는 사실이야말로 보수 정치세력이 전후의 일본사회에서 끝까지 숨기고 싶은 '사실'에 이어지는 화제라는 것이다. 그것은 쇼와천황의 전쟁책임이 입증된다는 사실이다.

왜 그러한 결론이 나오게 되는가, 개략적으로 설명하면 다음과 같다.

우선 일본군은 말레이반도 동해안의 고타발에서 영국군과의 전투를 진주만 공격보다도 약 1시간 먼저 개시했는데, 당초의 계획으로는 1시간 30분 전에 개시할 예정이었다. 이것이 강풍으로 인해 바다가 거칠어졌기 때문에 해안에 도착하는 여분의 시간이 더 걸려 조금 늦어졌던 것이다. 그래도 어쨌든 진주만 공격보다 먼저 일찍 실행되었다는 점은 계획한 대로 이루어진 것이다.

그렇다면 이런 이야기를 할 수 있다. 일본정부는 국제법을 지키고 선전포고를 진주만 공격 전에 통지할 예정이었다고 지금도 열심히 설명하고 있는

데, 그렇다면 그보다 먼저 공격을 계획했었던 영국측에 대해서도 같은 식의 사전 통지가 있었어야 했던 것이다. 그러나 그런 사실은 찾을 수 없다.

명백한 것은 일본정부로부터 영국정부에 대해 선전포고 통지가 보내진 것은 개전 후 약 10시간 후였다는 것이다. 거의 동시에 런던에서는 일본 대사관원이 영국정부를 방문하고, 도쿄에서는 영국 대사관원을 외무성에 불러 각각 통지했다.

또한, 대영 선전포고를 개전 전에 통지하기 위한 준비를 했다는 기록도 없다. 더욱이 말레이반도에서는 무통지개전을 했다는 '사실'을 당시 일본해군의 간부 한 사람이 1991년 6월에 있었던 일본군사사학회 대회에서 증언한 바 있다.

따라서 이 '사실'에 의해 당시의 일본정부에 국제법을 지키려는 의지가 있었다고는 말할 수 없게 되었다. 진주만공격 직전에 예정하고 있었던 대영 통고는 역시 선전포고가 아니라 단순한 미일회담 중단 통고에 지나지 않았다는 것이 된다. 다시금 일본은 국제법을 지키지 않은 파렴치한 나라였다는 것이 확실해진다.

게다가 당시 일본의 최고 책임자는 쇼와천황이었다. 1931년의 유조호사건 이래 일본은 수많은 국제법 위반을 되풀이해왔다. 전쟁에 있어서도 역시 천황의 이름 아래 개전 위반을 되풀이했던 것이다. 패전 후에는 당연한 일이지만, 이 같은 위반행위의 책임자로서 쇼와천황은 전범용의자로 지목될 터였으나, 일본을 점령한 연합군의 최고사령관 맥아더 원수는 천황을 일본 지배를 위해 이용하기로 하고 처음부터 전범용의자에 포함시키지 않겠다는 방침을 세웠다.

이에 따라 맥아더는 당시의 일본정부 간부와 하나가 되어 이 개전 당시의 국제법 위반 사실을 숨겼고, 연합군이 점령하게 된 일본에서 이 사실이 국민에게 알려지는 일은 없게 되었던 것이다. 또 대일 강화조약이 발효한 1952년 4월 28일 이후에는 이 사실을 눈치채지 못하도록 신문이나 TV 등에서도 12월 8일에 한해서는 진주만에 관한 화제만을 취급하도록 정보조작이 이루어졌고, 이는 현재도 계속되고 있다. 일본인으로서 창피한 일이지만 이 정보조작은 지금까지 성공적으로 진행되고 있다.

그러나 역사교과서에 진주만보다 말레이반도에서의 개전이 먼저였다는 '사실'이 명기되게 되었다. 내가 있는 학교의 학생들은 설명을 듣자마자 금방 질문을 해왔다. "그렇다면 대영 선전포고를 사전에 준비해서 제대로 실행했는지 알고 싶다. 만약 그렇게 하지 않았다면 대미 통고에서 국제법을 지키려 했다는 일본측의 주장은 성립되지 않는 것이 아닌가"라고.

분명히 그렇다. 그래도 학생들이 필자에게 질문한 15년 전에는 이것을 제대로 조사해서 정리한 논문은 없었다. 그래서 필자는 후지와라에게 학생들의 질문이 이러하다고 알리고 젊은 연구자들에게도 협력을 받았다. 그 결과로 판명된 것이 앞서 말한 '사실'이었던 것이다.

이렇기 때문에 보수적 정치세력에게 있어서 쇼와천황의 국제법 위반행위를 학생들이 알게 될 수도 있는 역사교과서의 기술은 어떻게든 삭제하거나 왜곡해야 할 대상인 것이다.

반대로 우리들은 이 '사실'을 제대로 역사교과서에 쓰고 일본의 젊은이들에게 알려야 할 의무가 있다. 이를 위해서라도 전술했던 불공평한 검정의 책임을 명확하게 지속적으로 추궁해갈 생각이다.

8. 일본외교사상 최대의 '오점'

한편, 이 고타발 상륙작전에 관해서는 더욱 중대한 문제가 있다. 당시 일본군이 독립국인 태국의 영토를 침략했다는 국제법 위반행위말고도 그 1년 전에 태국 정부와 체결한 중립조약을 짓밟기까지 했다는 것이다.

전해에 체결한 조약은 '일태 간 우호화친조약'으로, 그 제1조에서는 영토불가침, 제3조에서는 태국의 중립정책 존중을 명기하고 있다. 조약은 1940년 12월 23일에 효력을 발생해 유효기간은 5년으로 정해져 있었으므로, 1941년 12월 8일이라면 유효기간 안의 일이 된다.

그럼에도 불구하고 일본군은 12월 8일 이른 아침 대부대를 캄보디아 국경과 태국 영토 말레이반도의 동해안으로부터 태국 영토에 침입시켰던 것이다. 태국 군대는 전투에 나섰지만 우세한 일본군에 의해 다수의 희생자를 냈고, 결국 전투는 거의 반나절 만에 종료했다. 일본측도 가능하면 태국군과의 전투는 피하고자 했었으나 반나절 동안이라도 태국과의 전쟁이 있었던 것은 '사실'이고, 이를 태국 사람들은 잊지 않고 있다. 작년 2001년에는 그때 일본군과 싸웠던 고등학생을 주인공으로 한 영화 「소년의 용병」이 제작되기도 했다.

당시 일본군은 전술한 것처럼 조약에서 재확인했던 태국 영토 불가침의 원칙을 어겼던 것이다. 이것만으로도 충분하게 국제법위반이라고 할 수 있다. 그러나 이뿐만이 아니다.

일본군은 정전 후 태국 영토 내를 일본군이 통과할 수 있도록 태국 정부에 강요했다. 당시 일본군의 최대 목표는 영국군의 근거지 싱가포르를 점령하는 일이었다. 영국군도 일본군의 공격을 예상하여 남쪽 해안을 향해 대형대포를 다수 배치해두고 있었다. 이에 일본군은 배후의 말레이반도 쪽에서부터 공격하는 수밖에 없다고 판단한 것이다. 게다가 반도의 동쪽은 정글로 우거져 있어 도로가 없었기 때문에 반도에 상륙하자마자 횡단하여 도로나 철도가 있는 서쪽으로 나간 후 남쪽으로 진격하는 작전을 세우고 있었던 것이다. 이 작전의 중심은 상륙한 후 신속하게 반도를 횡단한다는 것이었다. 그러기에는 반도의 폭이 가장 좁은 태국 영토의 부분을 통과하는 것이 가장 적합했던 것이다. 그래서 일본군의 태국 영토 내 무해통행을 인정하도록 태국 정부에게 요구한 것이다.

그러나 이를 인정하게 되면 일본과 영국의 전쟁에서 일본측에 유리한 협력을 한 것이 된다. 영국에서 보았을 때 이적행위이므로 태국은 중립을 지키지 못한 것이 되는 것이다. 태국 정부는 고민하게 되었다. 이에 대해 일본군은 만약 거부하게 되면 태국 전국토를 일본군이 군사적으로 점령해버릴 것이라고 협박했고, 결국 태국 정부는 일본군의 통과를 인정했다.

이리해서 일본군은 태국의 중립 존중 약속을 짓밟은 것이다. 후에 1945년 8월 소련은 일소중립조약을 무시하고 일본에 선전포고를 했다. 이것을 일본정부나 보수적 정치가, 산케이신문 등은 조약위반이라고 지금도 비판하고 있다.

그러나 그보다 4년 전에 일본은 이처럼 명백한 조약위반 행위를 했던 것이다. 그런데 이 일본외교 최대의 '오점'은 은폐된 채로 지금까지 오고 있다.

우선, 일본정부는 이 점에 대해 전혀 설명하지 않고 있다. 외무성이 편집한 『일본근대외교사사전』에서도 '일태 간 우호화친조약'에 대해서는 일절 설명이 없다. 외무성의 외교관이었던 사람에게 어떤 회합 자리에서 물어보았더니 아주 곤란한 표정을 지으면서 아무런 대답도 해주지 않았다.

또 개인적으로 필자의 형님이 20여 년 전 통산성에서 파견된 방콕 주재 일본대사관에서 일등서기관 일을 3년 간 했었는데, 귀국 후 형님께 "대사관 안에서 이 조약이 화제가 된 적이 있는가" 질문했더니, 대답은 "한 번도 없었다. 화제로 삼아서는 안 된다는 것을 모두가 알고 있기 때문이다"라고 이야기해주었다.

왜, 이 이야기를 꺼내서는 안 되는 것일까. 그것은 쇼와천황의 전쟁책임과 관계되기 때문이다. 태국과의 조약이 발효한 1년도 안 되는 사이에 이 조약을 짓밟아버린 것은 앞서 이야기했던 사건보다 더 악질적인 것이다. 그만큼 쇼와천황을 전범으로서 처벌해야 한다는 중국 등 아시아 사람들, 거기에 소련이나 영국연방의 사람들에게 이 '사실'이 알려지지 않도록 일본과 미국 정부는 정보를 조작해왔던 것이다.

이 정보조작도 지금까지 성공하고 있다. 그리고 매스컴도 이것을 제대로 보도한 적이 없다. 젊은 기자들이 필자의 설명을 듣고나서 신문기사나 TV 프로그램에서 다루어보려 해도 사내의 상사들로부터 방해를 받아 실행하기 힘든 실정이다. 또한 연구자들 중에서도 이 점을 제대로 조사하고 논문으로 발표한 예는 거의 없다. 이유 중 하나는 쇼와천황의 전쟁책임을 명확히 하면 폭력적인 우익단체들에 의해 테러공격을 받게 되기 때문이다. 실제로 1990년에는 '쇼와천황에게 전쟁책임이 있다'고 발언한 나가사키시의 모토지마 히토시 당시 시장이 권총으로 가슴을 맞아 중상을 입은 경우가 있었다.

쇼와천황의 전쟁책임을 지적하거나 맥아더가 쇼와천황을 전범 용의자로 하지 않았던 부당성을 지적하는 것은 위험한 일인 것이다. 그러나 이것을 얼렁뚱땅 넘겨왔기 때문에 일본은 전후에도 군국주의가 뿌리깊게 남아 있는 것이라고 필자는 확신한다. 따라서 아시아 이웃 국가 사람들에게 지적받기 이전에 일본 국내에서 제대로 조사, 분석하는 일이 우리들의 의무라고 생각하고 있다.

9. 후쿠자와 유키치와 마루야마 사다오의 책임

더욱이 필자는 교사이기 때문에 더욱더 이러한 '사실'을 일본의 다음 세대에게 제대로 전해야 한다고 생각한다. 필자가 역사교과서 문제에 집착하는 것도 이러한 이유에서이다.

그렇다면 교과서문제에 있어 필자는 무엇을 하고 있는가. 필자가 하고 있는 일 중 하나가, 정부 문부과학대신(장관)을 고발한 교과서 재판이다. 필자는 동남아시아에서의 일본군에 의한 주민학살 배경에는 후쿠자와 유키치의 '탈아론' 등에서 주장된 차별적인 민족관이 있다는 점을 깨닫게 하도록 하는 기술을 교과서에 실었다. 그런데 검정관은 만 엔짜리 지폐에도 인쇄되어 있는 후쿠자와 유키치를 너무 나쁘게 썼다면서 전면 삭제를 명령해왔다.

그래도 필자는 내가 쓴 기술이 옳다는 분명한 자신감을 갖고 있다. 그것은 일본 국내의 양심적인 사람들뿐 아니라 일본병사에게 가족을 살해당한 아시아의 사람들이 이를 조금이라도 빨리 많은 일본인에게 알려 앞날을 위한 반성의 자료로 삼아주길 원하는 강한 기대를 듣고 있기 때문이다.

필자의 교과서 재판은 1993년 6월에 시작하여 1998년 4월 제1심(요코하마지방재판소) 판결에서 실질적인 승리가 결정되었다. 제2심(도쿄고등재판소)은 작년 4월에 법정에서의 심리가 끝나고 현재는 판결을 기다리고 있는 중이다. 이번에도 나의 승리가 거의 확실하다. 무엇보다 법정에서 검정을 담당했던 자가 검정에 여러 잘못된 점이 있음을 확실하게 인정했기 때문이다. 오히려 재판을 함으로써 교과서에 싣기만 했던 경우보다 많은 사람들이 관심을 갖게 되어 이 기회를 더욱 활용해야겠다는 생각이 든다.

즉, 후쿠자와 유키치는 일본의 아시아침략을 장려한 인물인데도 불구하고 모든 사람은 상하 구분 없이 평등하다는 민주적 사상을 일본에 확산시킨 훌륭한 사람이라고 잘못 전해지고 있는 것을 지적하고 싶다. 더욱이 이러한 후쿠자와 유키치에 대한 잘못된 이미지가 일본인 안에 퍼진 이유를 분석하는 중에 알게 된 것은 마루야마의 영향력이었다.

마루야마 사다오는 전후의 일본사회에서는 오랫동안 양심적인 학자, 문화인의 사상적 지도자로 존경받은 인물로, 그의 주장에 따라 수많은 민주화 운동이 실행되었다. 그러나 1990년경부터 일본경제의 부진과 병행하는 것처럼 일본에서는 혁신파의 운동이 침체하고 방향을 잃었던 것처럼 보인다. 젊은이들도 혁신파의 주장에 매력을 별반 느끼지 않게 된 것이다. 왜 그렇게 되었는가에 대한 한 이유는 그때까지 운동의 이론적 지주였던 마루야마의 주장으로는 새롭고도 적극적인 전망을 세우기 어려워졌던 것이다. 그래서 최근에는 마루야마의 주장을 비판적으로 분석하는 논문이나 서적이 계속해 출판되고 있다.

그 중의 한 책이 나고야대학 명예교수 야스카와가 쓴 『후쿠자와 유키치의 아시아 인식』(壽之輔, 고문연, 2000)이다. 야스카와는 후쿠자와의 잘못된 이미지를 일본 내에 퍼뜨린 책임이 마루야마에게 있다고 명확히 지적하고 있다. 또다른 논문 등에서도 마루야마는 권위주의적이었고 아시아의 나라 중에서도 일본은 각별한 대국임이 당연하다는 의식을 강하게 품고 있었다고 지적되었다.

아시아와 공생하는 길을 모색하고자 하는 현재 일본의 양심적인 사람들이 마루야마의 주장에 위화감을 갖게 되는 것은 당연하다. 거꾸로 그 대국주의적인 사상은 보수정치 세력과 근간에서 부합하고 있다. 지금이야말로 우리들은 마루야마의 사상을 넘은 새로운 방향을 창조할 필요에 임박해 있는 것이다.

그리고 전술한 야스카와의 책은 나의 재판에서 야스카와가 학자 증인으로서 한 증언 내용이 많은 사람들에게 충격적인 것이었기 때문에 서둘러 정리하여 출판하게 된 것이다. 이 책은 지금 아시아 나라들에서 번역 기획이 계속 진행되고 있다.

이처럼 새로운 관점을 넓게 세상에 전달하는 기회를 재판을 통해 얻게 되었다. 그것은 동시에 '새역모'의 후지오카 등이 거듭 주장하고 있는 대국주의적 일본 역사교과서 만들기가 잘못된 것임을 증명하는 장이기도 하다. 이런 의미에서 우리들이 해온 지금까지의 노력은 틀리지 않았다고 필자는 확신한다.

10. 근린국가들과 공생하는 민주적 일본의 확립을 지향하며

마지막으로 하고 싶은 말은 일본의 민주주의 상황에 대해서다.

필자의 재판 결과는 앞으로 1년이나 기다려야 한다. 너무 긴 재판이다. 재판관이 신중해지는 것은 '새역모' 등에 의해 교과서가 정치문제화되었다는 것이 한 이유라고 생각한다. 일본의 학교에서는 민주주의는 3권분립의 기본적인 구조에 의해 지켜지는 것이라고 초등학교 때부터 강조해 가르치고 있다. 그러나 고등학생들은 자유민주당을 중심으로 하는 장기보수당 정권에 의해 행정(관청)도 사법(재판소)도 의회의 다수당의 주장에 끌려다니거나 유착하고 있어 민주주의가 붕괴하고 있다는 것을 알게 된다. 필자의 재판에서 판결이 늦어지고 있는 것도 그런 이유에서가 아닐까 한다. 그래서 필자는 재판소가 분명하게 주체성을 유지해주기를 바라고 있다.

그래도 단순히 재판소에 요구하기만 해서는 불충분하다. 재판소에 용기를 주고 디딤목이 되어주는 체제가 필요한 것이다. 이를 위해서는 어떻게 해야 할 것인가. 이 문제로 필자는 고등학생들과 토론을 한 적이 있다. 그 결과는, 민주주의를 지키고 감시하는 주체를 늘리면 의회다수당이라도 3권을 전부 지배하는 것은 불가능하다는 것이었다.

그래서 구체적으로 제시된 것이 구미에서는 '제4의 권력'이라고도 말하는 저널리즘이다. 매스컴이 약자의 편에 서서 권력자를 감시하는 역할을 해야 한다는 주장에는 많은 사람들이 찬동한다. 또 이미 그러한 역할을 다하고 있는 매스컴도 적지 않게 있다.

그렇다면 다섯 번째 감시체제는 무엇일까. 학생들은 쉽게 떠올려지지 않는 표정을 짓는다. 거기서 필자는 지방자치체를 제시했다. 일본의 구헌법에서는 지방자치체 등은 거의 인정받지 못했으며 단순히 정부의 하청기관이었다. 그런데 현재 일본헌법에서는 군국주의를 나라 안에 침투시킨 중앙집권체제에 대한 반성으로, 지방자치체를 제도상으로는 정부와 동격으로 하고 있다. 현 지사나 시장 등은 때에 따라서는 정부의 방침이나 중앙관청의 실무에 대해서도 반대할 수 있는 것이다. 실제로 미노베 료우키치 도쿄도지사(1970년경)나 오오타 마사히데 오키나와현지사(1995년경) 등은 몇 번이나 주민의 입장을 알리고 정부의 정책에 반대했다. 지금 일본에서는 정부 스스로 권한을 중앙관청에서 지방자치체로 옮기는 지방분권화 정책을 진행시키고 있다. 앞으로는 지방자치체가 갖는 민주주의사회를 위한 버팀목 역할은 더욱더 커질 것이다.

그 지방자치체 안에 소속되어 있는 것이 교육위원회이다. 그리고, 이 교육위원회야말로 이번 후소샤 출판 교과서를 최종적으로 학교에서 사용하지 못하도록 한 최대의 역할자이다. 처음에는 많은 교육위원회가 후지오카의 '새역모'와 연계하고 있는 보수정치 세력이나 그 영향력하에 있는 문부과학성의 유도로 후소샤 출판 교과서를 채택하게 되는 것이 아닌가 하고 생각하기도 했다. 그런데 결국 대부분의 교육위원회는 주최자인 일반 국민의 '풀뿌리 민주주의'로부터의 목소리를 경청하고 주체적으로 판단했다. 그것이 결과적으로는 근린국가 사람들에게서 일본의 민주주의가 그런 대로 정착해 있다는 평가를 받게 한 것이다.

다섯 번째 민주주의의 담당자 겸 감시 역할자로서의 지방자치체는 이미 그 역할을 다하고 있다고 할 수 있다.

또 하나 이번 교과서문제에서 알게 된 것은 이들 감시역할 전체를 주권자의식을 갖고 있는 건전한 일반 국민이 에워싸고 이들 감시자들을 또 감시하고 한편으로는 지원하는 체제가 일본 사회 전체에 형성되어 있다는 점이다. '풀뿌리 민주주의'는 겉으로는 잘 보이지 않지만, 실제로는 전후 50년 이상 동안 있었던 민주적인 모든 활동, 특히 학교 교육을 통해서 여기까지 일본 사회에 뿌리를 내리고 있었다는 것이다.

그만큼 이렇게 민주주의를 정착시킨 학교 교육도 여섯 번째의 감시자임과 동시에 민주주의 담당자로서 위치매김할 수 있다고 필자는 생각한다. 또한 반대로 보수정치 세력도 학교교육 특히 사회교육이야말로 우선적인 공격 대상이라고 인식하고 있기 때문에 사회 교과서에 대한 공격을 멈추지 않고 있는 것이라는 설명이 가능해진다.

이러한 분석으로부터 필자는 우선 현재 일본의 민주주의 구조를 별도의 가칭, 예를 들어 '다카시마 플랜'으로 정리해보았는데, 6개의 상호감시 구조의 바깥측을 '풀뿌리 민주주의'를 주권자로서 흡수하는 일반국민이나 재일외국인의 공생사회가 둘러싸고, 나아가 그 바깥측에는 근린국가 사람들의 존재가 있다는 구조이다.

앞으로도 일본 국내에서는 천황제를 재구축하여 군국주의를 부활시키고 대국 일본으로서 다시 한번 아시아를 지배하려는 정치적인 움직임이 거듭될 것으로 예상된다. 그러나 우리들은 지금까지의 교과서문제에 대한 활동 등을 통해 그들의 약점을 밝혀왔다. 또 반대로 우리들은 더욱더 역량을 키워 민주주의를 유지 관철시키기 위한 사회 구조를 만들어오고 있다.

이렇게 일본인으로서의 의무와 책임을 다하고자 하는 행동들을 근린국가 여러분들이 더욱 지원해주는 것은 우리들에게 있어 무엇보다도 큰 격려와 자신감의 원천이 된다. 이번 포럼을 그러한 여러분들과의 연계를 재확인하는 기회로 삼고 싶고 이를 위해 이번 보고가 조금이라도 도움이 되길 바란다.

<번역 : 배지원>

한국의 교과서운동 그 성과와 과제
— 일본교과서바로잡기운동본부를 중심으로[1)]

양미강(일본교과서바로잡기운동본부 상임공동운영위원장)

1. 강한 분노 : 반복되는 기억을 둘러싼 전쟁

2001년 3월 한국은 참으로 바쁘게 돌아갔다. 예견되었던 일본의 후소샤 교과서의 마각이 완전히 윤곽을 드러냈고, 한국 전역은 이 '위험한' 교과서를 막아내기 위해 부심하고 있었다. 먼저 이 문제를 뜨겁게 달군 장본인은 한국언론이었다. 연일 일본의 역사왜곡 문제가 공중파와 신문지면을 채우고 있었고, 시민단체들은 일본의 역사왜곡에 대응하기 위해 힘을 합쳤다. 근래에 보기 드물게 한국 역사학계는 일본의 역사왜곡을 주제로 연합 학술 심포지엄을 열기도 했으며, 각 단체마다 토론회 등 대중강좌를 개최했다. 언론과 국민여론이 들끓자 한국정부와 국회도 움직이기 시작했다. 일본의 역사왜곡 시정을 요구하는 시, 도의회 결의가 잇달아 일어났다.

2001년 내내 한국사회는 누가 먼저라고 할 것 없이 각계각층에서 일본의 역사왜곡을 반대하는 소리가 하늘을 찔렀고 그 양상은 전국민운동의 형태

---

1) 이 글은 2002년 3월 27일~31일 중국 난징에서 열린 '역사인식과 동아시아평화 포럼'에서 발표된 것을 대폭 수정 보완한 것이다.
2001년도 시민운동 영역에서의 교과서운동을 정리한 글로는 장신, 「시민단체의 힘」, 신주백, 「학계의 한정된 대응」, 양미강, 「역사교과서 왜곡사건에 대한 아시아연대 가능성을 향해」, 이신철, 「일본교과서바로잡기운동본부의 성과와 남은 과제들」, 일본교과서바로잡기운동본부 편, 『문답으로 읽는 일본교과서 역사왜곡』(역사비평사, 2001) / 이신철 · 장신, 「2001년 한국의 교과서운동과 향후 전망」, 『역사문제연구 7』(역사문제연구소, 2002) 참조.

로 번져나갔다. 그것은 분노였다. 그리고 분노의 대상은 일본정부였다. 일본정부는 1980년대와 마찬가지로 2000년대에도 같은 문제를 반복했다. '반복되는 기억을 둘러싼 전쟁'은 해묵은 체증처럼 한국과 북한, 중국을 비롯하여 일제의 식민지 피해국들의 분노를 자아냈고, 한국민은 여지없이 일본정부의 행태에 대해 너나할것없이 똘똘뭉친 '분노'를 표출한 것이다.

한국민의 분노는 어디서 기인한 것일까? 일본이 역사교과서를 왜곡했다는 사실 이전에 우리 민족에게 내재되어 있는 일제 식민지 시대 고통의 세월에 대한 '한'이 바탕에 깔려 있다는 전제는 너무 과도한 것일까? 한국사회는 분명 일본에 대해 양가적(兩價的) 감정이 작용하고 있는 것이 사실이다. 일본의 역사교과서 문제가 대두되면서 한국민이 일본에 대해 가지고 있는 양가적 감정은 계층을 초월하고 있었다.[2)]

일본의 교과서 왜곡사건에 대해 한국민이 보여주었던 '분노'는 다분히 민족주의적 성향에 기초한 것임을 부인할 수 없다. '단지(斷指)'사건, 일장기 소각사건 등이 그 한 예이다. 물론 2000년대와 1980년대는 분명 상황이 다르다. 1980년대 일본교과서 왜곡사건은 전국민 성금으로 이어졌고, 그 결과 독립기념관을 건립했다. 이때의 주요주제는 '극일'과 '반일'이었다. '극일'과 '반일' 운동의 근간에는 일본과 한국이라는 민족적 대립구도가 있었던 것이다. 그러나 2001년도의 운동은 교과서 관련 시민운동이 자리를 잡았고, 또 한국과 일본, 그리고 중국 시민단체들 간의 연대성을 공고히 하고, 우리의 국사교과서에 대한 문제제기도 함께 있었다는 점에서 민족주의적 성향은 어느 정도 극복할 수 있었다.

이 글의 목적은 한국에서 일어나고 있는 교과서운동이 1980년대 이후 현재까지 어떻게 형성되어왔는지를 살펴보는 데 있다. 특히 2001년부터 현재까지 일어난 일본의 역사교과서 왜곡사건에 대응하기 위해 만들어진 일본

---

2) 과거에는 구세대(식민지를 경험한, 경험을 이해할 수 있는 세대)가 반감이 강한 반면 신세대들은 호감이 강한 편이었다. 그러나 작년 교과서문제가 대두되자 이 경계선이 완전히 무너지면서 신세대들에게서조차 일본에 대한 강한 반감이 나타났다. 이런 양상은 2002년 3월 미국 동계올림픽에서 김동성 선수가 금메달을 미국 오노 선수에게 넘겨줄 때도 나타났다.

교과서바로잡기운동본부를 중심으로 어떤 활동이 이루어졌는가를 살펴봄으로써 1980년대와 2000년대의 시대적 상황과 운동방식의 차이를 비교해보고자 하는 것이다. 이러한 접근은 향후 한국에서 교과서운동을 어떻게 발전시킬지에 대한 고민의 연장선에서 나온 것이라 할 수 있다. 민족주의를 넘어서 아시아와 함께 공생하는 단초를 만들어내는 것이 이 글의 출발점이다. 여기서 말하는 시민운동은 정부를 제외한 시민단체와 학계 활동을 총괄적으로 언급한 것이다.

2. '극일'과 '반일' 운동의 표본 : 1980년대 일어난 교과서문제

1980년대 일본의 집권여당인 자민당은 1980년 6월 중의원 · 참의원 선거에서 압승을 거두면서, 정치 · 경제 · 문화적인 면에서 점점 보수화되었다. 특히 선거에 자신을 얻은 정치인과 정부, 보수우익세력은 교과서 검정제도를 강화하는 한편, 출판사의 자주적 검정이란 이름으로 자신들의 역사관을 집필자에게 강요했다. 특히 일본문부성은 3 · 1운동을 데모와 폭동으로, 출병을 파견으로 고쳐쓰게 하는 등 역사왜곡을 주도했다. 80년대 일어난 역사왜곡의 주역은 바로 일본정부였던 것이다.[3)]

이러한 내용은 1982년 6월경 일본언론을 통해 국내에 알려졌다. 그 사실이 7월 27일 국무회의에 처음 보고되는 등 한국정부의 대응은 늦었다. 5공화국은 일본정부로부터 수십억 달러의 경제협력자금을 빌려 경제안정과 성장을 이룩함으로써 취약한 정통성을 만회할 생각이었으므로 일본과의 어떠한 갈등도 바라지 않았다.

7월 하순부터 국내언론에서는 일본의 역사왜곡 내용과 한국정부의 대응을 비판하는 기사가 연일 게재되었다. 그에 따라 국민들의 감정도 격앙되어 갔다. 국민여론이 비등하자 한국정부는 8월 3일 역사왜곡문제에 대처하기

3) 신주백, 「역사왜곡에 대한 대응의 역사 - 1982년에 일어난 일」, 『문답으로 읽는 일본교과서 역사왜곡』, 역사비평사, 2001, 118～119쪽 참조.

로 결정하고 국회도 5일 문교공보위원회를 열어 정부측의 미온한 대응을 질타하면서 강경대응할 것을 요구했다.[4] 이에 따라 경제협력자금을 빌려쓰기 위해 벌여왔던 외교교섭을 중단하는 한편, 국내여론을 무마하기 위해 '극일'문제를 제기했다. 더이상 분노와 감정만으로 일본과 싸워 이길 수 없다는 명분을 내세운 것이다. 그 상징이 8월 28일 본격화된 독립기념관 건립을 위한 범국민 모금운동이었다. "독립기념관에 벽돌 한 개씩을"이란 구호 아래 모든 언론을 동원하여 진행했으며, 정부와 일본을 향한 비판적인 국민감정도 일단 수그러들기 시작했다.

국내언론도 이즈음부터 일제의 침략사와 우리 조상의 항일민족투쟁사에 관한 자료를 발굴하고 이를 적극 연구하는 작업이 필요하다고 문제를 제기했다. 국내외 관련학자들을 동원하여 '현대사재조명'(『동아일보』), '다큐멘터리 : 일제 36년(『월간조선』)' 등 기획연재기사를 보도했다 이러한 기사내용은 민족사관을 재정립하자는 것으로 압축될 수 있는데 새로운 국사교과서에 반영되어 역사교육을 강화하는 방향으로 이어졌다.[5]

1982년 7월 한국정부는 '즉시 시정' 항목 19개를 포함하여 모두 45개 항목의 수정검토 사항을 일본정부에 요구했다. 이번 사건은 "인근 아시아 제국과의 관계에 관한 근현대 역사적 사실에는 국제이해와 국제협조의 견지에서 필요한 배려가 있어야 할 것"이라는 '근린제국조항'이 새로운 검정기준으로 추가된 것에 그쳤다. 1983년 6월 공포된 일본의 역사교과서는 한국정부가 '즉시수정'을 요구한 19개 항목 가운데 7개 항목에서만 왜곡된 표현을 바꾸었다.

4) 국회회의록, 문교공보위원회 113회, 제2차 회의록, "역사를 왜곡한 일본교과서 내용에 관한 건", 1982. 8. 5 / 8. 24 참조.
5) 신주백, 위의 글.

3. '민족'을 넘어서 '연대'로 : 2000년대에 일어난 교과서문제

2001년도 일본의 역사교과서 왜곡사건이 한국을 강타한 것은 어찌 보면 당연한 일인지 모른다. 교과서 왜곡사건의 주요원인은 일본정부에게 있지만, 한국 또한 적절한 대응책을 만들어내지 못했다는 점에서 그 원인을 찾아볼 수 있다. 1980년대 몇 번의 파동을 겪고도 장기적인 대응책을 세우지 못한 채 이 문제에 안일하게 대응해온 한국정부, 냄비습성처럼 한 차례 달아올랐다가 금방 식어져버린 한국언론, 그리고 교과서문제를 자신의 문제로 끌어안지 못하여 역량을 비축하지 못한 한국역사학계, 교과서문제에 대해 전문적인 역량을 결집시키지 못했던 한국의 시민운동 등 각 영역에서 총체적 대처능력이 부재했다는 사실은 깊이 반성할 점이다. 한국의 시민운동 영역에서 전개된 교과서운동을 몇 가지 점에서 정리하면 다음과 같다.

1) 장기적인 싸움을 준비하자 : 상설단체로 전환

한국의 교과서운동은 2001년 3월 14일 일본교과서개악저지운동본부(이하 개악저지운동본부)가 결성되면서 본격화되기 시작했다. 개악저지운동본부는 2000년부터 일제식민지시대의 강제동원 피해자들에 대해 진상규명의 필요성을 공감해오던 한국정신대문제대책협의회와 태평양피해자보상추진위원회, 민족문제연구소, 역사문제연구소 등이 발의하여, 전국교직원노동조합, 독도수호대 등 뜻을 함께 할 수 있는 단체들이 모여 만들었다. 하루하루 급박하게 돌아가던 정세는 시민단체들로 하여금 교과서문제에 대처해야 한다는 당위성에 공감하게 했으며 어느 누구도 이의를 달지 않았다. 그렇게 만들어진 개악저지운동본부는 후소샤 교과서의 검정통과를 기점으로 전환을 가져오게 되었다. 개악저지라는 한시적 운동이 아니라 교과서문제에 상시적으로 대처할 단체가 필요하다는 인식에 합의하여 4월 23일 상설단체인 일본교과서바로잡기운동본부(이하 교과서운동본부)를 발족했다. 이때 84개 단체들이 가입했다. 놀라운 성과였다.

2) 잘못된 교과서를 바로잡자 : 재수정요구

후소샤 교과서가 검정을 통과하면서, 향후 어떻게 운동을 전개할지에 세간의 관심이 모아졌다. 일본의 시민운동은 교과서 검정제도상의 이유로 '위험한' 교과서인 후소샤 교과서를 각 지역에서 집중적으로 불채택하는 방향으로 운동의 가닥을 잡아갔다. 한국은 불채택보다는 재수정요구가 필요하다는 데 의견을 모았다. 한국상황에서 바로 불채택운동을 전개하는 것은 잘못된 교과서를 인정하는 형태가 되기 때문에, 현 단계에서는 바람직하지 않다는 결론이었다. 5월 7일, 한국정부의 35개 수정요구안 제시는 한국의 상황을 가장 잘 드러낸다. 교과서운동본부가 3월과 4월에 발표한 성명서를 보면, 일본의 교과서 왜곡사건을 제2의 침략행위로 규정하고, 한국정부에게는 보다 강경한 대응을 요구한 반면, 일본정부에게 역사교과서를 전면 수정할 것을 요구하고 있다.[6)]

일본의 역사교과서 왜곡은 2002년에도 반복되었다. 일본의 고등학교 역사교과서인 『최신일본사』는 1986년 당시 한국정부의 수정요구로 인해 여러 번 수정된 사례가 있었던 만큼, 2002년도 검정과정에서 문제가 있으리라는 것은 충분히 예상된 바였다. 특히 2001년 우익교과서인 중학교 역사교과서 후소샤 교과서가 일본 문부과학성의 검정을 통과한 만큼, 『최신일본사』 역시 훨씬 이전보다 수위를 높여 검정을 신청하리라고 판단했다. 역시 그 결과는 눈에 보듯 뻔한 일이었다. 『최신일본사』는 '독도'를 일본 땅이라고 주장하고, 침략전쟁과 식민지 지배를 축소, 왜곡, 은폐하고 있다. 교과서운동본부는 4월 9일 『최신일본사』에 대한 문부과학성의 검정통과를 규탄하는 기자회견을 개최하고 재수정을 요구했다. 그리고 5월 30일 한일 공동 월드컵 개막식에 참여하는 일본 고이즈미 총리의 방한에 즈음하여 일본대사관을 통해 교과서운동본부의 재수정요구안을 제출했다.

---

6) 교과서운동본부는 2001년 3~12월까지 총 13번의 성명서를 발표했고, 3~7월 초까지의 성명서는 주로 일본의 역사교과서 재수정을 요구하는 내용을 담고 있다.

3) 후소샤 교과서의 채택을 막아내자 : 불채택운동으로 전환

재수정요구운동이 불채택운동으로 전환한 것은 7월 이후라 할 수 있다. 5월 7일 제출한 한국정부의 수정요구안을 일본정부가 7월 9일 '점잖게' 거절한 이후라고 볼 수 있다. 물론 어느 누구도 일본정부가 한국정부의 수정요구를 쉽게 받아들이리라고는 생각지 않았다. 한국정부의 수정요구안에 대해 일본정부는 수박 겉핥기식으로 대응하여, 실제 한국이 요구한 역사인식의 문제, 일본군 '위안부' 문제를 비롯한 한일 간의 쟁점을 전혀 받아들이지 않았다. 이뿐 아니라 일본의 각 지역 교육위원회가 검정교과서 전시기간을 거쳐 교과서 채택과정에 돌입해 있는 상황에서, 수정요구보다는 불채택운동으로 국면을 전환하여 본격적으로 한일시민단체들의 연대활동을 벌이는 편이 훨씬 현실적이었고 효과적이었다.

2001년 8월 13일 일본의 고이즈미 총리가 총리의 자격으로 야스쿠니신사를 공식참배한 것은 한국의 불채택운동에 불을 붙인 것과 다름이 없었다. 시민단체들은 각 지역별로 불채택을 촉구하는 서명운동을 벌였고, 약 30만 명의 서명을 받아 일본대사관에 전달하기도 했다. 불채택운동에 동참한 것은 시민단체만이 아니었다. 한국의 지방의회, 지방자치제단체도 큰 몫을 담당했다. 한국의 각 지방의회 및 지방자치제는 일본 자매결연 도시에 불채택 촉구 서한을 보내 강력한 항의의사를 전달했다.[7] 이러한 노력의 결과, 후소샤 교과서의 채택률은 0.039%에 불과했고, '새로운 역사교과서를 만드는 모임'(이하 '새역모')의 참담한 참패는 한국과 일본 시민단체들의 성과로 남게 되었다. 불채택운동과 함께 '새역모'를 지원하는 기업에 대한 불매운동도 고려되었다. 기존의 일본제품 전체에 대한 불매운동이 아닌, '새역모' 지원 기업이라는 특정기업을 그 대상으로 한 것은 일본 전체를 대결구도로 삼지 않고, 일본의 양심적인 세력과 우익세력을 구분하여 전선을 차별화한 전략이었다. 비록 불매운동이 가시화되지 못한 아쉬움은 있지만 예전과는 다른 성숙함을 보여주는 대목이다.

2001년 7월 교과서문제로 위안부 피해자 할머니와 일본을 방문했을 때의

---

7) 이신철 · 장신, 앞의 논문, 209쪽 <표 1> 참조.

일이다. 매우 더운 여름이었다. 숨이 콱 막히고 일본에서도 노인들이 일사병으로 사망한 사건이 있을 정도로 더웠다. 일정에 따라 스기나미구를 방문했다. 스기나미구는 '새역모' 교과서의 이사장인 니시오 간지, 삼국인 발언으로 물의를 일으켰던 도쿄도지사 이시하라 신타로가 사는 지역으로, 일본 사회에 영향력을 끼치는 우익인사들이 많이 살고 있었다. 이런 지역인 만큼 '새역모'의 교과서가 채택될 것이라는 기대(?)를 한몸에 받고 있었다. 그러나 결과는 달랐다. 교육위원회에서 막상막하 우열을 가리지 못할 정도로 각축전을 벌인 결과 교육위원 5명 중 3명이 우익교과서에 대해 "신화와 현실을 혼동하게 할 우려가 있다"며 반대의견을 제시해 후소샤 교과서의 불채택을 결의했다. 투표 전날, 스기나미구의 '위험한' 교과서를 반대하는 어머니, 시민들이 손에 손을 잡고 구청건물을 에워싸고 인간띠를 만들었다.[8] 내가 방문했던 시기는 한참 스기나미구의 어머니들이 지하철역에서 전단지를 뿌리고 있을 때였다. 더운 날씨에도 아랑곳하지 않고 나이 드신 할머니와 어머니들, 그리고 선생님들이 띠를 두르고 왜 후소샤 교과서를 반대해야 하는지 열심히 설명하고 있었다. 그러나 많은 사람들은 무관심한 표정을 짓고 그냥 스쳐가고 있었다. 스기나미구 어머니들의 활동은 2002년에도 여전히 이루어지고 있었다.

스기나미구의 활동상은 일본 전역에서 일어난 교과서운동의 하나의 예일 뿐이다. 일본의 불채택운동은 교과서운동이 교사와 학자들의 영역이라는 편견을 깨고, 시민단체들이 적극적으로 참여하여 성공한 사례라 할 수 있다. 일본의 시민단체들은 2001년에 전개된 교과서운동을 다음과 같이 평가했다. "힘은 지방에 있었다. 생각은 글로벌한 관점에서 하고 행동은 지역에서 해야 한다는 것을 보여주었다".[9] 오사카, 히로시마, 니가타 등 일본의 각 영역에서 전개된 불채택운동은 교직원노조, 노동조합, 시민단체가 한몸이 되어 각 지역교육위원회를 대상으로 끈질긴 불채택운동을 벌인 결과 후소샤

8) 『연합뉴스』 2001. 7. 25일자.
9) 지난 6월 1일 일본 오사카에서 열린 교과서 관련 시민단체와의 간담회에서 나온 평가이다.

교과서 채택률 0.039%를 이끌어낸 것이다. 바로 이러한 헌신적인 일본시민들이 없었다면 불채택운동은 애초부터 불가능한 일이었다.

4) 우리의 의견을 일본시민들에게 알리자 : 일본신문에 의견광고 싣기운동

불채택운동이 진행되면서 더욱 문제가 된 것은 대다수 일본국민들이 한국에서 일어나고 있는 교과서문제를 모르고 있다는 사실이었다. 의도적으로 보도하지 않는 일본언론으로 인해 알 권리를 차단당한 일본시민에게 우리의 의견을 알리는 통로는 의견광고가 최선의 방법이었다. 교과서운동본부 내부에서 굳이 일본신문에다 광고비를 보태줄 필요가 있겠느냐는 반론도 있었지만, 의견광고를 통해 한국의 시민운동을 일본국민에게 알려내고 지원자를 찾아내는 것은 필요한 일이었다. 교과서문제는 결국 한국과 일본의 양심적인 시민들에 의해 해결될 수밖에 없다는 것이 결론이었다.

의견광고운동은 전국민모금운동으로 전개되어 7월 16일 서울 종로에서 가두캠페인, 문화행사로 이어지는 모금행사를 진행하고, 각 신문방송에 모금구좌를 홍보하여 의견광고에 대한 관심을 유도했다. 그 결과 많은 국회의원들이 성금을 보내주었고, 코흘리개 어린아이로부터 할머니, 할아버지에 이르기까지 의견광고 모금운동에 동참하여 비록 목표치에는 도달하지 못했지만 약 2,600만 원의 성금을 모아 일본과 국내신문에 광고를 게재했다.[10] 의견광고운동은 단순히 우리의 입장을 알린다는 취지만이 아니라 일본에서 활동하고 있는 시민운동을 지원하고 우호적인 시민세력들을 더 많이 확보한다는 데 그 의의가 있다.

5) 우리 내부를 돌아보자 : 국사교과서에 대한 문제제기

2001년 중요한 사업 중의 하나는 국사교과서에 대한 문제제기였다. 4월 23일 교과서운동본부의 이름을 확정할 때 일본교과서바로잡기운동본부로 할 것인가 아니면 한일교과서바로잡기운동본부로 할 것인가에 대한 내부논란이 있었다. 교과서운동본부의 구성이 다양한 만큼 각 단체가 지향하고 있

10) 교과서운동본부 편, 2001년도 활동보고서(2002) 참조.

는 목적도 다양하여 결론을 얻기란 쉽지 않았다. 그러나 교과서운동본부가 발족될 4월 당시, 일본의 교과서가 심각하게 문제된 상황에서 그 대상을 한국과 일본의 교과서를 넓힌다는 것은 운동의 초점을 흐리기 쉽다는 현실론이 강조되어 한국교과서문제를 내용상 포함하기로 하고 토론은 일단락되었다.

일본의 역사교과서 문제는 동시에 한국의 국사교과서를 성찰할 수 있는 기회를 주었다. 일본은 국정을 폐지하고 검정제도가 정착되었고 민간차원에서 자유발행제 논의가 되고 있는 반면, 한국의 국사교과서는 여전히 국정을 면치 못하고 있고 7차 교육과정에 이르러서야 부분적으로 검인정이 도입된 형편이다. 2001년 8월 교과서운동본부가 개최한 학술심포지엄은 그동안 전국역사교사모임이나 역사문제연구소 등에서 지속적으로 제기해온 국사교과서의 국정제도와 준거안 문제를 본격적으로 다루어 검정제도로 바꿀 것과 준거안 같은 사전검열제도를 폐지할 것을 주장했다. 교과서운동본부는 2002년 하반기부터 본격적으로 국사교과서 문제를 제기할 준비를 하고 있다. 10월에 열릴 국사심포지엄은 교과서 제도와 내용 등 20개 영역에서 발표를 준비하고 있어 다양한 차원에서 국사교과서를 분석하고 대안을 제시할 것이다. 특히 이번 심포지엄은 학자만이 아니라 교사와 시민단체가 참여한다는 점에서 그전과는 다른 모습을 보이고 있다. 사실 학계에서는 한국 교과서를 바꾸어야 한다는 지적이 여러 차례 있어왔으나 국민적 공감대를 갖기에는 한계가 많았다. 그러나 작년 일본교과서 파동을 통해 이러한 문제의식을 공유하는 층이 넓어져, 학자와 교사, 시민단체가 함께 참여할 수 있는 계기가 만들어졌다는 데서 의미를 찾을 수 있다.

6) 아시아가 힘을 합치자 : 아시아연대 활동

이미 앞에서 말했지만, 일본교과서를 바로잡자는 운동은 한국만이 아닌 아시아가 함께하는 형태로 나아갔다. 아시아행동의 날(2001. 3. 24), 한일연대세미나(3. 26), 한일공동기자회견(4. 3), 아시아연대회의(6. 10), 세계행동의 날(6. 12), 한일공동 불채택운동 전개(7～8월), 한일공동기구에 대한 한일공동요청서(2002. 2. 28) 등 일련의 연대활동은 한국 시민운동의 커다란 자산이었다.

2001년에 진행된 아시아 연대활동의 중심축은 한국과 일본이었으며, 이에 중국, 말레이시아, 필리핀 등 동아시아와 함께 결합하는 방식으로 추진되었다. 작년 6월 개최된 아시아연대회의는 7개국이 참여하여 일본의 교과서왜곡문제에 대처하기 위한 아시아네트워크를 결성할 것을 제안했다.[11] 또한 한국에서 발의하여 72개국 125개 도시에서 동시 개최된 일본교과서바로잡기 세계행동의 날 등 세계에 흩어져 있는 한국민들과 이에 동참하는 사람들이 함께 어우러진 최대규모의 국제캠페인이었다.[12]

2001년 내내 일본교과서 왜곡에 항의하는 집회가 지속적으로 이루어졌다. 특히 8월 13일 고이즈미 총리의 야스쿠니신사 참배[13]와 10월 15일 한국 공식 방문은 전국적으로 항의시위를 촉발시키는 기폭제가 되었다. 특히 10월 15일 일본의 고이즈미 총리가 한국을 방문할 때 워낙 국민들의 반대가 심해 서대문형무소를 정문으로 통과하지 못하고 후문으로 통과하는 해프닝을 겪기도 했고, 국회방문 일정이 국회의원들의 반발로 취소되기도 했다. 특히 주목할 점은 이러한 항의시위가 교과서 관련단체만이 아닌 노동, 인권 등 다양한 영역에서 자발적인 참여로 이루어졌다는 점이다. 그만큼 한국에서 교과서문제는 전국민의 공감대를 형성시켰던 것이다.

2002년은 2001년보다 아시아연대 활동이 강화되었다. 3월 중국 난징에서 열린 '역사인식과 동아시아평화포럼'은 일본의 역사왜곡에 공동대응하기

---

11) 2001년 4월 한국정신대문제대책협의회는 일본교과서 문제에 대응하기 위해, 피해자와 함께 일본의 중의원회관, 문부과학성을 방문하고 항의시위를 전개했다. 이때 일본의 시민단체들에게 일본 교과서문제에 관한 아시아연대회의를 제안하여 6월 9일 긴급 아시아연대회의가 열리게 되었다.

12) 교과서운동본부와 우리민족서로돕기운동이 공동주최하여 6월 12일을 세계행동의 날로 정하고 전세계에서 동시 시위 및 캠페인을 전개했다. 한국에서 참가단을 모집하여 문부과학성에서 약 500여 명이 참여한 가운데 일본의 역사왜곡에 항의하는 인간띠잇기 행사를 진행했다.

13) 일본의 고이즈미 총리가 공식적으로 야스쿠니신사 참배를 단행하자, 태평양보추위 등은 야스쿠니신사에 합사되어 있는 한국인의 유골을 반환하라는 소송을 청구했고, 한국정부 또한 이 문제를 정식으로 제기했다.

위한 한・중・일 시민단체 연대의 중요한 결실이다. 이 국제심포지엄은 2003년 2월 일본 도쿄회의, 2003년 가을 한국 서울회의로 이어져 지속적으로 개최될 예정이다. 특히 주목할 점은 난징회의에서 한・중・일 삼국에서 사용될 공동의 부교재를 출판하자는 합의를 이끌어내어 보다 확실한 연대의 틀을 가지고 공동의 결과물을 만들어냈다는 점이다.

아시아연대활동은 국제심포지엄을 공동으로 개최하는 데 머무르지 않았다. 특히 2002년 한일 공동월드컵을 개최하는 시점에서 한국의 교과서운동본부는 일본의 시민단체와 함께 한국과 일본 각각의 지역에서 공동캠페인을 전개했다.[14] 공동캠페인을 전개한 주된 이유는 월드컵으로 세계가 주목하고 있고 한국과 일본에서 공동 개최되는 것인 만큼, 진정한 한일 간 우호의 축제인 월드컵이 되기 위해서는 교과서문제를 선행적으로 해결해야 한다는 시민단체들의 강력한 의지에서 나온 것이었다.

7) 이론적 토대를 만들어내자 : 학계의 대응

이미 2000년 10월부터 일본의 중학교 역사교과서에 이상전선이 있다는 것이 일본학자들을 통해 감지되었다. 한일관계사학회가 중심이 되어 일본학자들을 초청하여 심포지엄을 개최했으나 한국의 학계는 그다지 관심을 보이지 않았다.[15] 그러나 교과서문제로 정국이 들끓자, 3월 19일 한국의 15개 역사학회가 "일본의 역사교과서 문제와 네오내셔널리즘의 동향"이란 주제로 연합심포지엄을 개최하는 등 발빠른 대응을 시도했다. 그러나 이 심포지엄은 한국 역사학회들이 인식을 공유했다는 측면 이외에 학회들이 장기적으로 대응책을 마련하지 못하고 1회성 심포지엄으로 끝났다는 데 아쉬움이 남는다. 이후 개별적인 연구단체들은 각각의 영역에서 교과서문제를 취

14) 월드컵이 열리는 도시를 중심으로 6월 한 달 동안 한국의 서울과 대구, 부산, 제주, 일본 도쿄와 니가타에서 진행된 공동캠페인의 주제는 '동아시아평화만들기'였다. 한국은 일본의 교과서문제를 중심으로 전시회, 문화공연, 거리캠페인 등 다양한 활동을 펼쳤고, 일본 도쿄는 한국과 중국, 일본의 경기를 중계하면서 역사인식 문제를 다루었으며, 니가타는 전시회를 개최했다.

15) 한일관계사학회(회장 오성 교수)는 2000년 10월 7일 "일본의 역사왜곡과 우익적 역사교과서의 재등장"이라는 주제로 심포지엄을 가졌다.

급했다. 역사문제연구소의 토론마당과 한국역사연구회의 대중강좌, 한국독립운동사연구소의 심포지엄 개최 등은 교과서문제를 알리는 데 많은 도움이 되었다.[16] 한국의 역사학계는 이번 교과서문제를 통해서 독자적인 대응뿐 아니라 교과서운동본부 등 시민운동단체들과의 연계를 시도했다는 점에서, 일본의 교과서문제를 다각적인 측면에서 연구검토했다는 점에서 충분한 의의를 설명할 수 있다.

4. 향후 무엇을, 어떻게 할 것인가?

한국에서 전개되고 있는 교과서운동은 본격적 활동을 시작한 지 만 2년이 채 안 되었다. 신생단체임에도 불구하고 교과서운동본부가 다양한 활동을 전개하고 성과를 거두게 된 것은 그 동안 한국사회 시민운동이 쌓은 노하우(Know How)에 있다고 할 수 있다. 이미 한국의 시민운동은 각 영역에서 혁혁한 성과를 거두고 있고, 교과서운동본부를 구성하고 있는 회원단체들 역시 그러한 성과를 이어받았기에 가능한 일이었다.

현재 교과서운동은 새로운 실험단계에 들어와 있다. 한국의 교과서운동은 시민영역에서만 혹은 학계 영역에서만, 또는 교사의 영역에서만 다루어질 수 없는 것이기에 학자와 교사, 그리고 시민단체를 아우르는 새로운 조직과 내용을 담보해야 한다. 또한 교과서운동은 국가적 사안이기에 정부와 시민운동 간의 새로운 관계확립이 필요하다는 점에서도 그렇다. 교과서운동은 갈 길이 멀고 험하다. 멀고 먼 길을 향해 달려가는 단체로서 적어도 세 가지 영역에서 반드시 해결해야 할 과제를 설명하면 다음과 같다.

---

16) 역사문제연구소는 3~4회에 걸쳐 토론마당에서 교과서문제를 취급했고, 한국역사연구회는 5. 21~24일 "일본 역사교과서 왜곡, 무엇이 문제인가?"라는 주제로 대중강좌를 개최했다. 한국독립운동사연구소 역시 6월 15일 "일본의 역사교과서의 실태와 문제점"이라는 주제로 국제학술대회를 개최했다.

1) 정부 : 한일역사공동연구기구(이하 한일공동기구)를 활용해야

2001년 10월 15일 일본의 고이즈미 총리와 한국의 김대중 대통령은 일본의 역사왜곡문제를 해결하기 위해 한일공동기구를 설치하기로 합의했다. 2002년 3월 6일 한일 양국은 한국정부가 주장해온 '연구결과의 교과서 반영'에 결국 합의하지 못하고, '연구결과의 활용, 배포'라는 최소한의 수준에서 합의했다. 2001년 한국정부는 후소샤 교과서를 비롯하여 8개 교과서에 35개항의 재수정을 요구했으나 사실상 일본정부가 재수정 요구를 거부함으로써 소기의 성과를 거두지 못했다. 당시 재수정요구는 정부가 할 일이 아니었다는 일각의 비판의 소리도 있다.

이번 합의된 한일공동기구 이전에도 여러 차례 한일 간의 공동기구는 존재해왔다. 그러나 교과서운동본부는 과거의 기구가 제대로 성과를 내지 못한 주요한 이유가 구성원 개개인의 한계에 있다고 보고, 향후 진행되는 한일공동기구는 인선과정에서의 역사인식과 전문성, 진행과정에서의 투명성과 공개성을 보장해야 한다고 줄곧 요구해왔다.

한일공동기구는 5월 25일 첫 연구위원회를 한국에서 개최했다. 물론 '연구결과의 교과서 반영'이라는 중요한 목적을 합의하지 못한 채 시작되는 한일공동기구이긴 하지만, 이 한일공동기구를 통해 한일 양국정부가 역사왜곡의 배경이 되는 역사인식문제를 국가적 차원에서 다룬다는 점에서 매우 주목할 일이다. 양국정부는 합의한 대로 2년 간 죽이 되든 밥이 되든 공동연구를 해야만 한다. 결론이 비록 뻔하게 날지라도 향후 2년 간 한국정부가 어떤 의지를 가지고 임하느냐가 매우 중요하다. 2년 후에 한국정부가 한일공동기구를 여론무마용으로 사용했는지 아닌지가 판가름나기 때문이다.

2) 국회 : 교과서 왜곡시정 특별위원회(이하 교과서 특위)를 재가동해야

국회는 2001년 4월 여야 위원 20명으로 일본 교과서 특위를 구성했다. 교과서 특위는 일본의 역사왜곡 시정을 촉구하는 결의안을 내놓고, 일본 국회 방문 등의 활동과 몇몇 의원들이 중심이 되어 일본 도쿄지법에 후소샤 판매 가처분 소송을 내는 등의 활동을 전개해왔다. 그러나 교과서 특위의 활동은

2001년으로 종료되어 2002년 이 문제가 반복되자 이것을 구체적으로 다룰 조직이 아직 국회 내에 없는 형편이다.

2002년 한일공동기구의 한국측 연구위원장 내정이 문제있다는 교과서운동본부의 성명이 발표되면서, 교과서운동본부는 국회와 공조체제를 형성하여 위원장을 교체할 수 있었다. 이를 계기로 보다 효율적인 활동을 위한 시민단체・학계・국회의원 간 네트워크 형성의 필요성이 제기되었고, 그 첫 작업으로 삼자가 참여한 가운데 간담회를 개최했다. 앞으로 국회가 빠른 시일 내에 교과서 특위를 재가동하여 시민단체와 학계와의 연대활동을 진행하는 일이 필요하다. 무엇보다 필요한 것은 국회 내에 일본의 역사왜곡문제를 전담할 국회의원이다. 시류에 따라 움직이는 것이 아니라 장기적인 전망을 가지고 국회에서 활동할 수 있는 국회의원이 중심이 되어 교과서특위를 가동하는 일이 중요한 것이다.

3) 시민단체와 학계 : 대안을 만들어내는 일을 해야

교과서운동본부는 대부분의 협의체가 그렇듯, 회원단체들이 힘을 받아내지 못하고 주로 그 일이 사무처 중심으로 진행되는 한계를 극복하기 위해 조직의 활성화를 위한 다양한 실험단계에 있다. 우선 교과서운동이 전문성을 필요로 하는 것이기에 학계를 중심으로 일본 교과서와 한국 교과서의 문제점에 대한 정확한 분석과 대안을 제시하는 일이 중요하다. 또한 그것을 바탕으로 시민사회운동단체들은 외연을 넓히고 이 운동을 어떻게 지역으로, 대중운동으로 펼쳐나갈 것인가를 본격적으로 고민해야 한다.

그러기 위해서는 다음과 같은 몇 가지 과제를 가지고 있다. 우선 느슨한 단체 간의 연대가 아닌 실질적인 일을 하기 위한 조직으로 발전해야 하며, 다양한 영역에서 활동할 수 있는 인적토대를 넓혀야 한다. 외연을 넓히는 일은 국내적으로는 지역의 조직을 묶어내는 일이다. 2001년 이 문제에 대해 열심히 활동해왔던 조직들을 중심으로, 2002년 6월 월드컵 기간에 공동캠페인을 통해 결속력을 강화시켜 하반기에는 지역본부 설립의 가능성을 모색하고 있다. 국제적으로는 2001년에 결성된 역사교육 아시아네트워크를 강화하고 연대의 내용을 심화하는 일이다. 이미 한국과 일본, 중국, 더 나아가서 북한과의 연대가 모색되고 있는 시점에서 실질적인 공동 연대망을 형성할 수 있는 내용을 만들어내는 일이 중요하다. 2002년 3월 중국 난징 국제학술대회에서 합의한 한·중·일 공동부교재 개발은 그 첫 시작이다.

이제 교과서운동은 비판을 넘어서 대안을 제시하는 운동으로, 전문가운동이 아닌 대중운동으로 자리를 잡아야 할 것이다. 반복되는 역사왜곡 문제에 대해 같은 모양과 형태로 비판을 계속 반복할 수는 없는 일이다. 비판과 함께 대안을 제시하는 일은 국민에게 새로운 비전을 주는 일이며 동시에 새로운 모델을 만들어가는 일이다. 그 대안은 결코 한국에 한정될 수 없으며, 이미 구축되고 있는 남·북·중·일 연대를 통해 아시아의 평화를 위한 실질적 대안으로 만들어가야 한다. 그것은 역사적 진실을 찾는 일이 어떻게 동아시아의 평화에 기여하는지를 구체적으로 알려내는 평화운동의 물꼬를 터가는 일이다.

현재 반복되는 일본의 역사왜곡 문제는 우리에게 있어 또다른 기회이다. 우리의 내부를 다시 들여다볼 수 있는 기회이며, 동시에 교과서운동이 제자리를 찾을 수 있는 기회이며, 개별화되어 있는 조직을 네트워크화할 수 있는 기회이다. 대의를 위해 정부와 국회, 학계 그리고 시민사회단체가 함께 윈윈 전략을 구사할 수 있는 기회이다. 바로 이 지점에 교과서운동이 있는 것이다.

5부

일본사회의 정치흐름과 동아시아 평화

동아시아평화를 위한 3개국 NGO의 연대

오가타 야스오(緒方靖夫, 일본공산당 국제국장 / 참의원 의원)

난징포럼의 개최는 아시아 전체에서도 주도력을 발휘하는 중요한 계기가 될 것이며 이를 앞으로도 발전시켜나가는 것이 대단히 소중하다고 본다. 침략전쟁을 찬미하는 일본 반동세력, 고집스럽게 전쟁에 대해 반성하지 않는 일본정부의 과오와 싸우면서, 역사의 진실과 사회진보의 흐름 입장에 서 있는 일본의 NGO와 공동작업을 이루는 것은 21세기 아시아의 미래를 함께 만드는 작업으로 이어질 것이라 확신한다.

2002년 창립 80주년을 맞는 일본공산당은 창립 당시부터 식민지 점령 반대를 내걸고, 절대주의적 천황제하에서 추진된 일본 군국주의 침략전쟁에 대해 생명을 걸고 싸워왔다. 적잖은 우리 선배들께서 평화와 인간존엄을 지키기 위해 신념을 지켰다는 이유로 관헌의 탄압과 고문에 희생되었다. 우리 당은 그 역사와 오늘날의 정치에 있어 평화와 전쟁반대라는 대의를 통해 아시아 형제들과 뜨거운 피로 맺어져왔다는 것을 자랑스럽게 생각한다. 일본에서는 전쟁반대투쟁을 한 결과 악명 높은 치안유지법으로 탄압받았던 사람들에 대해 사죄도 배상도 이루어지지 않았다. 일본에서 반전을 관철한 사람들에게도 아시아 형제들과 마찬가지로 진정한 '전후'는 아직 도래하지 않은 것이다. 자국의 역사적 과오도 총괄하지 못하는 정부가 평화와 사회진보의 흐름에 걸맞는 새로운 나라를 건설할 수 있을 리 없으며 아시아의 일원이 될 수도 없다. 이러한 비정상적인 상태가 후진적 국가 양태와 국가 건설 방식에 드러나 있다는 것이 오늘날의 일본 현실이라고 통감한다.

2001년 9월 11일 미국에서의 테러 공격, 아프가니스탄에 대한 보복 전쟁을 거쳐 미국의 부시대통령은 테러와의 대결을 구실삼아 위험한 지배 시도에 나서고 있다. '2002년은 전쟁의 해'라 선언하고, 연두교시 연설에서는 이라크, 이란과 함께 북한을 '악의 축'이라고 낙인찍으면서, 미국은 "세계에서 가장 위험한 이들 정권을 허용하지 않겠다"고 위협했다. 동시에 핵무기 분야에서도 세계 각지에서 전쟁을 수행할 때 쓸 수 있는 소형전술 핵무기를 개발하여 이의 선택적 사용을 공언했다.

미국은 지금까지 지녀온 유니러테러리즘(단독행동주의)이라는 이름의 패권주의를 한층 더 노골적으로 드러내면서, UN 등 국제기관의 결정을 무시한 오만한 '논리와 행동'을 강화시키고 있다.

이러한 미국의 도전을 분쇄하고 국제헌장과 국제법에 입각한 공정한 세계질서를 옹호하는 일은 세계 모든 국민에게 있어 국제적으로 커다란 과제가 되고 있다.

이러한 정세하에서 동아시아에서는 전쟁을 저지하고 평화를 드높이는 것이 초미의 과제이다. 한반도에는 부시대통령이 얼마 전 방한하여 한국정부의 햇볕정책을 지지하고 북한을 침공 않겠다고 표명했지만, 그럼에도 불구하고 한국을 비롯한 동아시아에서는 정세불안과 염려가 없어지지를 않는다. 그것은 미국의 위험한 세계전략에 기인한다.

이 위험을 심화시키고 있는 것이 일본정부이며, 고이즈미 수상은 부시 대통령의 '악의 축' 발언을 지지하고 있다. 미국이 공언하고 있는 이라크 공격에 대해서도 협력을 전제로 삼고 있다. 고이즈미 수상은 아프가니스탄 전쟁에서는 전후 처음으로 전쟁이 일어나고 있는 전쟁터에 헌법의 평화조항에 반하는 형태로 자위대를 파병했다.

뿐만 아니라 미국의 새로운 전쟁에 참전 협력하기 위해서 유사(有事)입법화를 추진하고 있다. 이는 '유사'의 개념을 '무력공격에 이르지 않는 단계에서도' 그럴 염려가 있는 경우까지 확대시키겠다는 것이며, 국민의 기본적 인권의 제약과 국민생활 제한까지 마다하지 않는 전쟁 당시의 국가총동원법과 같은 법제 정비를 추진함을 의미한다. 또한 헌법을 유린한 '전쟁국가'로의 변질을 의미하는 것이다. 일본정부의 이러한 전쟁으로의 길은 실로 일본 군국주의 재도래를 방불케 하며, 과거를 과거로 없애는 길의 선택을 의미한다.

이러한 위험한 길에 대해 경종을 울리고 전쟁으로 향하는 길을 저지하는 것이 양식있는 일본 국민에게 부과된 긴급과제이다. 전쟁 전과 달리 오늘날의 일본에는 전쟁과 반동책동에 맞서는 광범위한 진보세력이 힘차게 존재하고 있다. 우리는 이러한 역사적 임무를 깊이 자각하고 동아시아 평화를 위해 싸워 아시아 형제들과의 연대를 강화할 수 있기를 진심으로 바라고 있다.

일본공산당은 일본정부의 그릇된 역사인식과 싸우며 평화문제에서 생활문제까지 일본을 개혁하자고 제안해왔다. 특히 침략전쟁과 식민지지배 반성을 아시아 외교에 임할 때의 대전제라 자리매기며, 그 입장을 내외에 천명해왔다. 또한 그러한 입장에서 동아시아를 비롯한 아시아 중시 외교정책을 추진해왔다.

그들은 각 민족의 자결권을 중시하고, 각국의 주권을 침해하는 패권주의에 대해서는 격렬하게 반대하고 있다. 그리고 일본을 사실상의 군사적 종속체제하에 두게 하는 미일 군사동맹 폐기를 요구하고, 미국의 전쟁 출격 기지가 되고 있는 미군기지 철수를 요구하여, 장차 일본이 비동맹 중립이 될 수 있도록 투쟁하고 있다.

미일 군사동맹하에 놓여진 일본의 외교에는 세 가지 전환이 필요하다고 제창하고 있다.

첫째, 미국에게 의존하는 외교에서 일본 자신의 자주적 판단과 선택을 중시하는 자주적 외교로 전환해야 한다.

둘째, 군비와 전쟁을 방기한 헌법 9조가 있는 나라에 걸맞게, 군사가 아닌 대화에 의한 평화해결을 최우선으로 삼아야 한다. 일본만큼이나 대외관계에서 군사적 발상을 우선시하는 나라는 없다.

셋째, 대미외교, 대NATO 외교가 최우선이고 아시아의 일원이란 입장이 결여되어 있는데, 이 상태를 전환하여 외교의 축을 아시아에 두어야 한다.

일본이 같은 아시아에서 아시아 여러 국민들과 더불어 살아간다는 것은 과거, 현재, 미래를 통해 변하지 않는 근본적 사실이다. 아시아 여러 국민들에게 그토록 거대한 피해를 주었던 일본이 앞으로의 진로를 생각할 때, 아시아의 일원이라는 입장을 고려하지 않고 미래를 설정할 수 있을 리 없다.

역대 일본정부는 북한에 대해 침략하고 식민지화한 역사에 대한 청산을 하지 않은 채 오랫동안 적대정책을 써왔다. 북한의 대포동 문제로 큰 소동이 일어났던 1999년, 국회 대표 질문에서 후와 테츠조 일본공산당 의장은 "일본은 절대로 선제 공격을 안할 것이며 제3국의 선제공격에도 가담하지 않을 것을 선언하며, 정부가 가지고 있지 않은 북한과의 협상루트를 확립할 것, 북한과 전제조건 없는 협상을 개시할 것"을 제안했다.

정부가 하지 못하는 일을 국회의원 차원에서 해보자는 취지에서, 1999년 12월에 초당파 국회 대표단이 북한을 방문했다. 일본공산당에서는 필자를 포함해 2명의 의원을 파견했다. 이 국회대표단의 목적은 우리 당이 제안했듯 전제조건 없는 협상을 하자는 것이었으며, 북한과의 합의가 이루어져 그 직후부터 북일 정부 간에 협상이 재개되었다. 이는 한 예이지만, 우리는 야당으로서 이렇듯 외교상의 공헌을 하기 위해서 앞으로도 분투해갈 생각이다.

동아시아 정세는 긴박하다. 그러나 그 위험의 근원, 즉 미국과 그에 협력하는 일본정부의 책동을 널리 밝혀내고 그들의 전쟁정책에 반대하는 여론과 운동을 만들고 NGO의 싸움을 만들어가는 것이 21세기의 새로운 투쟁이다. 국제정치에 있어서도 국민이야말로 역사를 만드는 원동력이라는 것을 현실적으로 드러낼 수 있는 시대가 도래했다.

우리는 일본군의 대학살로 알려진 역사적 도시에서, 지금, 함께, 아시아 동포의 협력을 맹세하고 있다. 필자는 국회에서도 일본에서도 아시아에서도 형제자매 여러분과 깊은 유대 속에서 연대하여 싸워나가고자 하는 결의를 다진다.

<번역 : 강혜정>

일본의 교과서 역사왜곡과 21세기 동아시아 평화[1)]

이신철(역사문제연구소 연구원)

머리말

한국의 경우 일본 후소샤의 '위험한 교과서'가 일본의 우경화와 얼마나 연관되어 있는가, 또 그것이 얼마나 위험한지에 대한 인식이 부족하다고 생각한다. 그것은 한국 사회가 갖고 있는 이중적 모습 때문이다. 즉 한국과 일본은 과거사에 있어서는 적대적 관계지만, 현재적 관계에서는 중국과 북한을 공동의 적으로 하는 공생 관계로 이해하여왔던 경험이 일본의 재무장이나 군국주의화에 대한 우려를 희석시키는 역할을 해왔던 것이다.

그러나 이러한 인식의 한계를 극복하지 못한다면 일본 역사왜곡의 본질을 알지 못하게 되고, 결국 근본적인 문제해결을 불가능하게 하는 요인이 될 것이다. 이 점은 21세기 동아시아의 평화를 모색해나가는 데도 중요한 걸림돌이 될 것이다. 필자는 이러한 문제의식하에서 일본의 역사왜곡의 위험성을 살펴보고 그 극복방안을 모색해보고자 한다.

---

1) 필자는 두 번의 학술대회에서 비슷한 주제로 발표했다. 한번은 '역사인식과 동아시아 평화포럼 국제학술대회'(2002. 3 난징)에서이며, 다른 한번은 '일본의 과거청산을 요구하는 아시아지역토론회'(2002. 5 평양)에서이다. 이 책에는 전자의 학술대회에서 실제 요약·발표한 내용만을 실었다. 두 대회의 발표논문은 총괄 및 수정·보완하여『화해와 반성을 위한 동아시아 역사인식』(일본교과서바로잡기운동본부·역사문제연구소 엮음, 2002. 8, 역사비평사)에 실었다.

1. 교과서 역사왜곡에 숨어 있는 군국주의화의 욕망

1) 전쟁할 수 있는 나라 일본을 향한 전진

일본의 교과서 역사왜곡이 일본 사회의 전반적인 우경화 경향을 바탕으로 하고 있다는 것은 일본 국내외의 많은 사람들에 의해 이미 여러 차례 지적되어왔다. 역사왜곡의 주체면에서나 연관조직, 또는 그 구성원들의 주장면에서나 그들의 움직임은 확실히 연결되어 있고, '전쟁할 수 있는 나라' 일본으로의 지향을 분명히 드러내고 있다.

제3차 교과서공격 세력이 '새로운 역사교과서를 만드는 모임'(이하 새역모)을 중심으로 정계, 재계, 언론계, 학계의 보수세력들이 조직적으로 연계되었다는 점에 대해서는 너무나 잘 알려져 있기 때문에 여기서 구체적으로 언급하지는 않겠다.

여기서는 제3차 교과서공격 세력들의 군국주의적 지향이 '새역모'의 교과서 서술에서 노골적으로 드러나고 있다는 점에 관해서 말씀드리겠다. '새역모'의 교과서는 침략전쟁의 미화와 부인을 기본적인 시각으로 하고 있다. 예를 들어 패전으로 인해 개정되기 이전의 대일본제국 메이지 헌법에 대해서는 찬양 일변도로 기술한 반면, 평화헌법에 대해서는 노골적인 반감을 드러내고 있다. 그들은 마치 일본 전체가 처음부터 평화헌법을 반대한 것처럼 주장하고 있다. '새역모'의 교과서는 평화헌법이 생성 초기부터 문제가 있었다는 전제하에 전쟁에 대한 미화와 침략행위에 대한 부정으로 일관하고 있는 것이다.

전쟁에 대한 미화는 교과서에 참고자료로 실린 특공대원의 유서에서 그 극치를 이루고 있다.[2] 천황의 이름으로 죽어간 특공대원의 유서를 읽는 중

---

2) 교과서에 실린 유서의 내용은 아래와 같다(『市販本 新しい 歷史教科書』, 扶桑社, 279쪽).
출격에 즈음해서 / 그리운 거리, 그리운 사람 / 지금 나는 모든 것을 버리고 / 국가의 안위에 / 맡기려 한다 / 유구한 대의에 살려고 하며 / 지금 나는 여기서 돌격을 개시한다 / 혼백 나라에 돌아가고 / 몸은 사쿠라꽃처럼 진다 하더라도 / 유구히 호국의 귀신이 되어 / 위기 때는 / 나는 번성하는 산사쿠라 / 어머니 옆에 돌아가 피어나리.

학생들에게 전쟁의 참화나 침략전쟁의 부당함보다는 참전군인에 대한 추모와 애국의 힘이 솟구치는 것은 당연한 일일 것이다. '새역모'의 교과서는 천황의 이름으로 살해당한 수많은 오키나와의 죽음들마저 왜곡하고 있다. 이 '새역모' 교과서에는 다음과 같은 글이 실려 있다.

> 오키나와에서는 철혈근황대(鐵血勤皇隊)의 소년과 히메유리(작은백합 - 필자) 부대의 소녀들마저 용감히 싸워서 일반주민 약 9만 4,000명이 생명을 잃고 10만에 가까운 병사가 전사했다.

이 서술 어디에도 천황의 이름 아래 빼앗긴 소년소녀들의 꽃다운 청춘이나 그들의 꿈, 그리고 아무것도 모르고 군인이나 어른들에게 살해당한 어린이들에 대한 반성의 기색은 찾아볼 수 없다. '새역모'의 교과서는 이런 전쟁미화를 바탕으로 일본이 국제사회에서 군사적 역할을 확대할 필요가 있다는 주장을 하고 있다. 그들은 1992년 국제평화협력법을 통과시키고, 1992년 최초로 캄보디아와 골란고원에 자위대를 유엔 평화유지군(PKO)의 일원으로 참여시킨 것을 자랑하고 있다. '새역모' 교과서 정치부분의 마지막은 이렇게 서술되어 있다.

> 2002년부터 국회에 헌법조사회가 설치되어 일본국 헌법의 조사가 시작되었다.[3)]

이 구절은 그들이 얼마나 헌법개정을 원하고 있는가를 잘 보여주고 있다. 또한 교과서 역사왜곡이 '전쟁할 수 있는 일본'을 향한 운동과 얼마나 연관되어 있는지를 적나라하게 보여주고 있다.

2) 교과서 역사왜곡과 한・미・일 공조관계

이와 같은 제3차 교과서공격은 1998년을 전후한 일본 사회의 급속한 우

---

3) 위 같은 책, 314~315쪽.

경화 분위기 속에서 조직적이고 계획적으로 진행되고 있다. 그런데 이 같은 일본의 급속한 우경화에는 1998년 8월 말 북한의 인공위성 발사와 10월 김대중 대통령의 일본 방문이 결정적 계기를 제공했다고 할 수 있다. 김대중 대통령은 '한일파트너십 공동선언'을 통해 일본과의 과거청산을 마무리 지어주고 있다. 회담에서 역사인식 문제, 일본군 위안부 문제에 대한 언급은 회피되었다. 그 대신 천황호칭의 공식화, 일본의 대한국 경제역할 평가, 전후 일본의 평화와 민주주의, 경제성장, 대외 지원 찬양 등의 내용을 담은 연설을 했다. 나아가 김 대통령은 이 공동선언과 함께 채택된 '21세기를 향한 한일공동행동계획'에서 대북한정책에 대한 한일협의의 강화, 북한의 핵개발 억제를 위한 협력 등의 항목을 포함시켜서 대북한 군사동맹의 방향을 설정했다. 이는 일본의 한반도에서의 군사적 역할까지도 암묵적으로 인정하는 것이라고 할 수 있다. 김 대통령은 결국 한미일 공조라는 틀 속에서 일본의 군사적 역할확대를 용인하면서 과거청산을 마무리지으려는 미국과 일본 측의 요구를 승인하는 정책을 채택한 것이다.[4)]

김대중 정부의 이러한 '선택'은 한미일 공조로 표상되는 힘의 우위를 통한 동북아 평화유지, 즉 냉전체제하의 전쟁억지정책을 그대로 계승한 것이다. 이러한 정책은 제2차 세계대전 후 추진된 미국의 패권적 동아시아 전략에 근거하고 있다. 일본은 패전 직후부터 미국의 전략이 일본 군국주의 유산의 청산보다는 반공제일주의로 전환되었음을 잘 알고 있다. 이를 위해 미국이 천황과 보수적 일본 지배층의 연속성을 보장하고 있다는 점도 잘 알고 있다. 일본은 한국정부가 미국의 반공제일주의 체제 전략의 강력한 지지자라는 점을 적극 활용했던 것이다.

그런데 문제는 냉전체제의 해체라는 새로운 국면에서 비롯된 변화의 필요성이다. 이런 변화에 발맞추어 김대중 정부는 한편으로는 전통적인 한미일 공조체제를 유지하면서, 또다른 한편으로는 대북 포용정책, 즉 햇볕정책이라는 새로운 모색을 시작했다. 그러나 미국이 동아시아에서의 영향력 유

---

4) 서승, 「일본의 우경화와 한·일군사동맹의 위험성」, 『역사비평』, 1999 겨울호 참조.

지 및 확대정책을 바꾸지 않는 이상, 대북 포용정책은 매우 제한적인 것이 될 수밖에 없다. 역대 어느 정권보다 대북 강경책을 부르짖는 부시 정권의 등장과 9·11 테러 사건 이후 이 점은 명백히 드러났다. 9·11 테러 이후 미국의 대북한정책은 강경책으로 일관하고 있다. 힘의 우위를 통한 미국의 동아시아 개입 전략이 더욱 분명히 드러나고 있는 것이다. 단지 그것의 명분이 이전에는 반공이었다면 이제는 반테러로 바뀌었을 뿐이다.

일본은 그 틈을 이용해서 아시아에서 군사적 영향력을 확대하기 위해 모든 노력을 기울이고 있다. 일본은 현재의 국제정세가 막강한 경제력과 군사적 힘을 바탕으로 한 일본 중심의 동아시아 질서 재창출이라는 욕망을 실현시킬 수 있는 절호의 기회라고 여기고 있음이 분명하다. 이런 틈 속에서 한국정부는 한미일 공조라는 과거의 틀을 버리지 않은 채, 새로운 변화를 기대하는 자기모순에 빠져 있다고 할 수 있다.

2. 새로운 동아시아 평화를 위한 모색

1) 과거청산을 위한 아시아국가연대

그런데 김대중 정부의 포용정책이 갖는 가장 중요한 시사점은 한반도 평화유지의 주도권을 미국 중심에서 남북한 중심으로 이전시킬 수 있는 가능성을 보여주었다는 점이다. 다시 말하지만, 미국과 일본은 과거 냉전 질서하의 동아시아 정책을 유지하기 위해서 표면적으로는 대공산주의 정책을 대테러 정책이라는 명목으로 전환시키고자 한다. 냉전해체라는 새로운 시대에 9·11 테러가 제공해준 새로운 명분이라 하겠다. 그러나 이러한 명분 전환의 본질은 여전히 미국주도하의 동아시아 패권전략의 관철에 있는 것 또한 분명하다.

더불어 21세기 동아시아의 평화유지를 위해서는 힘의 정책에서 공존의 정책으로 바뀌어야 한다는 사실 또한 명확하다. 이를 위해서는 자본주의와 공산주의라는 이념의 벽을 뛰어넘는 새로운 인식이 필요하다. 탈냉전 시대에 걸맞는 의식의 전환이 필요한 것이다. 그런 의미에서 동아시아 공동의 역사인식의 모색은 매우 중요한 가능성을 열어주고 있다.

이미 언급했듯이 동아시아에서 일본의 과거사에 대한 면죄부를 부여하고 있는 것은 미국 주도의 동아시아 질서이며 한미일 공조체제이다. 또 하나의 축은 막강한 경제력을 바탕으로 하는 일본의 동아시아에서의 주도권 장악이다. 동아시아에서의 역사인식의 공유와 상호인정을 전제로 한 새로운 평화질서를 구축하는 것은 바로 이러한 틀에서 벗어날 때에만 가능하다. 바로 이 때문에 일본의 식민지 지배로 인한 피해를 받은 나라들과 침략전쟁의 희생을 당한 아시아 여러 나라들의 연대가 필요한 것이다.

2001년 교과서 파동에서 보여준 아시아 국가들 간의 공조는 아쉽게도 매우 미약했다. 그런데 남, 북, 중 삼국의 대응 중에서 북한의 대응에 주목할 만한 점이 있다고 생각한다. 북한의 대응이 남한의 대응과 비교해볼 때 특별한 점은, 일본과의 과거사 문제에서 남한의 경우에는 교과서문제에 국한하는 경향을 보여주는 반면에 북한은 전반적이고 총체적인 차원에서 문제제기를 하고 있다는 점이다. 이것은 일본의 미일 군사동맹에 대한 견제, 수교협상에서의 유리한 고지 선점 등을 고려했기 때문일 것이다. 그러나 남한이 일본과의 수교협상에서 제대로 진행시키지 못했던 문제들, 즉 식민지 불법성 인정과 사과 및 일본의 배상문제 등과 같은 문제에 북한이 원칙적인 입장을 견지하고 있고, 교과서문제와 통일적으로 사고하고 있다는 것은 앞으로의 한일관계나 동아시아 각국이 일본과의 과거사 문제를 풀어나가는 데 매우 중요한 시사점을 주고 있다고 생각한다.

특히 한국의 경우 1965년 체결된 한일기본협정이 조일수교의 중요한 걸림돌이 되고 있다는 점을 상기할 필요가 있다. 이 문제는 비단 조일수교뿐만 아니라 식민지 지배 피해 당사자 개인들의 피해보상 문제 해결에도 걸림돌이 되고 있다. 이 점을 고려한다면 한국정부는 한일 기본협정의 개정을 신속히 추진할 필요가 있다. 이미 오래전부터 한국에서는 정부 당국을 제외한다면 한일 기본협정의 개정 필요성이나 남북 공동 대응의 분위기가 마련되어 있다고 할 수 있다. 만약 한국정부가 한일관계의 전면적 재검토와 북일 수교에서 북한이 주장하고 있는 일본의 사과와 배상요구에 대해 지지선언을 하는 등의 태도를 보인다면, 힘의 원칙에 입각한 한미일 공조체제의 틀을 벗어나 21세기 탈냉전 시대의 동아시아 평화질서 구축의 새로운 가능성을 여는 지름길이 될 것이다. 나아가 남한, 북한, 중국 그리고 일본의 침략을 받았던 아시아 여러 국가들의 공조관계의 기틀을 마련하는 길이 되기도 할 것이다. 과거사 청산을 매개로 한 이러한 아시아 국가들 간의 연대는 조일수교 과정에서 북한의 원칙에 대한 각국의 지지가 좋은 선례를 만들어 갈 수 있을 것이다.

2) 아시아 시민연대의 강화

물론 아시아 국가들 간의 연대는 그렇게 쉬운 일이 아니다. 아시아의 많은 국가들이 일본의 재무장을 좋아하지 않는데도 말이다. 그러나 아시아 각국이 미국과 맺고 있는 군사동맹이나 미일 관계에 더하여 각 개별국가들 간에 유지되고 있는 공조체제 그 자체가 곧 경제협력체화되어 있다는 현실을 무시할 수도 없는 처지이다. 아시아의 여러 나라들이 일본 자본의 상당한 영향력 아래 있다는 상황도, 현재의 질서를 깨고 새로운 질서로 나가는 것을 불가능에 가까운 일로 만들고 있다.

바로 이 지점에서 각국 시민단체들의 연대가 절실히 제기된다. 예를 들면 한국에서 시민운동이 한일 기본협정 같은 조약이나 외교문제로 인해 정부 차원에서 제기할 수 없는 문제에 대해 원칙적인 대응을 하고 있는 것과 같은 것이다. 한국정부가 한미일 공조체제나 한일 경제상황 등의 이유로 공동행동을 요청하거나 쉽게 응할 수 없는 부분이 바로 북한 또는 중국과의 공조라고 생각한다. 그런데 이 부분의 공백을 한국의 시민운동이 상당부분 해결해주고 있다는 점도 중요한 예가 되겠다. 2000년 6・15 남북 정상회담의 영향으로 2001년에는 많은 남북 민간교류가 있었다. 그런데 2001년 한해 동안 함께했던 민간행사에서 남북의 참가자들은 어김없이 일본의 역사왜곡을 규탄하는 성명서를 발표했다. 그리고 공동전시회 등을 통하여 서로의 공감대를 확인하고 넓혀왔다. 이런 활동이 바로 양정부 간의 협력을 계속적으로 압박하는 효과를 지니고 있다고 하겠다. 마찬가지로 중국과의 공조도 민간 차원에서 시작될 수밖에 없을 것이다. 지금 오늘 이 자리도 바로 그런 자리라고 할 수 있겠다.

아시아 시민들의 연대가 절실히 요구되는 이유 중의 하나는 국가 간 연대가 갖는 한계가 명확하기 때문이다. 국가 간의 연대는 자칫 국가 간의 경쟁이나 또다른 패권주의를 불러올 수 있기 때문이다. 그러한 국가 간 경쟁을 저지할 수 있는 것도 바로 아시아 시민 간의 연대활동이라 할 수 있다.

맺음말

결론적으로 냉전체제하에서의 이념적 편가르기를 기본으로 한 힘의 균형이 동아시아의 평화를 위태롭게 유지해왔던 시대는 이제 막을 내릴 때가 되었다. 동아시아의 평화는 이념적 대립보다는 침략과 전쟁 그리고 그에 대한 항전으로 얼룩졌던 과거사에 대한 이성적인 반성과 그 청산을 전제로 한 평화와 공존 이데올로기를 바탕으로 새롭게 우리가 만들어가야 한다. 그것을 가능하게 하는 것은 일본의 사죄를 강제할 수 있는 아시아 피해국가 간의 연대, 그리고 연대의 올바른 방향성을 유지시켜줄 수 있는 아시아 시민연대가 함께 추구될 때만 가능하다고 생각한다. 이제 동아시아 평화의 주도권은 바로 여기에 있는 우리가 가지고 나가야 한다.

한 · 중 · 일 역사인식과 일본교과서

펴낸날(1쇄) 2002년 12월 13일
펴낸날(2쇄) 2004년 6월 1일

지은이 일본교과서바로잡기 운동본부
펴낸인 장두환
펴낸곳 역사비평사

등록번호 제1-669호(1988. 2. 22)
주소 서울시 종로구 계동 140-44
전화 02)741-6123, 4(영업), 741-6125, 7(편집)
팩시밀리 02)741-6126
Email yukbi@chol.com
Home page http://www.yukbi.com

* 책값은 표지 뒷면에 표시되어 있습니다.
* 잘못된 책은 구입하신 서점에서 바꾸어 드립니다.

ISBN 89 - 7696 - 904 - 0 03900